AGÊNCIA TRANSEXUAL
DA MITOLOGIA GREGA E A INVENÇÃO DOS MONSTROS ÀS PRÁTICAS E TÉCNICAS DE (R)EXISTÊNCIA E CONSTRUÇÃO DE SI

Editora Appris Ltda.
1.ª Edição - Copyright© 2025 do autor
Direitos de Edição Reservados à Editora Appris Ltda.

Nenhuma parte desta obra poderá ser utilizada indevidamente, sem estar de acordo com a Lei nº 9.610/98. Se incorreções forem encontradas, serão de exclusiva responsabilidade de seus organizadores. Foi realizado o Depósito Legal na Fundação Biblioteca Nacional, de acordo com as Leis nos 10.994, de 14/12/2004, e 12.192, de 14/01/2010.

Catalogação na Fonte
Elaborado por: Dayanne Leal Souza
Bibliotecária CRB 9/2162

S729a
2025
	Souza, Fábio Augusto de
	    Agência transexual: da mitologia grega e a invenção dos monstros às práticas e técnicas de (r)existência e construção de si / Fábio Augusto de Souza. – 1. ed. – Curitiba: Appris, 2025.
	    242 p. ; 23 cm. – (Coleção Ciências Sociais. Seção Sociologia).
	
	    Inclui referências.
	    ISBN 978-65-250-7484-9
	
	    1. Transexualidade. 2. Mulheres trans. 3. Agência. 4. Agenciamento. 5. Resistencia trans. I. Souza, Fábio Augusto de. II. Título. III. Série.
	
	                                                              CDD – 306.76

Livro de acordo com a normalização técnica da ABNT

Appris editorial

Editora e Livraria Appris Ltda.
Av. Manoel Ribas, 2265 – Mercês
Curitiba/PR – CEP: 80810-002
Tel. (41) 3156 - 4731
www.editoraappris.com.br

Printed in Brazil
Impresso no Brasil

Fábio Augusto de Souza

AGÊNCIA TRANSEXUAL
DA MITOLOGIA GREGA E A INVENÇÃO DOS MONSTROS ÀS
PRÁTICAS E TÉCNICAS DE (R)EXISTÊNCIA E CONSTRUÇÃO DE SI

Appris editora

Curitiba, PR
2025

FICHA TÉCNICA

EDITORIAL	Augusto Coelho
	Sara C. de Andrade Coelho

COMITÊ EDITORIAL

- Ana El Achkar (Universo/RJ)
- Andréa Barbosa Gouveia (UFPR)
- Antonio Evangelista de Souza Netto (PUC-SP)
- Belinda Cunha (UFPB)
- Délton Winter de Carvalho (FMP)
- Edson da Silva (UFVJM)
- Eliete Correia dos Santos (UEPB)
- Erineu Foerste (Ufes)
- Fabiano Santos (UERJ-IESP)
- Francinete Fernandes de Sousa (UEPB)
- Francisco Carlos Duarte (PUCPR)
- Francisco de Assis (Fiam-Faam-SP-Brasil)
- Gláucia Figueiredo (UNIPAMPA/ UDELAR)
- Jacques de Lima Ferreira (UNOESC)
- Jean Carlos Gonçalves (UFPR)
- José Wálter Nunes (UnB)
- Junia de Vilhena (PUC-RIO)
- Lucas Mesquita (UNILA)
- Márcia Gonçalves (Unitau)
- Maria Aparecida Barbosa (USP)
- Maria Margarida de Andrade (Umack)
- Marilda A. Behrens (PUCPR)
- Marília Andrade Torales Campos (UFPR)
- Marli Caetano
- Patrícia L. Torres (PUCPR)
- Paula Costa Mosca Macedo (UNIFESP)
- Ramon Blanco (UNILA)
- Roberta Ecleide Kelly (NEPE)
- Roque Ismael da Costa Güllich (UFFS)
- Sergio Gomes (UFRJ)
- Tiago Gagliano Pinto Alberto (PUCPR)
- Toni Reis (UP)
- Valdomiro de Oliveira (UFPR)

SUPERVISORA EDITORIAL	Renata C. Lopes
PRODUÇÃO EDITORIAL	Bruna Holmen
REVISÃO	José Bernardo
DIAGRAMAÇÃO	Amélia Lopes
CAPA	Lívia Costa
REVISÃO DE PROVA	William Rodrigues

COMITÊ CIENTÍFICO DA COLEÇÃO CIÊNCIAS SOCIAIS

DIREÇÃO CIENTÍFICA	Fabiano Santos (UERJ-IESP)

CONSULTORES

- Alícia Ferreira Gonçalves (UFPB)
- Artur Perrusi (UFPB)
- Carlos Xavier de Azevedo Netto (UFPB)
- Charles Pessanha (UFRJ)
- Flávio Munhoz Sofiati (UFG)
- Elisandro Pires Frigo (UFPR-Palotina)
- Gabriel Augusto Miranda Setti (UnB)
- Helcimara de Souza Telles (UFMG)
- Iraneide Soares da Silva (UFC-UFPI)
- João Feres Junior (Uerj)
- Jordão Horta Nunes (UFG)
- José Henrique Artigas de Godoy (UFPB)
- Josilene Pinheiro Mariz (UFCG)
- Leticia Andrade (UEMS)
- Luiz Gonzaga Teixeira (USP)
- Marcelo Almeida Peloggio (UFC)
- Maurício Novaes Souza (IF Sudeste-MG)
- Michelle Sato Frigo (UFPR-Palotina)
- Revalino Freitas (UFG)
- Simone Wolff (UEL)

Presentemente eu posso me
Considerar um sujeito de sorte
Porque apesar de muito moço
Me sinto são e salvo e forte

E tenho comigo pensado
Deus é brasileiro e anda do meu lado
E assim já não posso sofrer no ano passado

Tenho sangrado demais
Tenho chorado pra cachorro
Ano passado eu morri
Mas esse ano eu não morro

(Belchior, Sujeito de sorte citado por Emicida, em AmarElo)

Estou procurando, estou tentado entender
O que é que tem em mim
Que tanto incomoda você

Estou procurando, estou tentado entender
O que é que tem em mim
Que tanto incomoda você

Se é a sobrancelha, o peito
A barba, o quadril sujeito
O joelho ralado, apoiado no azulejo
Que deixa na boca o gosto, o beiço
Saliva, desejo
Seguem passos certos
Escritos em linhas tortas
Dentro de armários suados
No cio de seu desespero

Um olho no peixe, outro no gato
Trancados, arranham portas
Dores, nos maxilares
Cânceres, tumores
Viados que proliferam em locais frescos e arejados

De mendigos a doutores
Cercados por seus pudores
Caninos e mecanismos, afiados
Fazem suas preces, diante de mictórios
Fé! Em pele de vício
Ajoelham, rezam
Genuflexório
Acordam pra cuspir
Plástico e fogos de artifícios

O sexo é sexo
Tem amor e tem orgia
Cadela criada na noite
Submissa do 7º dia

O sexo é sexo
Tem amor e tem orgia
Cadela criada na noite
Submissa do 7º dia

(Linn da Quebrada, Submissa do 7º Dia)

AGRADECIMENTOS

Um livro fruto de uma dissertação, definitivamente, não se escreve sozinho, especialmente quando somos atravessados, logo no início do mestrado, por uma pandemia que, além de nos obrigar a reformular todo o nosso cotidiano, coloca a nossa própria vida em perigo.

Em quase todas as vezes em que eu me peguei pensando se valeria a pena arriscar o pouco que tenho para concluir esta pesquisa, eu tive o privilégio e a sorte de ter alguém que estava ali, ao meu lado, literalmente, segurando minha mão, enxugando uma lágrima ou colocando uma música que me animasse e me fizesse dançar.

A esses seres incríveis, minha eterna gratidão:

À minha mãe, Ghislayne Souza, por sempre olhar para mim e dizer: "você vai conseguir", e por conseguir me fazer acreditar nisso.

Ao meu pai, Gilson Souza, por sempre, com um sorriso no rosto, me olhar e dizer: "conte com a gente para qualquer coisa, menos para escrever por você", e, sim, eu pude contar e contei, com ele e com a minha mãe, para tudo.

Ao meu companheiro de vida, Rodrigo Lopes, por entender minha ausência, meu choro inesperado, minha ansiedade, minha pressa e minha vontade de realizar objetivos que nem sempre são facilmente compreendidos, e por tão bem cuidar de mim durante o período do mestrado, que acabou sendo atravessado por uma pandemia que nos manteve unidos, em nossa casa, por mais de um ano.

À minha amada avó Dolores Souza, pelos almoços e cafés da tarde maravilhosos, que sempre me permitem esquecer um pouco dos problemas e rir um pouco da vida.

Ao meu irmão de coração, Dyego Domingues, e às minhas irmãs de coração, Aline Fontoura e Francielli Piva, por estarem sempre ali, ainda que de longe, na alegria e na tristeza, segurando a minha mão, ouvindo meus dilemas e me dando conselhos que sempre me arrancaram sorrisos e gargalhadas.

Às amigas e aos amigos Franciane Foques, Márcio Cruz, Willian de Meira, Francielli Nicoletti, Fernanda Tanner, Gisleine Kanenovski, obrigado por tanto me ouvirem, me fazerem sorrir e me ajudarem a sonhar com este momento.

Ao Bruno Neumann, pela amizade, pelo companheirismo e por ter segurado muitas "barras", em razão da minha ausência profissional, para que eu pudesse comparecer em aulas, realizar o campo e concluir a escrita deste livro, fruto da minha dissertação de mestrado, e ao Jordan, pessoa e profissional incrível que tanto tem me ensinado, incentivado e ouvido.

À minha querida orientadora de mestrado, professora Marlene Tamanini, que acreditou em mim, quando eu mesmo não acreditava, e tanto se esforçou para me incentivar e motivar a concluir a escrita da dissertação, da forma como eu a havia imaginado.

Às mulheres cis, trans e travestis que cruzaram a minha vida, desde 2007, e que a mudaram completamente.

A todas as pessoas que conheci no Transgrupo Marcela Prado, em especial, à Carla Amaral, que tanto me ensinou e me abençoou, e por quem eu guardo amor, carinho e admiração gigantescos.

Às drag queens, trans e travestis que trabalham na noite de Curitiba e que, desde o ano 2000, contribuíram para que eu me sentisse parte de algo, que eu me sentisse humano.

Às mulheres que aceitaram prontamente conversar comigo, para a realização do campo e a conclusão da pesquisa, e que compartilharam partes e momentos das suas vidas que não são de conhecimento de outras pessoas — MUITO OBRIGADO PELA CONFIANÇA, PELO CARINHO E PELAS LONGAS HORAS DE ENTREVISTA.

Às minhas queridas amigas da Casa Pagu, Fabíola Néspolo e Carolinne Coneglian, por todas as conversas, sorrisos, acolhimento e noites inesquecíveis, e aos amigos e às amigas que fiz na Rua e na Casa Pagu, em especial ao querido professor Hilton Costa, que tantas vezes me falou e lembrou o que é fazer um mestrado em Sociologia.

À Naira Kopytowski e ao Anderson Kopytowski, por serem os melhores vizinhos, amigos e padrinhos que eu poderia desejar ter.

À Karla Almada, por ser uma mãe coruja que sempre me ajudou a enxergar para além, muito além da minha visão.

Ao professor Luis Fernando Lopes e à professora Clara Maria, hoje, minha orientadora de doutorado, por todo o ensinamento e por todo o carinho com que sempre me trataram.

Às minhas companheiras caninas, Lola e Dandara, os amores da minha vida, pelos risos, lambidas e passeios obrigatórios que me faziam pegar um pouco de sol.

Às demais pessoas que, direta ou indiretamente, não me deixaram desistir e que ofereceram o seu apoio, mesmo sem eu pedir, meu "muito obrigado"!

À minha mãe, Ghislayne, meu pai, Gilson, e meu companheiro de vida, Rodrigo, por todo o amor, carinho, incentivo e paciência!

Em memória da minha avó Iracema, do meu avô Wilson, da minha avó do coração, Dona Maria, do meu sogro, Amauri, e do meu grande e querido amigo André Almeida, que tanta falta me fazem, e que se foram entre o curto prazo de conclusão da minha dissertação de mestrado que gerou esta obra e a sua publicação.

Em memória de todas as Dandaras que são assassinadas diariamente, de maneira covarde, cruel e banal. À Carla Amaral, minha mãe trans.

A todos os corpos e corpas que ousam confrontar o perigo de ser quem se é e de fracassar para vencer.

APRESENTAÇÃO

Este livro é resultado de pesquisa de mestrado no Programa de Sociologia da UFPR intitulada: "Agência, entendimento e (re)construção de si: narrativas de mulheres trans residentes no estado do Paraná". O autor, Fábio Augusto de Souza, com quem, com muito prazer, compartilhei o processo do mestrado na qualidade de orientadora e com quem aprendi sobre o tema e o fazer necessário, traz uma análise sensível, de escuta e de competência teórica para um conteúdo que exige fino trato, porque é carregado de ausências e presenças, como são as experiências dessas mulheres.

As análises nele contidos se produziram a partir dos diálogos com mulheres trans que aceitaram contar suas histórias, seus desafios, suas lutas e vivências durante o tempo sempre curto de uma dissertação. Essas narrativas escancaram estranhamentos, escutas e desafios para o fazer de sujeitos de direitos coletivos e individuais, tanto quanto para tornar visível um reconhecimento que adentrou a academia nas últimas décadas e que diz respeito às múltiplas vivências de desejos, sexualidades e de orientação sexual das pessoas. Afinal, as pessoas humanas sempre foram mais do que cis gênero, mesmo quando há recusa em reconhecer esse fato que é da vida e que exige olhar por dentro das singularidades, sobretudo da diversidade da experiência em gênero e sexualidade. "Vida e palavras", parafraseando Veena Das, e a "descida ao ordinário" sempre se apresentam como grandes desafios à pesquisa, sobretudo desmontam perspectivas lógicas e positivistas do fazer científico, supondo que se faz necessário escutar vozes invisibilizadas, presenças e ausências e sujeitos violentados pelos usos diários de fechamentos normativos e de suas opressões.

O livro apresenta um viver ordinário inscrito em dores, medo, vulnerabilidades e em afirmações vindas de ressentimentos sociais e políticos, de pânicos morais e de preconceitos que envolvem os binarismos de gênero e que são de muitos espaços. Ao mesmo tempo fala de resistências e do reinventar-se no dia a dia, na saúde, na família, na escola, no trabalho, na rua, nos afetos e na sexualidade, situações essas que desacoplam "os discursos de ódio", tal qual tratado por Butler.

Assinar e fazer uma pesquisa como esta, por si só, contêm grande mérito acadêmico, grande mérito político, social e formativo e aciona outra construção de direitos, embasada na superação da posição vitimária. Por sua vez, também implica em questões éticas densas para a pesquisa e para as relações com essas mulheres trans que falam de si. É deixar-se ver, também, como o autor o faz. Escolher ver como são afetadas as pessoas é deixar-se afetar com exigências de aproximação interpretativa e afetiva únicas e diferentes para cada pessoa. Por sua vez, ocupar esse lugar sempre produz rumores, ditos não ditos, questões de realidade a meia-voz, viradas epistêmicas, que podem ficar inacabadas, porque os silêncios de quem narra a si mesmo, e é narrado, nem sempre permitem fazer dessa escuta um ouvir denso no seu viver e na sua individuação. Esse ouvir só é eficaz quando se deixa tocar por outras vidas, exige silenciar e colocar-se com cautela no lugar da interpretação analítica, com teoria e com afeto, o que não resulta em ato de heróis para quem pesquisa, e o autor mostra como é delicado e sensível esse fazer. Nem tudo pode ser pronunciado em textos públicos, a cada esboço, a cada fragmento sempre se guarda e se precisa guardar silêncios sobre conteúdos que vêm de um mundo habitado, muitas vezes, pelo luto, pelo não dito, e que por razões de cuidado e de gentileza ética e afetiva ficam nesse lugar. Assim, este livro reúne profundo trabalho de campo, tem excelente análise e diálogo com as experiências vividas por mulheres trans, mostra aspectos da violência que opera em nossa sociedade e em culturas diversas ao redor de um mundo global sobre pessoas LGBTQIA+ e trata de maneira cuidadosa essas narrativas, e o que precisa delas ser guardado, como um cuidado que guarda a vida dos que não podem aparecer sem correr riscos.

Este livro opta por não enquadrar as questões nos simplismos de uma nostalgia de noções de direito que se isenta de pensar a complexidade das experiências de subjetivação, de identidades, as passabilidades, ou não em gênero e sexualidade, implica que não há verdades que se imponham como se fossem realidades únicas e em reconhecer a validade de suas estratégias. Apresenta-se como um esforço para não cair na armadilha de marcar a reflexão com a simples separação entre público e privado, hétero e não hétero, o que, no fim das contas, contém a separação entre o agressor e sua vítima, como se as realidades fossem sempre de oposições incontestes. Essas narrativas de mulheres trans oferecem testemunhos e outros modos de viver como espaços de si mesmas, e lugar de maior passabilidade e aceitação para pessoas frequentemente excluídas do Estado de direito, das suas famílias de origem, do trabalho, do lazer, do dinheiro e de ter uma vida digna. Abriga-se neste texto um lar para palavras carregadas de dores e de vidas vividas à margem e de como se reinventam.

Esses corpos aparecem, parafraseando Butler, à medida que o autor entrecruza sua história de vida e também se autoanalisa em conexão com as pessoas que se narram. A narrativa é posta como abertura e criação, para se envolver com o ordinário da vida fora dos modelos preestabelecidos e como medida para tecer as linhas que costuram um registro de evidências capaz de diluir o fazer da inexistência.

Prof.ª Dr.ª Marlene Tamanini

Professora Titular aposentada (em julho de 2022) do Departamento de Sociologia da UFPR

PREFÁCIO

*Virgem
Maria Vitória
esgota
sua memória
em textos
e histórias
narradas
de forma
aleatória
cercada
por mentiras
sem fama
ou glória
medidas que extrapolam
expectativas
embolam, embolam
a retórica esquecida
da menina
que pulou a cerca
mudou de vida.*

(Maria Vitória Rosa)

Ao ler a dissertação de mestrado "Agência, entendimento e (re)construção de si: narrativas de mulheres trans residentes no estado do Paraná", que resultou na presente obra, lembrei-me desse poema de Maria Vitória, uma poetisa paranaense, mulher trans, que usa a cadência elegante de seus versos para expressar as dores, sonhos e insurgências das mulheres que ousam se conhecer e se reconstruir diuturnamente para mudar a sua própria vida e a de outras mulheres violentadas pelo "cistema" heteronormalizador.

A pesquisa apresentada por Fábio em sua dissertação de mestrado, que agora se torna livro, é original e ganha contornos de tese doutoral segundo as métricas acadêmicas. Porém, sua maior contribuição não está restrita aos colonizados e colonizantes cânones científicos. Para além do rigor e do universalismo científico, a investigação produz saberes localizados e engajados, como nos lembra Rita Segato, fazendo ecoar as vozes de corpos considerados abjetos, dessas mulheridades trans que são oprimidas e exterminadas no Brasil porque desafiam o sistema moderno de gênero e seu contrato sexual heterocentrado, como ensina Letícia Nascimento.

A partir da escuta respeitosa das mulheres trans, de quem se aproximou ao trabalhar como advogado para a ONG Transgrupo Marcela Prado, e das leituras feitas durante o curso de mestrado em sociologia, Fábio nos explica os processos de subjetivação, de performatividade, de agência reflexiva, da produção de práticas e de saberes situados e da recriação de si dessas outridades tão potentes. Ao dialogar com Michel Foucault, Judith Butler, Paul Preciado, Donna Haraway, dentre outres, ele evidencia o valor dessas vidas e desses corpos que ironizam os binários de sexo e gênero, ao fluir pelos seus processos de subjetivação e experimentar novas performatividades, refletindo sobre quem são e quem desejam ser, num infinito recriar-se capaz de dar sentido ao seu devir.

Ao longo da obra, conhecemos as histórias de Maria, Sofia, Isabel, Vanusa, Maria Sueli, Bárbara e Sophie, mulheres trans com diferentes vivências, classes sociais, níveis de instrução e profissões. Porém, em suas narrativas é possível perceber que essas experiências diversas se aproximam e são tecidas com a mesma linha do sofrimento causado pela violência sexista, entrecruzando-se em seu vocabulário comum, nas inspirações femininas e na luta diária por reconhecimento de seus nomes, suas necessidades e lutas.

Alerto que, em alguns trechos da leitura, temos vontade de pedir licença, pois os relatos são íntimos e intensos, fazendo-nos viajar para uma infância angustiada, em que sentimos o estranhamento diante do sexo e do gênero imposto no momento do nascimento e a censura precoce a um ser no mundo que inocentemente recusa os padrões. Em outros momentos, sentimo-nos tomando um longo café com as convidadas de Fábio, escutando suas vivências na adolescência, suas descobertas sobre a sexualidade, sua busca por identificação com modelos femininos, suas relações tumultuadas com a família, suas dúvidas e temores quanto ao futuro, o que de certa forma acontece com todas nós nessa fase da vida. Contudo, ao tomarmos conhecimento de suas lutas e estratégias, seus enredos ganham mais força, pois entendemos como elas usam as normas para se recriar e escapar da invisibilização violenta imposta pela sociedade cis-heteropatriarcal. Como dizem Débora Diniz e Ivone Gebara, nesse ponto sentimos vontade de brindar, de celebrar sua resistência coletiva, suas vitórias, a conquista do novo nome, das intervenções cirúrgicas desejadas, dos tratamentos hormonais, e sua recriação na fratura do "cistema" heteronormalizador. Ao final, é impossível não sentir o impacto do exemplo de coragem e de luta que essas mulheres legam a todas nós, que nos entendemos como feministas, convidando-nos "a pular a cerca e mudar de vida" sempre que nos sentimos oprimidas, como elas fizeram e como fez a nossa poetisa Maria Vitória.

Como deixa claro no texto, Fábio também foi afetado por todas essas histórias que nos apresenta. Esse é o diferencial do livro no qual você está prestes a mergulhar. Sua aproximação das vivências e experiências invisibilizadas lhe conferiu o sentido de reparação de que a pesquisa engajada e os discursos acadêmicos precisam para realmente transformar a vida das pessoas, para transformar a sociedade, tornando-a menos transfóbica e violenta.

Depois de todos esses *spoilers*, que sadicamente fazem parte dos prefácios, só posso concluir dizendo que a primeira obra de fôlego de Fábio reflete seu inegável potencial de pesquisa e nos deixa ansiosas pelo que está por vir, pois sua tese de doutorado já está em andamento...

Curitiba, 12 de outubro de 2024.[1]

Prof.ª Dr.ª Clara Maria Roman Borges

Professora Titular do Departamento de Direito Penal e Processual Penal da UFPR

---

[1] Dia de Nossa Senhora Aparecida, padroeira do Brasil, que recentemente teve sua representação trans na homenagem feita por Eloá Rodrigues, no Miss International Queen 2022.

LISTA DE ABREVIATURAS E SIGLAS

Antra - Associação Nacional de Travestis e Transexuais
Astral - Associação de Travestis e Liberados
CID - Código Internacional de Doenças
CIS - Cisgênero/Cisgênera
Covid-19 - *Coronavirus disease 2019*
Craist - Centro de Referência em Atenção Integral para Saúde Transespecífica
Crie - Centro de Referência de Imunobiológicos Especiais
CRFB/88 - Constituição da República Federativa do Brasil de 1988
CPATT - Centro de Pesquisas e Atendimento a Travestis e Transexuais
DSM - Manual Diagnóstico e Estatístico de Transtornos Mentais ou *Diagnostic and Statistical Manual of Mental Disorders*
EBGL - Encontro Brasileiro de Gays e Lésbicas
FAS - Fundação de Ação Social
Fonatrans - Fórum Nacional de Travestis e Transexuais Negras e Negros
GLBT - Gays, lésbicas, bissexuais e travestis
HBIGDA - *Harry Benjamin International Gender Dysphoria Association*
HIV/Aids - *Human immunodeficiency virus/acquired immunodeficiency syndrome*
Iser - Instituto de Estudos da Religião
LGBT - Lésbicas, gays, bissexuais, travestis e transexuais
LGBTIA+ - Lésbicas, gays, bissexuais, transexuais, intersexos, assexuados e mais
LGBTTI - Lésbicas, gays, bissexuais, travestis, transexuais e intersexos
MST - Movimento Sem Terra
OAB/PR - Ordem dos Advogados e Advogadas do Brasil, subseção do Paraná
ONG - Organização não governamental
PPGD - Programa de Pós-Graduação
Prouni - Programa Universidade para Todos
SOC - *Standards of care*

SUS - Sistema Único de Saúde
TMP - Transgrupo Marcela Prado
Uerj - Universidade Estadual do Rio de Janeiro
UFPR - Universidade Federal do Paraná
UFSC - Universidade Federal de Santa Catarina
UTFPR - Universidade Tecnológica Federal do Paraná
UTI - Unidade de Terapia Intensiva

SUMÁRIO

INTRODUÇÃO 27

1

PERCURSOS SOBRE A TRANSEXUALIDADE – UM CAMINHO HISTÓRICO-TEÓRICO A SER TRILHADO PARA A DEFINIÇÃO DA METODOLOGIA DE PESQUISA 35
   1.1 O NASCIMENTO MÍTICO E MÉDICO-LEGAL DO HERMAFRODITA E DO MONSTRO 37
   1.2 DO PSEUDO-HERMAFRODITA AO SURGIMENTO DAS TRAVESTIS, TRANSEXUAIS E INTERSEXUAIS 50

2

PESQUISA EM UM CAMPO PLURALMENTE DISSIDENTE 65
   2.1 ELAS, MULHERES TRANS, E, EU, FÁBIO, HOMEM CIS: INQUIETAÇÕES PESSOAIS, RELATOS DA APROXIMAÇÃO COM O CAMPO E O RECORTE DO PROBLEMA DA PESQUISA 69
      2.1.1 Alguns fatos que me trouxeram até aqui: da noite às casas de prostituição 76
      2.1.2 Aproximação definitiva com o campo: do HIV/Aids às mulheres trans 85
   2.2 DESCRIÇÃO DO TRABALHO DE CAMPO E APRESENTAÇÃO DAS PROTAGONISTAS PARTICIPANTES 94
      2.2.1 O campo 101

3

ESTUDOS DE GÊNERO, TEORIAS FEMINISTAS E A APROXIMAÇÃO COM A(S) TRANSGENERIDADE(S) 113
   3.1 DISCURSO E PODER: UMA GÊNESE NECESSÁRIA AOS ESTUDOS FEMINISTAS E AO TEMA DESTE TRABALHO 118
   3.2 ESTUDOS DE GÊNERO – UM LAMPEJO SOBRE AS TRÊS "ONDAS" FEMINISTAS 125
   3.3 DE REFLEXÕES TEÓRICAS AO ESTABELECIMENTO DAS CATEGORIAS ANALÍTICAS 145
      a. Sujeito, poder e agência 145

    b. Deslocamentos e transição 153
    c. A contrassexualidade: sexo e gênero 159
    d. Passabilidade 168

4
(RE)CONSTRUÇÃO E ENTENDIMENTO DE SI, AGÊNCIA, PASSABILIDADE E MELANCOLIA 181

    4.1 ENTENDIMENTO DE SI E PROCESSOS DE SUBJETIVAÇÃO: O/A OUTRO/OUTRA E AS ESTRATÉGIAS PARA A (RE)CONSTRUÇÃO DE SI 182

    4.2 NOME E ENUNCIAÇÃO DE SI. 194

    4.3 ESTÉTICA DO GÊNERO E PASSABILIDADE: REFLEXIVIDADE E AGIR ÉTICO COMO ESTRATÉGIA DE SOBREVIVÊNCIA 206

    4.4 MELANCOLIA DE GÊNERO 215

5
CONSIDERAÇÕES FINAIS 223

REFERÊNCIAS 231

INTRODUÇÃO

Como se dá o entendimento, por mulheres transexuais, de que não são cisgêneras, em meio a uma sociedade e cultura que nos levem a crer que o sexo e o gênero são naturais, não históricos, imutáveis e sagrados? Quais são os impasses criados, perante essas mulheres, a partir do momento em que se propõem a "ultrapassar" as, aparentemente, sólidas barreiras que determinam quem é homem e quem é mulher? Buscar, nessa travessia, enquadrar-se no binário que as determinou desde que nasceram demonstraria que elas sucumbiram perante a norma ou que a transgrediram por completo? Tendo-a transgredido ou tendo sucumbido, a norma do sistema sexo-gênero heteronormativo[2] deixa de permear a existência de tais mulheres ou continua requerendo delas ações estratégicas e reflexivas que lhes permitam viver e sobreviver?

Foram essas as perguntas iniciais que me levaram à escrita da presente obra, que tem como finalidade compreender como se dá o processo de entendimento de si, de agência e (re)construção de corpos e existência por mulheres transexuais residentes no estado do Paraná[3]. Para tanto, busquei identificar como são narrados esses processos em seus ambientes familiares, sociais e perante o aparato burocrático do Estado e se faz-se necessária ou almejada por elas a homogeneização de suas identidades no interior de uma matriz binária de sexo-gênero ou se elas buscam outra forma de identificação e exteriorização daquelas.

Como objetivos específicos, pretendi, primeiramente, compreender como se deu o processo de entendimento de si, e se este configura e/ou configurou dificuldades, conflitos, rupturas e isolamentos sociais às protagonistas participantes com quem conversei (objetivo 1).

Em sequência, propus-me a visibilizar se as protagonistas participantes, com quem conversei, buscam a designação formal e pública de suas identidades e existência como mulheres trans, com a fixação e homogeneização generificada delas, nos eixos estruturantes da matriz de sexo e gênero, ou a partir de outras formas de identificação e de reconhecimento de si (objetivo 2).

---
[2] Embora o conceito vá ser mais bem explorado no decorrer desta obra, conforme expõe Letícia Lanz (2014, p. 41), "heteronormatividade é um dispositivo totalitário e hegemônico resultante da aplicação compulsória das normas binárias de conduta de gênero a todas as relações estabelecidas entre as pessoas na nossa sociedade".

[3] Foram entrevistadas sete mulheres, sendo que cinco delas residem em Curitiba, uma em Lapa e outra em Irati.

Por último, procurei compreender se o processo de (re)construção de si, conforme narrado por elas, conferiu-lhes o sentimento de liberdade e de inserção sociojurídica no contexto social em que vivem (objetivo 3).

Denomino como protagonistas participantes as mulheres transexuais que foram entrevistadas para a conclusão deste livro, pois foram as narrativas de vida delas, em entrevistas de campo, que me foram contadas com muitos detalhes, que o alicerçaram; narrativas sem as quais, inclusive, este trabalho sequer seria realizado. As suas falas, portanto, para além do aparato teórico que, aqui, é apresentado, adquirem o protagonismo e a centralidade nesta obra, fruto de minha dissertação de mestrado.

Delimito, ainda, a presente obra no entorno de mulheres transexuais, pois foi assim que as sete protagonistas participantes se autodeclararam em entrevista, quando questionadas como se identificavam frente às possibilidades de identificação de gênero. Observou-se, aqui, a autodeterminação de gênero como uma garantia fundamental inerente às mulheres com quem conversei. É por essa razão que, em algumas partes do texto, elas são identificadas como mulheres "trans": um diminutivo da palavra transexual[4], utilizado por pessoas transgêneras[5], como Letícia Nascimento (2021) e Helena Vieira (2018).

As mulheres transexuais com quem conversei estão inseridas na sigla LGBT, que traduz não apenas uma história de lutas diversas, no entorno de identidades e orientações sexuais que destoam da cisheteronormatividade, mas, também, uma particular batalha travada por mulheres

---

[4] Há autores e autoras que, em seus textos e publicações, fazem uso da palavra "trans" para se referir às pessoas travestis e transexuais, refletindo uma pluralidade de corpos e identidades, bem como para se referir às pessoas transgêneras, termo este que, de acordo com Beatriz P. Bagagli (2018, p. 11), refere-se a "todas as pessoas cuja identidade de gênero não é a mesma com que foram designadas ao nascimento e, segundo Jesus e Alves (2010), são estas pessoas, tendo em vista certas especificidades das mulheres transgêneras, transexuais e/ou travestis, que o transfeminismo deve representar".

[5] Transgênero ou transgênera são palavras utilizadas "como forma de designar pessoas cuja autoidentificação de gênero não coincide com o gênero atribuído compulsoriamente ao nascimento em virtude da morfologia genital externa, podendo incluir travestis e transexuais" (Bagagli, 2018, p. 13). Porém, de forma a demonstrar como os conceitos que envolvem identidades se encontram em constante disputa, exponho que, o termo transgênero, para Letícia Lanz (2014, p. 334-335), "vem sendo utilizado para classificar as pessoas que, de alguma forma, não podem ser socialmente reconhecidas nem como 'homem', nem como 'mulher', pois o seu 'sexo social' não se enquadra em nenhuma das duas categorias disponíveis, que são masculino e feminino. [...] Entre os representantes típicos da população de transgêneros (T), que apresentam, portanto, alguma forma de discordância de gênero em relação ao modelo binário oficial, estão a transexual, a travesti, o *crossdresser*, a drag-queen, o andrógino e os transformistas. [...] Transgênero não é identidade, mas a condição sociopolítica econômica da pessoa que apresenta algum tipo de não conformidade, superficial ou profunda, temporária ou definitiva, em relação às normas do gênero em que foi classificada ao nascer, em razão da sua genitália de macho ou de fêmea".

travestis e transexuais, para que nela estivessem presentes. A sigla LGBT foi estabelecida pela própria comunidade que a compõe e consagrou-se institucionalmente, em solo nacional, em 8 de junho de 2008, durante a I Conferência Nacional de Gays, Lésbicas, Bissexuais, Travestis e Transexuais[6], convocada por meio de decreto presidencial, pelo então presidente Luís Inácio Lula da Silva, em 28 de novembro de 2007, e realizada pela Secretaria Especial dos Direitos Humanos da Presidência da República.

Foi durante essa conferência que se decidiu por alterar a até então vigente sigla GLBT para LGBT, a fim de valorizar as lésbicas no contexto da diversidade sexual e de aproximar o termo brasileiro com o predominante em outras culturas, como resposta à luta política promovida por lésbicas feministas, com destaque às articulações propostas pela Liga Brasileira de Lésbicas (LBL)[7]. Porém, a inclusão do "T" à sigla apenas aconteceu como resultado de questionamentos e embates durante o VIII Encontro Brasileiro de Gays e Lésbicas (EBGL), no ano de 1995, que ocorreu na cidade de Curitiba[8].

O fato é narrado por Jovanna Cardoso da Silva, também conhecida como Jovanna Baby[9], em seu livro *Bajubá Odara: resumo histórico do nascimento do movimento social de travestis e transexuais do Brasil* (2021). Jovanna conta que, quando acontecia o VIII Encontro Brasileiro de Gays e Lésbicas (EBGL), representando a Astral-RJ, juntamente com Layza Minelli, representando o Grupo Esperança-PR, propuseram a inclusão do "T", de travesti, no nome do evento, fazendo com que ele passasse a ser chamado de Encontro Brasileiro de Gays, Lésbicas e Travestis (EBGLT).

---

[6] O texto base e os anais da I Conferência Nacional de Gays, Lésbicas, Bissexuais, Travestis e Transexuais, encontram-se disponíveis em: https://www.ipea.gov.br/participacao/images/pdfs/conferencias/LGBT/texto_base_1_lgbt.pdf. Acesso em: 11 fev. 2022.

[7] De acordo com o relatório final da I Conferência Estadual LGBT, do Paraná, que ocorreu de 16 a 18/05/08, "no dia 08 de Junho de 2008, durante a I Conferência Nacional GLBT, aprovou-se a substituição da sigla GLBT por LGBT, para identificar a ação conjunta de lésbicas, gays, bissexuais, travestis e transexuais, no Brasil. Portanto, a sigla foi atualizada no presente documento" (p. 6). O referido relatório se encontra disponível em: https://direito.mppr.mp.br/arquivos/File/IConferenciaEstadualLGBTPR.pdf. Acesso em: 11 fev. 2022.

[8] Nesse particular, faz-se importante salientar que há uma divergência no entorno do momento em que se deu a inclusão do "T" à sigla LGBT, visto que Cavichioli (2021, p. 20), citando Simões e Facchini (2009), afirma que "o termo 'travestis' foi acrescentado a 'gays e lésbicas' no Encontro de 1997, e os termos 'bissexuais' e 'transexuais' foram incluídos no Encontro de 2005, quando se formaram também as respectivas redes de associações nacionais desses segmentos".

[9] Jovanna Cardoso da Silva (Jovanna Baby) é considerada a fundadora do Movimento Organizado de Travestis e Transexuais no Brasil e tem sua trajetória contada em um documentário que se encontra disponível em: https://www.facebook.com/memorialgbti/videos/824532554626683/. Acesso em: 11 fev. 2022.

Em continuidade, Jovanna diz que "o quartel GGG, como gosto de me referir à predominância autoritária de gays no movimento LGBT brasileiro, algo que infelizmente persiste, resistiu à mudança do nome, inclusive algumas lideranças históricas do então Movimento Homossexual Brasileiro (MHB)"[10] (Cardoso da Silva, 2021, p. 28).

Ela diz ter contado, no momento, com a solidariedade de gays e lésbicas[11] nordestinas, para fazer coro junto a si, o que acabou por ter ajudado com que a sua proposta fosse aceita. Inicialmente, o "T" contemplava apenas as travestis, mas, posteriormente, "ampliou-se o entendimento para Travestis e Transexuais, que o sentido presente na sigla LGBT que é usada desde 2008, quando foi referendada pela I Conferência Nacional LGBT" (Cardoso da Silva, 2021, p. 28).

Para a escrita deste livro, fiz uso, como embasamento teórico, da epistemologia feminista pós-estruturalista, sob uma perspectiva das experiências de mulheres transexuais, com destaque para as teorias tecidas por Foucault (2010a; 2013; 2014b; 2018a; 2018b; 2018c), Butler (2017a; 2019b), Haraway (2009; 2019) e Preciado (2017; 2018) que dialogam, diretamente, com os objetivos da presente obra.

Com o intuito, portanto, de refletir sobre os processos de entendimento e constituição de si, de agenciamento e de identificação (ou desidentificação) com a matriz de inteligibilidade heteronormativa de corpos, por mulheres trans, perpassei as noções de construção de identidade (sexo e gênero) como produção discursiva, de assujeitamento e sujeição, performatividade, tecnologia, passabilidade e de melancolia de gênero, a partir, em especial, de Michel Foucault, Judith Butler, Donna Haraway e Paul Preciado.

Por fim, a análise do campo realizado para a conclusão deste livro narra as experiências de sete mulheres trans com quem conversei, que se deu por meio de entrevistas semiestruturadas. A abordagem confe-

---

[10] Sobre isso, Cavichioli (2021, p. 20), salienta que "até 1992, o termo usado era 'movimento homossexual brasileiro', às vezes designado pela sigla MHB, e os congressos de militância eram chamados de 'encontros de homossexuais'".

[11] Gays, lésbicas e bissexuais referem-se a orientações sexuais, que estão relacionadas ao desejo erótico-afetivo de uma pessoa para com as outras. Para se referir a tais orientações, também é comum fazer uso das expressões homossexuais, homoafetivos, homoafetivas, biafetivos, biafetivas. Limito à apresentação dessas três orientações sexuais, pois são as que constam da sigla oficial LGBT, mas saliento que existem outras, que ainda pendem de representatividade oficial. Exemplo de que se busca a representação de outras orientações e identidades reside no fato de que vêm sendo usadas, em produções acadêmicas, na literatura, em manifestos de movimentos sociais, siglas como LGBTQ, LGBTIA+, LGBTTIA+, LGBTTQIA+, entre outras, de forma a abarcar, cada vez mais, a diversidade humana.

rida, quando da análise das entrevistas realizadas, aliada aos referencias teóricos que nortearam a produção desta pesquisa, foi de ordem qualitativa[12], sob uma perspectiva feminista pós-estruturalista, com ênfase nas teorias e debates promovidos pela antropologia e pela sociologia, afinal, de acordo com Veras (2019, p. 32), estas "foram pioneiras nas discussões relacionadas às experiências trans".

Esses estudos, ainda, organizam-se a partir de alguns pressupostos teóricos que fundamentam as categorias analíticas indicadas para a análise do campo e para conferir resposta aos objetivos da pesquisa, como sua conclusão. Tais categorias se referem (1) à forma com que se dá o entendimento de si das protagonistas participantes, a partir da análise da (1.i) sexualidade como um dispositivo de poder (Foucault, 2014; 2018a; 2018b; 2018c) e (1.ii) do caráter performativo do gênero (Butler, 2017a; 2019b); (2) ao nome retificado, como um mecanismo de (2.i) agência (Butler, 2017a), (2.ii) de cuidado de si (Foucault, 2010c; 2016) e de (2.iii) liberdade (Foucault, 2010c) frente a (2.iv) processos de subjetivação (Foucault, 2018a); (3) à passabilidade, como (3.i) estratégia reflexiva de resistência e existência (Foucault, 2010a), a partir da (3.ii) utilização e prática de saberes situados e de recriações de si pela tecnologia (Haraway, 2009; 2019; Preciado, 2017; 2018); e, por fim, (4) à melancolia de gênero, a partir da (4.i) intangibilidade de uma criação imagética-figurativa, pelos discursos de saber-poder, sobre a existência pré-discursiva de corpos e existências que se amoldem, perfeitamente, ao elo narrado entre corpo, sexo, gênero, orientação sexual, prazer e desejo (Butler, 2017a; 2017b; 2019b; Foucault, 2018a).

A presente obra se divide em quatro capítulos. Para adentrar nos referidos estudos, no capítulo 1, busquei delinear uma revisão de literatura histórica que norteia os estudos e as perspectivas sobre a transexualidade, partindo do nascimento mítico e médico-legal do hermafrodita e do monstro, até o surgimento, no discurso médico-jurídico-social, dos pseudo-hermafroditas e das pessoas transexuais, intersexuais e travestis. A conclusão desse primeiro capítulo, que se apresenta como um estado da arte dos estudos sobre a transgeneridade, serviu como base para o estabelecimento da metodologia da pesquisa realizada em campo.

---

[12] De acordo com Filstead (*apud* Bauer; Gaskell; Allum, 2002, p. 29), "métodos quantitativos e qualitativos são mais que apenas diferenças entre estratégias de pesquisas e procedimentos de coleta de dados. Esses enfoques representam, fundamentalmente, diferentes referenciais epistemológicos para teorizar a natureza do conhecimento, a realidade social e os procedimentos para se compreender esses fenômenos".

A metodologia de pesquisa, de ordem qualitativa, adotada para a conclusão deste trabalho está delineada no segundo capítulo do livro. Nele, também são apresentadas as sete protagonistas participantes que, por mim, foram entrevistadas de maneira semiestruturada. Nesse segundo capítulo, ainda, de forma a demonstrar como se deu a minha aproximação com o campo e os motivos que me fizeram perseguir e concluir esta pesquisa, foi trazida uma narrativa pessoal, na qual exponho alguns fatos que me levaram à delimitação do problema que fundamenta este trabalho.

Em sequência, no terceiro capítulo, apresento uma revisão de literatura teórico-científica sobre os estudos de gênero e as teorias feministas que se aproximam das transgeneridades. Nele, teço uma análise de teorias feministas sobre o discurso e o poder, para, então, adentrar a interpretação dos estudos feministas, sob uma perspectiva pós-estruturalista, com um recorte a partir das experiências trans, que fundamentam teorias e práticas políticas que se aproximam e convergem com as perspectivas de mulheres transexuais e travestis. É a partir de tais análises, de teorias e do que me foi apresentado em campo que foram definidas as categorias analíticas que norteiam a pesquisa, que se tornam fundamentais à conclusão do trabalho, sendo elas o entendimento de si, a retificação do nome e gênero, a passabilidade e a melancolia de gênero.

Assim o sendo, no quarto capítulo, passo à análise qualitativa do campo, considerando a vinculação com as categorias analíticas que norteiam a pesquisa, já apresentadas.

Quanto ao entendimento de si, como mulher transexual, a análise é feita a partir da relação travada com os outros e as outras, da inspiração provocada e gerada por mulheres como Roberta Close e da ajuda proveniente de outras travestis no processo de (re)construção de si. No que se refere à retificação do nome e gênero, em certidão de nascimento, a análise é feita sob perspectivas que denotam, em especial, os impasses e tensões que surgem quando do contato com o Poder Judiciário, com o ambiente escolar e na busca por um emprego formal. O nome apresentou-se, pelo campo, como um grande divisor de águas nas vidas das mulheres com quem conversei e um dos conteúdos da vivência que permite pensar a agência e o processo de subjetivação de modo mais efetivo, em meio às malhas do poder, imbricadas na narrativa e na experiência.

Quanto à passabilidade, esta foi analisada a partir de perspectivas como as estratégias utilizadas pelas protagonistas participantes para a sobrevivência e existência digna em espaços públicos, bem como a partir de uma concorrência que se vê existir, entre as mulheres trans, de se alcançar um ideal de feminilidade criado pela cultura e tomado como lugar de vida ideal. Por fim, para a análise da última categoria, qual seja, a melancolia de gênero, partindo de uma construção teórica e reflexiva desta, ela é analisada sob a perspectiva do sofrimento causado aos corpos quando se tenta atingir um ideal imagético de gênero que é inexistente, mas, também, da potência criativa e de resistência que acaba por surgir do seu sentir e viver.

Por fim, são apresentadas as considerações finais, nas quais é destacado que se notou que há, a partir das narrativas das mulheres trans com quem conversei, uma grande dificuldade em imaginar a possibilidade de entendimento e reconstrução de si para além do binarismo de gênero. Porém, tal constatação não retira o potencial de agência transformadora e reflexiva que orienta a vida e a existência de tais mulheres, visto que esta escancara a falácia da dita ordem natural entre sexo, gênero, orientação sexual e desejo, a partir, em especial, das suas performances de gênero e de existir.

1

PERCURSOS SOBRE A TRANSEXUALIDADE – UM CAMINHO HISTÓRICO-TEÓRICO A SER TRILHADO PARA A DEFINIÇÃO DA METODOLOGIA DE PESQUISA

A escrita deste livro tem como pano de fundo e embasamento teórico a epistemologia feminista pós-estruturalista, alicerçada sob uma perspectiva das experiências de mulheres transexuais, fazendo uso, com destaque, das teorias tecidas por Foucault (2010a; 2013; 2014b; 2018a; 2018b; 2018c), Butler (2017a; 2019b), Haraway (2009; 2019) e Preciado (2017; 2018), que dialogam diretamente com os objetivos da presente pesquisa.

Antes de adentrar mais especificamente tanto na metodologia de pesquisa adotada quanto nos referenciais teóricos que delineiam este trabalho, faz-se necessário trilhar alguns marcadores históricos que norteiam os estudos sobre transgeneridades, nestes inclusas as travestilidades e transexualidades, com o intuito de, na sequência, localizá-los nos debates e estudos afeitos à teoria feminista pós-estruturalista.

Tal análise se faz necessária, desde então, não apenas tendo em vista que foram esses os estudos que direcionaram a forma com que se concluiu a pesquisa que ora se apresenta e que orientaram os objetivos e a metodologia adotada em campo, mas, também, porque os caminhos percorridos para o surgimento da identidade das pessoas travestis e transexuais, ou, como denomina Bento (2017a, p. 35), da invenção da pessoa transexual, como toda história que se tenta localizar e contar, não é linear, isenta de contestação e possui contextos que lhes são próprios, ou seja, são situacionais (Laqueur, 2001) e localizados (Haraway, 1995).

Assim como o foi para Nádia Elisa Meinerz (2006), quando reflete sobre sua pesquisa desenvolvida na área da antropologia e que foi publicada sob o nome "Entre Mulheres: estudo etnográfico sobre a constituição da parceria homoerótica feminina em segmentos médios na cidade de Porto Alegre, RS",

> Ao propor a sexualidade como objeto de estudo para a antropologia, assumo como prerrogativa a sua referência no plural, conforme a perspectiva da diversidade em termos das práticas sexuais e dos significados a elas associados. Para tanto, torna-se relevante considerar que a sexualidade é alvo da produção normatizadora de uma série de discursos como o biológico, psicológico, médico, pedagógico, artístico, político, jurídico e religioso. É em meio a todos eles que as pessoas, inseridas em determinados grupamentos sociais e em suas práticas cotidianas, elaboram os seus próprios significados acerca do que seja sexual, do que é permitido e proibido e do que é admissível ou inadmissível em termos sexuais (Meinerz, 2006, p. 93).

Posto isso, tendo em vista que o campo dos saberes que norteiam a sexualidade, o dispositivo da sexualidade ou a *scientia sexualis* (Foucault, 2018a) — nela compreendidos o sexo, o gênero, o desejo, o prazer, a identidade — é amplo, contextual, relacional, histórico e não linear (Laqueur, 2001), faço alusão a uma reflexão introduzida por Geertz (2001) no que se refere à ética e à experiência moral, da pesquisa científica, em campos nos quais os conceitos utilizados como categorias analíticas são constantemente alvos de debates, novas reflexões e disputas teórico-políticas. Para o citado autor, "devem ser levadas em consideração as consequências sociais em relação à forma através da qual os resultados obtidos são apropriados na prática política" (Geertz, 2001 *apud* Meinerz, 2006, p. 97).

Destacando a extensão e a complexidade existentes no entorno dos saberes sobre a sexualidade, Foucault, pelo termo dispositivo, pretende

> [...] demarcar, em primeiro lugar, um conjunto decididamente heterogêneo que engloba discursos, instituições, organizações arquitetônicas, decisões regulamentares, leis, medidas administrativas, enunciados científicos, proposições filosóficas, morais, filantrópicas. Em suma, o dito e o não dito são elementos do dispositivo. O dispositivo é a rede que se pode estabelecer entre esses elementos (Foucault, 2018c, p. 364).

Assim sendo, para que se permita uma maior aproximação com o conjunto de elementos que conformam o dispositivo, concluiu Meinerz (2006, p. 97) que "a avaliação das implicações morais do estudo científico deve começar pela análise da pesquisa científica como uma modalidade de experiência moral", e que, "qualificando a pesquisa científica como experiência moral", Geertz (2001) chama atenção para "a responsabilidade do pesquisador também em relação aos conceitos utilizados para análise" (Meinerz, 2006, p. 97).

Ademais, conforme bem salienta Paula Sandrine Machado, em artigo publicado como parte de sua dissertação de Mestrado desenvolvida e defendida junto ao Programa de Pós-Graduação, em Antropologia Social, da Universidade Federal do Rio Grande do Sul, do ponto de vista da pesquisa em sexualidade,

> [...] estabelece-se com isso uma implicação fundamental: os significados atribuídos à sexualidade são mais importantes que a mensuração do comportamento sexual (Altman, 1993). Além disso, quando categorias como homossexualidade, bissexualidade e heterossexualidade são entendidas como construídas socialmente e apenas ambiguamente ligadas ao comportamento (Gagnon; Parker, 1995), é preciso criar recursos metodológicos para dar conta deste fato (Machado, 2014, p. 122).

Como meio de dar conta dos referidos recursos metodológicos, entendo, portanto, que se faz necessário indicar as premissas e fatos históricos que embasaram e nortearam a pesquisa acerca do tema, antes de nele me aprofundar.

Confiro seu início, então, a partir dos estudos sobre as pessoas hermafroditas e a transformação destas em monstros (Foucault, 2010d), pois, conforme destaca Leite Jr. (2011, p. 23), "a discussão sobre gênero, suas especificidades, variáveis e limitações mostra-se ligada à temática do corpo historicamente sexuado e, assim, do corpo intersexuado". Ainda, conforme este mesmo autor aponta, "intersexo é o termo usado em certas áreas da medicina, em especial a partir da segunda metade do século XX (apesar de ele surgir no seu início), para se referir à ambiguidade sexual fisiológica, substituindo a antiga expressão 'hermafrodita'" (Leite Jr., 2011, p. 23).

1.1 O NASCIMENTO MÍTICO E MÉDICO-LEGAL DO HERMAFRODITA E DO MONSTRO

Conforme expõe Foucault (2010, p. 57), é na Idade Clássica que surgirá

> [...] um tipo de monstro privilegiado: os hermafroditas. Foi em torno dos hermafroditas que se elaborou, em todo caso que começou a se elaborar, a nova figura do monstro

que vai aparecer no fim do séc. XVIII e que vai funcionar no início do séc. XIX.

Antes disso, a existência de seres que possuíam dois genitais ou sexos, um feminino e outro masculino, já era contada, na forma de um mito grego dos andróginos, por Platão (1996), na voz de Aristófanes. Andróginos, segundo o filósofo grego, eram os filhos da Lua, que, por sua vez, era filha do Sol, que só gerava filhos machos, e da Terra, que só gerava filhas fêmeas.

Narrando o mito platônico, Leite Jr. (2011, p. 35, grifo meu) expõe que

> Por tentarem fazer guerra contra os deuses, Zeus os castigou (*os andróginos*) dividindo-os em dois corpos distintos, cada um possuindo apenas um sexo, para assim enfraquecer-lhes. Depois, virou o rosto e o agora único sexo deles para trás, que passou a ser, a partir de então, a parte da frente do novo corpo, dando assim a oportunidade destes novos seres de procriarem durante a busca por sua metade perdida. Quando procuravam sua outra parte em alguém do sexo oposto ao seu, poderiam gerar descendentes e aumentar o número de fiéis para os deuses; quando faziam isto em alguém do mesmo sexo, obtinham satisfação e, assim acalmados, não se revoltariam novamente. Zeus também deixou um sinal para o homem lembrar-se de sua condição anterior e não se esquecer de seu castigo: o umbigo. Desta maneira, a humanidade atual descenderia de encontros sexuais motivados por uma frustrada busca por outra parte de si mesmo.

A androginia, então, segundo o mito contado por Platão, possui um conceito que "[...] representa, antes de tudo, uma divina e perdida união espiritual. Os andróginos possuem a junção do masculino e do feminino inclusive no próprio nome (do grego *andros*, significando 'homem', e *gynos*, 'mulher') e evocam o saudosismo de uma vivência de completude" (Leite Jr., 2011, p. 35).

Segundo a crítica literária Miguet (2005 *apud* Leite Jr., 2011, p. 36),

> [...] através de rituais religiosos de influência oriental (como a troca ritual de roupas entre os sexos ou o "travestismo" sagrado) e principalmente via representação estética, o mito do andrógino divulgado por Platão, sem foco discursivo algum em sua genitalidade, desenvolveu-se gradualmente como a imagem de uma pessoa com dois sexos,

tanto na questão corporal quanto em sutilezas de papéis de gênero masculino e femininos. Para a representação concreta do andrógino platônico, foi fundamental a união deste com a figura explícita do hermafrodita da religiosidade popular grega.

O mito do deus grego Hermafrodito (ou Hermafrodite), que marca a referida religiosidade grega centrada em uma figura que carrega consigo os dois sexos, é datado entre 8 e 14 d.C, e foi narrado pelo autor latino Ovídio (2003), em sua obra Metamorfoses (Leite Jr., 2011).

Segundo Ovídio (*apud* Leite Jr., 2011, p. 36),

> Hermafrodito, filho de Hermes, mensageiro dos deuses, e de Afrodite, deusa da beleza e do amor, unia a graça e a formosura de sua mãe com a virilidade e a força de seu pai. Um dia, quando foi banhar-se em um lago, a ninfa Salmákis, que lá habitava, apaixonou-se por sua figura e tentou possuí-lo, abraçando-o fortemente. Assustado, ele a repeliu, mas a sensual ninfa rogando os deuses que não o separassem conseguiu juntar seu corpo ao de Hermafrodito, suplicando: *Que nunca chegue o dia que irá nos separar!*

Conforme expõe Miguet (2005 *apud* Leite Jr., 2011, p. 36),

> Para Hermafrodito a união ao corpo feminino é sinônimo de queda, desgraça e inferiorização através da divisão e enfraquecimento de seus atributos antes unicamente masculinos. Ele transforma-se em meio homem, pois também se torna uma meia mulher. Já para a ninfa, a união não só é motivo de prazer pelo não afastamento do amado, mas também é causa de um incremento de poder e reconhecimento, pois agora ela também se torna um meio homem. O deus então prageja e amaldiçoa o lago e seus futuros banhistas.

Vendo-se, então, apenas como meio homem, Hermafrodito pede ao seu pai e à sua mãe que, dali para frente, todos os que mergulharem naquele lago saiam dele "[...] meio homem, feito mais fraco pelo toque desta maléfica água" (Ovídio, 2003, p. 83). Por esse mito, "uma desqualificação do feminino e da mulher é apresentada e a ideia de ambiguidade sexual mostra-se um triste destino a ser evitado. Por ser feminina, e assim entendida como um masculino não completamente evoluído, a ninfa enfraquece Hermafrodito ao unir-se a seu corpo" (Leite Jr., 2011, p. 37).

A figura do monstro de dois sexos, que possui duas genitálias ou genitálias ambíguas, é retratada, no séc. I, pelo filósofo Tito Lucrécio Caro, da seguinte forma:

> [...] numerosos também foram os monstros que a terra nessa época se esforçou por criar e que nasciam com aspecto e membros estranhos — tal como o andrógino, intermediário entre os dois sexos, que não é nem um nem outro e que não pertence a nenhum (Kappler, 1994, p. 167).

Eliade (1999, p. 103) salienta, ainda, que "desde a Grécia Antiga, o nascimento de pessoas com os dois sexos ou alguma outra forma de ambiguidade genital era motivo de sacrifício da criança, pois consideravam isto algum tipo de mau presságio ou um castigo dos deuses".

Passado o período conhecido como baixa Idade Média, no final do séc. XIV e iniciado aquele definido como Renascimento ou Renascentismo, por volta do séc. XV, as concepções acerca dos monstros místicos, sob forte influência de uma nova cultura humanista emergente, tomaram novos e diferentes rumos. Os monstros, ou "aqueles que mostram",

> [...] desde o período da Antiguidade até pelo menos o séc. XVI, eram classificados entre as "maravilhas" ou "prodígios" do universo e podiam evocar tanto o medo quanto a risada através das suas formas exageradas, assustadoras ou ridículas (Leite Jr., 2011, p. 48).

Conforme expõe Leite Jr. (2011, p. 48), foi a partir do Renascimento e do movimento humanista

> [...] que os hermafroditas acendem um novo debate sobre sua condição, deixando de ser perseguidos pela Igreja e queimados nas fogueiras inquisitoriais apenas por sua ambiguidade sexual e consequente indefinição quanto a um gênero masculino ou feminino.

Foucault, em aula ministrada em 22 de janeiro de 1975 no Collège de France, detalha que

> Em linhas gerais, podemos admitir — mas seria necessário examinar a coisa muito mais detalhadamente —; em todo caso diz-se que não Idade Média, e até o século XVI (até pelo menos o início do século XVII também), os hermafroditas eram, como hermafroditas, considerados monstros e executados, queimados, suas cinzas jogadas ao vento. Admitamos. De fato, encontramos, bem no fim do século XVI, por exemplo, em 1555, um caso de punição de um hermafrodita, que é condenado como hermafrodita e, ao que parece, sem que houvesse nada além do fato de ele ser hermafrodita. Era alguém que se chamava Antide Collas,

> que havia sido denunciado como hermafrodita. Ele morava em Dôle e, após um exame, os médicos concluíram que, de fato, aquele indivíduo possuía os dois sexos, e que só podia possuir os dois sexos porque tivera relações com Satanás e que as relações com Satanás é que haviam acrescentado a seu sexo primitivo um segundo sexo. Torturado, o hermafrodita de fato confessou ter tido relações com Satanás e foi queimado vivo em Dôle, em 1599. É esse, parece-me, um dos últimos casos em que encontramos um hermafrodita queimado por ser hermafrodita (Foucault, 2010, p. 57).

Na sequência, nessa mesma aula, Foucault ressalta que, a partir do século XVII, não se encontra mais, em relatos históricos e na jurisprudência consultada, condenações por ser hermafrodita. "Se fosse reconhecido como tal, pediam-lhe que escolhesse seu sexo, o que era dominante nele, que se comportasse em função do sexo que era assim determinado, que, em particular, se vestisse de acordo com ele" (Foucault, 2010, p. 57), ao passo que somente sofreria algum tipo de condenação por sodomia caso fizesse uso do seu sexo anexo.

Fazendo uma análise crítica acerca do exposto por Foucault, Laqueur (2001, p. 161), a partir dos seus estudos sobre a invenção do sexo, expõe que

> Foucault sugere uma explicação quando argumenta que na Renascença, e em uma época anterior, não havia um sexo único e verdadeiro, e que o hermafrodita tinha dois sexos entre os quais [ele/ela] podia fazer uma escolha social e jurídica. Foucault talvez seja utópico na sua afirmação política; a escolha do gênero não ficava tanto a critério pessoal e não havia liberdade para se mudar no meio do caminho. Mas ele tem razão quando diz que não havia um sexo verdadeiro e essencial que diferenciava o homem cultural da mulher. Mas não havia também dois sexos justapostos em várias proporções: havia apenas um sexo, cujos exemplares mais perfeitos eram facilmente julgados masculinos no nascimento, e ao menos perfeitos rotulados de feminismos.

Esse modelo de sexo único, conforme destacado por Laqueur (2001) com base em sua vasta pesquisa nos interstícios da literatura médica e filosófica, revela que um modelo de sexo único ou carne única dominou a ideia de diferença sexual desde a antiguidade clássica até o final do século XVIII, o isomorfismo. Fazendo alusão aos estudos de Galeno, anatomista medieval referenciado pelo próprio Laqueur (2001, p. 41) como "o mais importante da tradição ocidental", ele afirma que, com base naqueles,

> [...] o pênis torna-se a cérvice e a vagina, o prepúcio as partes pudendas femininas, e assim por diante através das várias artérias e vasos sanguíneos. Uma espécie de paridade topográfica também garantiria o inverso, que o homem pudesse ser tirado de uma mulher (Laqueur, 2001, p. 42).

Com base no sexo único de Galeno, Laqueur (2001, p. 42) propõe que

> [...] em vez de serem divididos por suas anatomias reprodutivas, os sexos eram ligados por um sexo comum. As mulheres, em outras palavras, são homens invertidos, logo, menos perfeitas. Têm exatamente os mesmos órgãos, mas em lugares exatamente errados.

De acordo com os seus estudos de anatomia genital comparada, "forma-se a ideia da existência de um sexo apenas, que seria mais ou menos perfeito dependendo de seu desenvolvimento" (Leite Jr., 2011, p. 52).

O útero, por exemplo, que é um órgão que poderia ser objeto de contestação na análise da diferenciação dos corpos, foi nomeado e "escolhido" como um órgão que compõe um corpo imperfeito, ou seja, de um não homem, "não em razão do que nós modernos considerariamos ser o único, e unicamente feminino, capaz de gerar um feto, mas porque formava o embrião com mais lentidão que um órgão como o estômago digeria a comida" (Laqueur, 2001, p. 43).

Sendo assim,

> [...] a mulher teria os genitais voltados para dentro do corpo; o homem os teria para fora. E conforme a crença filosófica de que a natureza tende sempre à perfeição, Galeno relata casos em que as mulheres haviam se tornado homens graças a um aumento do calor de seus corpos (Leite Jr., 2011, p. 53).

Leite Jr., ainda acerca desse contexto, expõe que

> No século V, Santo Agostinho uniu esta visão médico-filosófica à tradição judaico-cristã, que já pregava a inferioridade "original" da mulher em relação ao homem. Conclui assim que a mulher é um "macho falido", um homem que não deu certo, desta vez tendendo mais às fraquezas espirituais. Um ser "incompleto", como a mulher, o é em todos os sentidos: orgânicos e morais, pois, novamente relembrando, era no corpo, em suas formas e sinais que se manifestava a alma da pessoa (Leite Jr., 2011, p. 53).

A questão levantada por Leite Jr., ao citar a moralidade como um ponto nodal de diferenciação dos corpos entre os homens dos não homens, na qual se é imposto, novamente, um lugar de inferioridade da mulher frente àqueles, converge com o exposto por Foucault, quando ele, ao afirmar que, pelo menos, até o século XVII, não se tem registros médicos ou jurídicos nomeando os órgãos sexuais com base em uma diferenciação de sexos ou de gênero, salienta que

> No fundo, não é de espantar que os órgãos da sexualidade ou da reprodução nunca tenham podido ser nomeados no discurso médico. Era normal que o médico hesitasse em nomear essas coisas. Por quê? Porque é uma velha tradição da Antiguidade. As mulheres na Antiguidade se comportavam com tal depravação, que era normal que alguém que fosse mestre do saber não pudesse falar dos órgãos sexuais da mulher. Mas veio a Virgem Maria, que — diz Duval — "trouxe nosso Salvador em seus flancos". A partir desse momento, o "sagrado matrimônio" foi instituído, toda a "lubricidade terminou" e os costumes viciosos das mulheres foram abolidos (Foucault, 2010, p. 59).

Do discurso religioso e casto, que se liga à figura da mulher a partir da Virgem Maria, que carregou Jesus, o Salvador, em seu ventre, surgem algumas consequências que foram elencadas e descritas por Foucault (2010, p. 59), dentre as quais a sacralização da mulher pela religião, pelo matrimônio e pelo sistema econômico de transmissão de bens e da matriz que a contempla, uma vez que o papel da mulher, na sociedade, tornou-se venerável. Foucault salienta, então, que a matriz precisa ser conhecida, principalmente para evitar que muitas delas sintam fortes dores ou morram no momento do parto e para evitar que muitas crianças morram ao nascer ou antes do nascimento.

Referida informação, conforme narrado por Foucault (2010), tem como base a história dos hermafroditas que se seguem do século XVII até o final do século XVIII, em especial a retratada pelo médico Duval, acerca do hermafrodita de Rouen, datada de 1601. O caso se referia a uma pessoa batizada sob o nome de Marie Lemarcis que, pouco a pouco, "tinha se tornado homem, usava roupas de homem e tinha se casado com uma viúva que, de seu lado, já era mãe de três filhos" (Foucault, 2010, p. 58). Marie é denunciada, após ter adotado o nome de Marin Lemarcis, motivo que a levou a um julgamento no qual foi submetida a fazer um exame por um médico, um boticário e dois cirurgiões. Como não foi identificado nenhum sinal de virilidade, "Marie Lemarcis é condenada a ser enforcada, queimada e suas cinzas jogadas ao vento. Quanto à sua mulher (quer dizer, a mulher que vivia com ele ou com ela), é condenada a assistir ao suplício do marido e a ser fustigada na encruzilhada da cidade" (Foucault, 2010, p. 58).

Como lhe foi aplicada a pena capital, interpôs-se recurso, o que levou Marie Lemarcis a ser, novamente, submetida a um exame médico. Nesse segundo exame, Foucault (2010, p. 58) narra que "os peritos concordam com os primeiros, em que não há nenhum sinal de virilidade, salvo um deles, que se chama Duval e que reconhece sinais de virilidade". O veredito da Corte de Rouen, então, apresenta-se como interessante aos olhos de Foucault, tendo em vista que a mulher é solta, mas

> [...] prescreve-lhe simplesmente que mantenha as roupas femininas e proíbe-a de morar com qualquer outra pessoa de um ou outro sexo, "sob pena da vida". Logo, interdição de qualquer relação sexual, mas nenhuma condenação por hermafroditismo, por natureza de hermafroditismo, e nenhuma condenação tampouco pelo fato de ter vivido com uma mulher, embora, ao que parece, seu sexo dominante fosse o feminino (Foucault, 2010, p. 58).

Esse caso, conforme aponta Foucault (2010, p. 58), "deu ensejo a um debate contraditório entre dois médicos: um, que era o grande especialista dos monstros na época, que escrevera certo número de livros sobre a monstruosidade e que se chamava Riolan; e o tal médico, Duval, que fez o exame". O exame feito por Duval, que fugiu da tradicionalidade conferida às matronas, tendo em vista que foi realizado por apalpação e com uma descrição detalhada, em seus relatórios, dos órgãos sexuais tais como lhes foram apresentados, materializa o que Foucault (2010, p. 58) chamou de os "os primeiros rudimentos de uma clínica da sexualidade".

O texto publicado por Duval, revela-se, a Foucault (2010, p. 60), como importante, pois

> [...] temos nele não apenas, de fato, uma descrição médica dos órgãos da sexualidade, uma descrição clínica de um caso particular, mas também a teoria do antigo silencio médico sobre os órgãos da sexualidade e a teoria da necessidade agora de um discurso explícito.

O discurso médico, até então, impermeável e fechado a este tipo de enunciação e de descrição, passa a surgir, a partir deste caso do hermafrodita de Rouen, para além de propulsor de uma nova teorização, como o gerador de uma "necessidade de um discurso científico sobre a sexualidade e, em todo caso, sobre a organização anatômica da sexualidade" (Foucault, 2010, p. 61).

O citado caso de Rouen chama a atenção de Foucault, também, por outra razão: nele se diz, de maneira expressa, que "o hermafrodita é um monstro, porque é contra a ordem e a regra ordinária da natureza, que separou o gênero humano em dois: machos e fêmeas" (Foucault, 2010, p. 61-62). Nesse sentido, conforme expõe Foucault (2010, p. 61),

> [...] se alguém tem os dois sexos ao mesmo tempo, deve ser dado e reputado por monstro. Por outro lado, já que o hermafrodita é um monstro, se o exame deve ser feito, é — segundo Riolan — para determinar que roupas deve vestir e se, efetivamente, deve se casar e com quem. Temos aqui, de um lado, a exigência claramente formulada de um discurso médico sobre a sexualidade e seus órgãos e, de outro, a concepção ainda tradicional do hermafroditismo como monstruosidade, mas uma monstruosidade que, como vocês veem, apesar disso, escapou de fato à condenação, que era de regra outrora.

Outra história narrada por Foucault e que figura como sumamente importante para que se venha a compreender, mais adiante, a linha teórico-argumentativa que delineia a presente pesquisa, é o caso narrado em um relatório datado de 1765, referente a Anne Grandjean, que foi batizada como menina ao nascer. Suas inclinações eróticas estavam voltadas às outras mulheres, motivo que a levou a vestir roupas de menino, a mudar-se de cidade e a instalar-se em Lyon, onde se casou com uma pessoa chamada Françoise Lambert. É denunciada, levada a juízo, submetida a exames e condenada por ter vivido com outra mulher. "Ela usou, pois, do sexo que não era dominante nela e é condenada, pelos primeiros juízes, ao colar, com o cartaz: 'Profanador do sacramento do matrimônio'. Colar, chibata e pelourinho" (Foucault, 2010, p. 61).

Tendo em vista que, diante dessa decisão, foi interposto o competente recurso à Corte de Dauphiné, em segunda instância, Anne é "libertada, com a obrigação de usar indumentárias femininas e proibição de frequentar Françoise Lambert ou qualquer outra mulher" (Foucault,

2010, p. 61). Foucault, então, em uma análise detida e comparada entre os casos de Anne Grandjean e Marie Lemarcis, salienta que

> Estão vendo que, no caso, o processo judiciário, o veredicto são praticamente os mesmos de 1601, com a diferença de que Françoise Lambert [*rectius*: Anne Grandjean] é proibida de frequentar as mulheres, e tão somente as mulheres, ao passo que, no caso precedente, era com qualquer pessoa de "qualquer" sexo. Eram a sexualidade e a relação sexual que estavam vedadas a Marie Lemarcis (Foucault, 2010, p. 61).

Conferindo continuidade às suas explanações, Foucault (2010) adverte que, ainda que muito semelhantes, os casos ora citados assinalam o que ele denomina como sendo uma "evolução importantíssima", pois, primeiramente, o hermafroditismo deixa de ser definido como uma mistura dos sexos. O novo hermafrodita passa a ser visto como alguém que teve uma má formação acompanhada de uma impotência. Sendo assim, nesse novo contexto,

> Desaparece, portanto, a monstruosidade como mistura dos sexos, como transgressão de tudo o que separa um sexo do outro. Por outro lado — e é aí que começa a se elaborar a noção de monstruosidade que vamos encontrar no início do século XIX —, não há mistura de sexos: há tão somente esquisitices, espécies de imperfeições, deslizes da natureza. Ora, essas esquisitices, essas más conformações, esses deslizes, esses gaguejos da natureza são, talvez, em todo caso, o princípio ou o pretexto de certos números de condutas criminosas. O que deve suscitar, a propósito da Grandjean, o que deve provocar a condenação — diz Champeaux — não é o fato de ela ser hermafrodita. É simplesmente o fato de que, sendo mulher, ela tem gostos perversos, gosta de mulheres, e é essa monstruosidade, não de natureza, mas de comportamento, que deve provocar a condenação (Foucault, 2010, p. 62).

A monstruosidade deixa de ser, portanto, fruto de um desvio jurídico-natural, para se tornar resultado de um desvio jurídico-moral, uma "monstruosidade da conduta" (Foucault, 2010, p. 63). A partir dessa nova concepção de monstro que fere, agride e perturba a ordem jurídica da moralidade e da normalidade social e comportamental, "vemos emergir uma espécie de domínio específico, que será o da criminalidade monstruosa ou da monstruosidade que tem seu ponto de efeito não na natureza e na desordem das espécies, mas no próprio comportamento" (Foucault,

2010, p. 63). A monstruosidade deixa de ser, ela mesma, objeto de pena e criminalização, para dar lugar ao surgimento, no final do século XVIII e início do século XIX, do criminoso monstruoso, o monstro moral, que vai aparecer "nas formas de discurso e práticas extraordinariamente diferentes" (Foucault, 2010, p. 64). Nesse contexto, a alteridade do louco aparece definida, então, em relação com a exterioridade do grupo. Será a diferença do Outro, cuja linguagem, cujos comportamentos, desejos e gestos, não serão como os dos demais, que definirão "o louco", como alguém ou algo exterior ao grupo (Foucault, 2019).[13]

Concomitantemente ao surgimento do monstro moral fundado sob um novo discurso que acompanha novas práticas, apesar deste tradicional e milenar modelo de um sexo com gêneros já ser questionado desde o Renascimento, Leite Jr. (2011, p. 53) rememora que "é apenas no século XVIII, em decorrência de toda mudança cultural, política e filosófica que este conceito é gradualmente alterado, não sem disputas, para o modelo de dois sexos com dois gêneros". Para Laqueur (2001), esse novo modelo surge, também, das novas relações e horizontes que foram se delineando no entorno dos debates sobre gênero, que avançaram no contexto da cultura europeia setecentista. Segundo proposto por esse autor,

> [...] nesses textos pré-Iluminismo, e mesmo em alguns textos posteriores, o *sexo*, ou o corpo, deve ser compreendido como o epifenômeno, enquanto que o *gênero*, que nós consideraríamos uma categoria cultural, era primário ou "real". O gênero — homem e mulher — era muito importante e fazia parte da ordem das coisas; o sexo era convencional, embora a terminologia moderna torne essa reordenação sem sentido. Pelo menos, o que nós chamamos de sexo e gênero existiam em um "modelo de sexo único" explicitamente ligados em um círculo de significados; escapar daí para um suposto substrato biológico — a estratégia do Iluminismo — era impossível. Foi no mundo do sexo único que se falou mais diretamente sobre a biologia de dois sexos, que era mais arraigada no conceito do gênero, na cultura. Ser homem ou mulher era manter uma posição

---

[13] Como bem salienta Castro (2020, p. 31), "A última parte da obra (*A História da loucura na Idade Clássica*), a terceira, se ocupa do modo em que foi se transformando a experiência da loucura na segunda metade do século XVIII e, portanto, das condições que fizeram historicamente possível a psiquiatria e a psicologia, a saber, da maneira em que o homem se converteu em uma espécie patologizável. É narrado, em definitivo, o nascimento do *homo psychologicus*. Essas modificações afetam, novamente, tanto o registro das instituições como o dos saberes".

social, um lugar na sociedade, assumir um papel cultural, não *ser* organicamente um ou o outro de dois sexos incomensuráveis. Em outras palavras, o sexo antes do século XVII era ainda uma categoria sociológica e não ontológica (Laqueur, 2001, p. 19).

Ainda que a anatomia desenvolvida no século XIX, com base nos isomorfismos galênicos dos órgãos masculinos e femininos, se referisse "às origens comuns de ambos os sexos em um embrião morfologicamente andrógino, e não à sua diferença intrínseca", é certo que "só houve interesse em buscar evidência de dois sexos distintos, diferenças anatômicas e fisiológicas concretas entre o homem e a mulher, quando essas diferenças se tornaram politicamente importantes" (Laqueur, 2001, p. 21).

No interior desse novo modelo que se inaugura no século XVIII, predominantemente, mas não completamente, de dois sexos com um gênero distinto cada um,

> [...] o hermafroditismo torna-se não mais o incômodo de um ser intermediário, mas o impasse do ser impossível. Não há mais lugar na ciência para alguém os dois sexos/gêneros, apenas pessoas com um sexo e seu pressuposto gênero correspondente (Leite Jr., 2011, p. 59).

Deixados de serem vistos como monstros ou figuras monstruosas por apenas existirem, a partir de um novo discurso social-jurídico-científico que intensifica

> [...] graças às mudanças epistemológicas ocorridas desde o século XVIII, associadas a um incremento tecnológico, a interpretação sobre o corpo humano muda do modelo de um sexo com dois gêneros hierarquizados para o de dois sexos com dois gêneros opostos (Leite Jr., 2011, p. 61).

A partir de então, os limites e conceitos geridos pelo discurso que determina quem e o que é ser "homem de verdade" ou "mulher de verdade" "encontram-se nas mãos da ciência, em especial da medicina e em suas muitas especialidades" (Leite Jr., 2011, p. 61), de forma concomitante aos novos papéis sociais, entre homens e mulheres, que vão sendo estabelecidos, de maneira a delimitar o verdadeiro sexo nas entrelinhas do, até então, dúbio corpo hermafrodita.

> Em 1870 surge a divisão entre caracteres sexuais primários (glândulas reprodutoras e aparato genital) e secundários — pêlos, mamas, voz e uma série de outros sinais que,

dependendo do médico, podem qualificar e diferenciar um homem de uma mulher (Marañon, 1930, p. 6 *apud* Leite Jr., 2011, p. 70).

Ainda, na chamada era das gônadas, de 1890 a 1915, a descoberta da presença de ovários e testículos, a partir do discurso médico, fez com que se acreditasse na descoberta do que determina o "verdadeiro sexo" de uma pessoa. Sobre esse período, Dreger (2003, p. 151) destaca que "a escolha das gônadas como marcadores para o verdadeiro sexo é derivada da ideia do século XIX de que a fundamental diferença entre homens e mulheres residia em suas capacidades reprodutivas".

A modernidade europeia, então, a partir dos novos discursos científicos e como resposta aos anseios sócio-histórico-culturais, tornam o corpo hermafrodita um objeto patologizado, medicalizável e desacreditado. Como consequência disso, surge, no século XIX, o pseudo-hermafrodita,

> [...] uma entidade conceitual cuja especificidade se encontra na junção fisiológica em vários graus ou formas de caracteres considerados masculinos e femininos. Pelo viés biomédico, tais sujeitos não são mais encarados como sinais divinos ou seres encantados, mas homens ou mulheres "incompletos" em suas diferenciações, humanos "desviados" de uma "ordem natural", pessoas falhas "em sua evolução orgânica" (Leite Jr., 2011, p. 61).

De monstros ou criaturas mágicas e mitológicas a corpos errantes, incompletos, e falhos, que requerem a intervenção do discurso médico como caminho apto e necessário à correção para que possa viver em sociedade, com a demarcação estrita e condizente entre sexo, gênero, prática sexual, prazer e desejo: a pessoa hermafrodita

> [...] perdeu gradativamente sua expressão de um complexo microscópico que espelha uma possível desordem macroscópica entre os mundos masculinos e femininos e passou a centralizar o debate sobre tais limites em sua genitalidade e caracteres sexuais orgânicos (Leite Jr., 2011, p. 64).

O corpo anatômico torna-se a base para o surgimento de uma nova ordem política e epistemológica que buscará fundamentar, sobre aquele, uma suposta diferença que mantenha as distinções sociais entre os seres.

1.2 DO PSEUDO-HERMAFRODITA AO SURGIMENTO DAS TRAVESTIS, TRANSEXUAIS E INTERSEXUAIS

Conforme exposto por Foucault (2018, p. 42), "durante muito tempo os hermafroditas foram considerados criminosos, ou filhos do crime, já que sua disposição anatômica, seu próprio ser, embaraçava a lei que distinguia os sexos e prescrevia sua conjunção".

Para Laqueur (2001, p. 22),

> As novas formas de interpretar o corpo não foram consequência de um maior conhecimento científico específico; resultaram de dois grandes desenvolvimentos distintos analíticos, mas não históricos: um epistemológico, o outro político. No final do século XVII, em certos contextos específicos, o corpo não era mais visto como um microcosmo de uma ordem maior, na qual cada partícula da natureza é posicionada dentro de várias camadas de significação. A ciência não mais gerava as hierarquias de analogias, as semelhanças que levavam o mundo inteiro a tentativas científicas, mas criava um corpo de conhecimento ao mesmo tempo infinito e extremamente pobre, corno argumenta Foucault. O sexo do Iluminismo — como fundamento biológico do que é ser masculino e feminino — foi tornado possível por essa mudança epistêmica.

Porém, para além do exposto, Laqueur (2001, p. 22) assevera, ainda, que

> [...] a epistemologia sozinha não produziu dois sexos opostos; isso ocorreu em certas circunstâncias políticas. A política, amplamente compreendida como competição de poder, criou novas formas de constituir o sujeito e as realidades sociais dentro das quais o homem vivia. Falar em tom sério sobre sexualidade era, inevitavelmente, falar sobre a ordem social que ela representava e legitimava. [...] Os discursos antigos de biologia reprodutiva, ainda persuasivos no início do século XVIII, ligavam as qualidades íntimas e experientes do prazer sexual à ordem social e cósmica. Mais genericamente, a biologia e a experiência sexual humana refletiam a realidade metafísica na qual se acreditava que a ordem social repousava. A nova biologia, em sua busca pelas diferenças fundamentais entre os sexos, da qual o torturante questionamento da própria

existência do prazer sexual feminino fazia parte, emergiu precisamente quando as fundações da velha ordem social foram abaladas de uma vez por todas.

Conclui-se, portanto, que os outrora chamados "hermafroditas" desempenharam um papel fundamental nos debates sobre as definições relacionadas à diferença sexual, constituindo uma espécie de "casos paradigmáticos", sobretudo para a medicina do século XIX e do início do século XX, pois permitiriam observar *in vivo* alguns aspectos envolvendo a atuação específica da "natureza" e da "cultura" na ordenação dessa diferença (Machado, 2014, p. 144). Mas não foram só as mudanças sociais e políticas que fizeram emergir, por si só, uma nova ordem política e epistemológica sobre os corpos sexuados, a partir de uma estrutura embasada no dimorfismo sexual, como também

> A ascensão da religião evangélica, a teoria política do Iluminismo, o desenvolvimento de novos tipos de espaços públicos no século XVIII, as ideais de Locke de casamento como um contrato, as possibilidades cataclísmicas de mudança social elaboradas pela Revolução Francesa, o conservadorismo pós-revolucionário, o feminismo pós-revolucionário, o sistema de fábricas com sua reestruturação da divisão sexual de trabalho, o surgimento de uma organização de livre mercado de serviços ou produtos, o nascimento das classes, separadamente ou em conjunto — nada disso causou a construção de um novo corpo sexuado. A reconstrução do corpo foi por si só intrínseca a cada um desses desenvolvimentos (Laqueur, 2001, p. 22-23).

Sendo assim, constatada a presença de dois sexos em um mesmo corpo, deve-lhe ser designado um verdadeiro sexo, homem ou mulher, macho ou fêmea. Esse discurso, que releva uma nova ordem de pensar revestida de um saber-poder (Foucault, 2013), fez com que os, até então, hermafroditas passassem de pessoas que possuíam dois sexos ou sexos ambíguos para homens com caracteres femininos e vice-versa. Eles e elas se tornam "'apenas' pseudo-hermafroditas masculinos ou femininos, falsos andróginos, seres equivocados e muitas vezes ignorantes de sua 'real' condição sexual" (Leite Jr., 2011, p. 70).

A noção de que se faz necessária uma efetiva designação de sexo em corpo, é contestada por Foucault (2013) na introdução que escreve quando da publicação dos diários do hermafrodita francês Herculine Barbin, que são datados do século XIX. Butler (2017a), em detida e crítica análise acerca dos comentários feitos por Foucault, sobre os referidos textos, em sua obra História da Sexualidade 1, resume e salienta que

> Na casa dos 20 anos, após uma série de confissões a padres e médicos, ela/ele foi legalmente obrigada/o a mudar seu sexo para "masculino". Os diários que Foucault afirma ter encontrado são publicados nessa coletânea, juntamente com os documentos médicos e legais que discutem as bases sobre as quais foi decidida a designação de seu "verdadeiro" sexo. [...] Embora argumente nesta obra que a sexualidade é coextensiva ao poder, Foucault deixa de reconhecer as relações de poder concretas que tanto constroem como condenam a sexualidade de Herculine. Na verdade, ele parece romancear o mundo de prazeres de Herculine, que é apresentado como o "limbo feliz de uma não identidade" (p. xiii), um mundo que ultrapassa as categorias do sexo e da identidade (Butler, 2017a, p. 165-166).

As categorias citadas por Butler — que serão objeto de análise, nesta pesquisa, em capítulo específico — terão grande destaque sócio-teórico-científico, a partir do que resulta dos constantes debates que se prolongam até o início do século XX, no que se refere à definição de um conceito sobre o hermafrodita verdadeiro, em especial sob as bases e perspectivas que regem as ciências da psique (psicologia, psiquiatria e psicanálise) e de um discurso político-social que cria corpos a partir de um contexto de binarismo/dimorfismo sexual que se funda em uma sexualidade reprodutiva, ou seja, heterossexual. Nesse sentido, conforme salienta Letícia Nascimento (2021, p. 108-109),

> A psicóloga Tatiana Lionço (2019) destaca que tanto a psicologia como a medicina psiquiátrica participaram na construção de uma ideia de anormalidade associada às subjetividades trans, destacando que o processo de classificação das transgeneridades como patologia foge dos critérios de diagnósticos adotados pela psiquiatria, uma vez que a "transexualidade" não é descrita nem como condição delirante, nem possuindo uma base orgânica. De tal modo, a própria medicina psiquiátrica assume que há uma arbitrariedade na classificação da "transexualidade" como doença mental que tem, como justificativas, teses morais. Apesar da busca por critérios científicos, a medicina psiquiátrica acabou validar questões morais, justificando a condição patológica das subjetividades trans na divisão

binária dos sexos na perspectiva do dimorfismo sexual e da heterossexualidade compulsória.

De forma a substituir a palavra hermafrodita, "em 1917, o médico inglês Richard Goldschmidt cunha os termos 'intersexo, intersexual e intersexualidade', cujo propósito é a facilidade de uso na linguagem científica sem a necessidade de traduções específicas" (Dreger, 2003, p. 207). Sobre esse dado, faz-se necessário salientar que tanto Bento (2017a, p. 35), fazendo alusão aos estudos de Castel (2001), quanto Soley-Beltran (2009, p. 229), citando a pesquisa desenvolvida por Hausman (1995, p. 225, n. 39), informam que, em 1910, o sexólogo Magnus Hirschfeld utilizou o termo "transexual psíquico" para se referir às travestis e às fetichistas e que esse termo apenas voltou a ser utilizado, em 1949, pelo sexólogo americano Cauldwell[14], quando publicou um estudo de caso de um transexual masculino. Por fim, no início da década de 1950, "começam a surgir publicações que registram e defendem a especificidade do 'fenômeno transexual'" (Bento, 2017a, p. 35).

Bento (2017a, p. 209) afirma, categoricamente, que "estas reflexões podem ser consideradas como o início da construção do 'dispositivo da transexualidade'", fazendo, aqui, relação ao conceito de dispositivos, proposto por Foucault (2018a, p. 240), segundo o qual os dispositivos

> [...] são formados por um conjunto heterogêneo de práticas discursivas e não discursivas que possuem uma função estratégica de dominação. O poder disciplinar obtém sua eficácia da associação entre os discursos teóricos e as práticas reguladoras.

"Falar de transexualidade nos obriga a relacioná-la ao protagonismo que o saber médico assume na definição da verdade que se esconde nas 'identidades transtornadas'. A escuta terapêutica substitui a confissão" (Bento, 2017a, p. 108). Essa substituição passa a ser entendida como uma ressignificação resultante de um movimento histórico, político, social e cultural que surge, em especial, no final do séc. XIX. A modernidade que sobreleva o discurso médico e científico a uma fonte de verdade universal e racional substitui as crenças que eram, até então, mantidas pelo poder

---

[14] Essa informação é retificada por Meyerowitz (2004, p. 5), em sua obra *How sex changed – a history of transsexuality in the United States*, na qual a autora afirma que "only after World War II did American doctors and scientists seriously addres the issue of sex change. In 1949, Dr. Davida O. Cauldwell, a psychiatrist, used the word transsexual to refer to people who sought to change their sex. After the press reports on Jorgensen, Harry Benjamin, an endocrinologist, publicized the term and the condition it described".

do soberano e da igreja, o que faz com que, "o olhar do especialista, com suas técnicas de escuta, classificação e registra, substitua o padre, o juiz, ou os tribunais populares que era antes os responsáveis por avalias as condutas de gênero fraudulentas" (Bento, 2017a, p. 108).

Sendo assim,

> [...] o que antes era uma fraude — por exemplo, vestir-se com roupas não apropriadas para o seu gênero — ou um indicador de uma dádiva divina, atualmente, na sociedade ocidental em que nos localizamos, é sintoma de uma estrutura de personalidade desiquilibrada (Bento, 2017, p. 108).

Nesse mesmo contexto que se instala na Europa, na década de 1910, de produção e difusão de um novo complexo de teorias e práticas relacionadas ao corpo, Meyerowitz (2004) salienta que

> Transsexuality, the quest to transform the bodily characteristics of sex via hormones and surgery, originated in the early twentieth century. By the 1910's European scientists had begun to publicize their attempts to transform the sex of animals, and by the 1920's a few doctors, mostly in Germany, had agreed to alter the bodies of a few patients who longed to change their sex (Meyerowitz, 2004, p. 5).

Com relação a este mesmo período, Preciado (2018, p. 28) aduz que

> [...] durante o século XX, a invenção da noção bioquímica do hormônio e o desenvolvimento farmacêutico de moléculas sintéticas para uso comercial modificaram radicalmente as noções arraigadas de identidades sexuais tradicionais e patológicas.

Ele cita, em uma breve exposição cronológica que introduz a sua seminal obra *Testo Junkie*, que

> Em 1941, as primeiras moléculas naturais de progesterona e estrogênio foram obtidas a partir da urina de éguas grávidas (Premarin), e logo depois hormônios sintéticos (noretindrona) passaram a ser comercializados. No mesmo ano, George Henry realizou o primeiro estudo demográfico sobre "desvio sexual", um estudo quantitativo de massa conhecido como *Sex Variant*. O caminho da adequação sexológica continuou com os relatórios Kinsey[15] acerca do

---

[15] Conforme Beauvoir (2019a, p. 11), "o relatório Kinsey, por exemplo, limita-se a definir as características sexuais do homem norte-americano".

comportamento sexual humano, em 1948 e 1953, e, em 1968, com os protocolos de Robert Stoller[16] sobre as noções de "feminilidade e "masculinidade" (Preciado, 2018, p. 28-29, grifos do autor).

Ainda, de acordo com as pesquisas publicadas por Bento (2017a) e Soley-Beltran (2009), o termo "transexual", a partir de 1952, passa a se popularizar pelo endocrinologista alemão radicado nos Estados Unidos, Harry Benjamin, contemporâneo às pesquisas e ao trabalho realizado pelo psicanalista Robert Stoller. A partir das publicações e pesquisas publicadas por Benjamin, "a princípios de la década de los cincuenta, se diferenció el transexualismo del travestismo, y los casos de operación de sexo de Christine Jorgensen (1952)[17] y Roberta Cowell (1954) fueron muy populares" (Soley-Beltran, 2009, p. 229). Foi em 1966, na obra intitulada *O Fenômeno Transexual*, que Benjamin estabeleceu um conceito sobre o termo "transexual", que acabou sendo aplicado de maneira geral, em contextos clínicos, e "forneceu as bases para se diagnosticar o 'verdadeiro' transexual. Neste livro, são estabelecidos os parâmetros para avaliar se as pessoas que chegam às clínicas ou aos hospitais solicitando a cirurgia são 'transexuais de verdade'" (Bento, 2017a, p. 39). Segundo Benjamin, o citado termo deve ser utilizado "para referirse a pacientes que requerían um cambio de sexo, para distinguirlos de los travestidos" (Soley-Beltran, 2009, p. 229).

Sobre a formação do conceito do termo transexual, neste novo contexto delineado na década de 1950, Soley-Beltran (2009) afirma, ainda, que

---

[16] No que refere aos estudos e teorias propostas pelo psicanalista Stoller, Soley-Beltran (2009, p. 230) salienta que, "la investigación del psicanalista Stoller sobre los criterios para la diagnosis de la transexualidad y los desórdenes de la identidad de genero era contemporanea al trabajo de Benjamin. Stoller sentó los precedentes para la amplia utilización del término "disforia de gênero", para indicar lo opuesto que la 'euforia de gênero', es decir, el sentimiento de bienestar en el propio genero. En otras palabras, la 'disforia de gênero' es la 'sensación de malestar acerca de la propia identidad como hombre o mujer que se percibe como opuesta al próprio sexo físico' (Ekins, 1993, p. 3)".

[17] Meyerowitz (2004, p. 1) inicia a sua obra citando fazendo alusão ao caso de Chistine Jorgensen, nos seguintes termos: "On december 1, 1952, the New York Daily News announced the 'sex change' surgery of Christine Jorgensen. The front-page headline read: 'Ex-GI Becomes Blonde Beauty: operations Transform Bronx Youth', and the story told how Jorgensen had traveled to Denmark for 'a rare and complicated treatment'. For years, Jorgensen, born and reared as a boy, had struggled with what she later described as an ineffable, inexorable, and increasingly unbearable yearning to live her life as a woman. In 1950 she sailed to Europe in search of a doctor who would alter her bodily sex. Within months she found an endocrinologist who agreed to administer hormones if she would in return cooperate with his research. Over the next two years she took massive doses of estrogen and underwent two major surgeries to transform her genitals. At the end of 1952 the New York Daily News transformed her obscure personal triumph into mass media sensation".

> En palabras de Lothstein (1983, p. 56), autor del primer estudio exclusivamente dedicado a transexuales de mujer a hombre, el término "transexual" fue utilizado para referirse a "aquellos pacientes que durante toda su vida sufren um desorden de la identidade de género, los cuales, además de vestirse com lar opa del outro sexo (actividad tradicionalmente associada al fetichismo y el travestismo), se identificaban completamente com el sexo opuesto, creían que estaban atrapados em el cuerpo equivocado y deseaban someterse a uma operación quirúrgica para corregir este desorden" (Soley-Beltran, 2009, p. 229).

Como tratamento clínico e médico, a ser conferido às pessoas transexuais, Benjamin, de acordo com Bento (2017a, p. 36), sempre apontou

> [...] a cirurgia como a única alternativa terapêutica possível para os/as transexuais, posição que contrapunha aos profissionais da saúde mental, sempre reticentes a intervenções corporais como alternativas terapêuticas, consideradas por muitos psicanalistas como mutilações.

Em continuidade à exposição dos estudos de Benjamin, Bento (2017a, p. 36) afirma que o endocrinologista alemão, em seu artigo *"Travestism and Transsexualism"*, datado de 1953, "ataca violentamente todo tratamento psicoterapêutico e sobretudo psicanalítico da transexualidade e do travestismo".

Em contrapartida, também fazendo alusão às publicações, estudos e tratamentos dispensados por Benjamin às pessoas transexuais e travestis, Soley-Beltran (2009, p. 230) afirma que "Benjamin consideraba que la psicoterapia podía resultar útil para tratar travestidos pero que no lo era para tratar transexuales, el 'grupo más perturbado de travestidos masculinos' (Benjamin, citado en Hausman, 1992, p. 280)". Como justificativa para o tratamento diferenciado a ser dispensado às pessoas transexuais das travestis, Benjamin afirmava que

> [...] la psicoterapia que tiene por objetivo curar la transexualidad con los métodos actuates es un cometido inútil. La orientación de género falsa en la mente del transexual no puede cambiarse [...] Puesto que es evidente, por lo tanto, que la mente del transexual no puede ajustarse al cuerpo, es lógico y justificable intentar lo opuesto, ajustar el cuerpo a la mente (Benjamin, 1966, p. 91).

De acordo com Bento e Pelúcio (2012, p. 570), Benjamin, em suas pesquisas, publicações e em seu trabalho desenvolvido como médico endocrinologista, "se dedicava a estabelecer as ocorrências que justificariam a diferenciação das pessoas transexuais em relação às homossexualidades. A relação de abjeção[18] que as pessoas transexuais têm com suas genitálias seria uma das frequências observadas nos seus discursos".

Buscando traçar uma cronologia entre os fatos e acontecimentos que antecederam à criação do termo "transexual", para definir uma vivência patologizada que requer a intervenção dos saberes médicos e clínicos, Preciado (2018, p. 30) salienta que,

> [...] entre o começo dos anos 1950 e os anos 1960, o médico Harry Benjamin sistematizou o uso clínico de moléculas hormonais no tratamento de "mudança de sexo" e definiu "transexualismo" — termo introduzido pela primeira vez em 1954 — como uma condição curável.

Os discursos revestidos de saberes-verdades sobre os corpos travestis e transexuais, patologizando-os e inscrevendo-os em um lugar de desconformidade com os parâmetros sócio-médico-legais sobre as definições do que vem a ser um homem e uma mulher de verdade, que são retratados pela literatura científica de maneira desconforme, a-histórica e, por vezes, até controversa, apenas demonstra como o campo dos saberes que envolvem o sexo, o corpo, o gênero, os prazeres e o desejo, em especial no que se refere às pessoas transgêneras, é fundado sob disputas e incertezas de ordem epistemológica e, inclusive, ontológica.

É nesse contexto de disputas

> [...] que identidades são construídas, ideias e comportamentos são naturalizados e/ou patologizado, desejos são cientificamente e politicamente hierarquizados e a busca

---

[18] Pelo contexto conferido pelas autoras, no artigo, ao termo "abjeção", entendo que elas tenham feito uso do conceito que lhe foi conferido por Julia Kristeva, em seu texto "Powers of horror: an essay on abjection", de 1982, no qual ela descreve como sendo, "Há, na abjeção, uma dessas violentas e obscuras revoltas do ser contra aquilo que o ameaça e que lhe parece vir de um fora ou de um dentro exorbitante, jogado ao lado do possível, do tolerável, do pensável. [...] A abjeção, em si, é imoral, tenebrosa, oscilante, suspeita: um terror que se dissimula, uma raiva que sorri, uma paixão por um corpo que lhe troca ao invés de lhe aquecer, um devedor que lhe vende, um amigo que lhe apunhala... [...] Se é verdade que o abjeto solicita e pulveriza simultaneamente o sujeito, compreende-se que ele experimenta sua força máxima quando, cansado de suas vãs tentativas de se reconhecer fora de si, o sujeito encontra o impossível nele mesmo: quando percebe que o impossível é o seu ser mesmo, descobre que não é outro que o abjeto. A abjeção de si será a forma culminante dessa experiência do sujeito ao qual é revelado que todos os seus objetos repousam somente sobre a perda inaugural fundante de seu próprio ser" (Kristeva, 1982, s/p.).

pelo "verdadeiro sexo" ganha um lugar de destaque nesta nova maneira de pensar, lidar, sentir, organizar, vivenciar ou mesmo discutir o sexo: a chamada "sexualidade". Conforme Foucault, a "sexualidade" é o correlato dessa prática discursiva desenvolvida lentamente, no que é a *"scientia sexualis"* (Leite Jr., 2011, p. 66).

Assento meu entendimento com o de Leite Jr. (2011, p. 65), quando este afirma que essa nova organização e ordem instaurada

> É apenas a coroação de um processo iniciado no século XVII e que, ainda como Foucault demonstrou, focou no corpo, seja ele o corpo "social" ou o individual, a base para a manutenção da política e do Estado modernos. É o biopoder, a capacidade do soberano de não causar a morte, mas a de gerenciar e garantir a vida. Desta forma, o cientista que ganhou mais importância é aquele que faz a ponte entre o saber científico e o cotidiano das pessoas: o médico. É através dele que a nova ordem racional, unida à autoridade moral, tenta penetrar nos tipos físicos mais variados e adestrá-los segundo um padrão universalizante, pois inventado como universal.

Exemplo de como os debates se encontram em constante trânsito interdisciplinar e mudança, em especial, dependendo do contexto, lugar e época em que são produzidos, os estudos de John Money, um professor de psicopediatria do Hospital Universitário John Hopkins, de Nova York, em 1955, retratam um esboço de suas primeiras teses sobre o conceito de "gênero",

> [...] apoiado na Teoria dos Papéis Sociais, do sociólogo Talcott Parsons, aplicada à diferença dos sexos. A conclusão a que chegara Money não poderia ser, aparentemente, mais revolucionária: o gênero e a identidade sexual seriam modificáveis até os 18 meses (Bento, 2017a, p. 36).[19]

Como bem destacam Bento e Pelúcio (2012, p. 571), após as publicações de Money, "a tendência cirúrgica intensificou-se ao longo das

---

[19] Cito aqui, a nota de rodapé trazida por Bento (2017, p. 36), acerca dos estudos realizados por Money. "Durante décadas, o modelo de intervenção cirúrgica em bebês hermafroditas, com respaldo nas teorias de Money, conseguiu um considerável apoio da comunidade científica internacional. Os recursos terapêuticos que Money usava para produzir em crianças cirurgiadas 'comportamentos adequados' a seu sexo, principalmente referentes ao controle de suas sexualidades, passaram a ser denunciados por militantes de associações de intersexo, que lutavam contra a prática comum nos hospitais americanos de realizar cirurgias em crianças que nasciam com genitálias ambíguas".

décadas de 1960 e 1970, ao mesmo tempo se produziam indicadores que sugeririam onde deveria ser buscado o diagnóstico para diferenciar transexuais de gays, lésbicas e travestis". Foi então que, em 1969, realiza-se, em Londres, o primeiro congresso da Harry Benjamin Association que, "em 1977, mudaria seu nome para Harry Benjamin International Gender Dysphoria Association (HBIGDA). A transexualidade passou, então, a ser considerada como uma 'disforia de gênero', conforme termo cunhado por John Money, em 1973" (Bento, 2017a, p. 39, grifo meu), momento esse em que surge, também, o termo "'gênero', diferenciando-o do tradicional termo 'sexo', para denominar o pertencimento de um indivíduo a um grupo de comportamento e expressão culturalmente reconhecidos como 'masculino' ou feminino'" (Preciado, 2018, p. 29).

As teses apresentadas por Money "não eram da determinação do social sobre o natural, mas de como o social, mediante o uso da ciência e das instituições, poderia fazer com que a diferença dos sexos, que Money considerava natural, fosse assegurada" (Bento, 2017a, p. 37). Os processos, então, em especial de construção vaginal nas meninas intersexuais, não se destinavam a simplesmente construir ou reconstruir um órgão do corpo humano, mas sim "'à prescrição das práticas sexuais, uma vez que se define como vagina o orifício que pode receber um pênis, conforme apontou Preciado (2002)" (Bento, 2017a, p. 37). Serão essas teses sobre a realização de cirurgias em pessoas intersexuais, como necessárias à correção de um "erro da natureza", que embasarão a estruturação dos corpos sobre "uma estrutura naturalmente dimórfica e a heterossexualidade como a prática normal desse corpo" (Bento, 2017a, p. 37) e que marcarão o conceito conferido à chamada "disforia de gênero".

Conforme exposto por Bento (2017a, p. 39, grifos da autora),

> Segundo King (1998), a utilização do nome "disforia" teve como objetivo demarcar e delimitar o campo do saber médico com a popularização que o termo "transexualismo" adquiriu. A HBIGDA define "disforia de gênero" como *"aquele estado psicológico por meio do qual uma pessoa demonstra insatisfação com o seu sexo congênito e com o papel sexual, tal como é socialmente definido, consignado para este sexo, e que requer um processo de redesignação sexual cirúrgica e hormonal"* (Hamsey, 1996:176). No Código Internacional de Doenças (CID[20]), a transexualidade aparece no capí-

---

[20] O documento de Classificação Internacional de Doenças (CID) é publicado pela Classificação Estatística Internacional de Doenças e Problemas Relacionados à Saúde.

tulo "Transtornos de personalidade da Identidade Sexual" assim definido: *9" Transexualismo: trata-se de um desejo de viver e ser aceito enquanto pessoa do sexo oposto. Este desejo se acompanha em geral de um sentimento de mal-estar ou de inadaptação por referência a seu próprio sexo anatômico e do desejo de submeter-se a uma intervenção cirúrgica ou a um tratamento hormonal a fim de tornar seu corpo tão conforme quanto possível ao sexo desejado".* [...] As definições da HBIGDA e do CID são basicamente as mesmas. A utilização do nome "disforia" parece também ter tido como objetivo demarcar campos de disputa entre os saberes internos ao dispositivo da transexualidade.

Ademais, a já citada HBIGDA, publica e revisa, regularmente, de forma a promover um discurso médico-patologizado universal, o *Standards of care (SOC)*. O principal propósito deste documento é

> [...] articular um consenso profissional internacional acerca do manejo psiquiátrico, psicológico, médico e cirúrgico das "Desordens Da Identidade de Gênero". Ao mesmo tempo objetiva orientar os profissionais no entendimento dos "parâmetros dentro dos quais podem oferecer assistência às pessoas com este tipo de problema" (Bento; Pelúcio, 2012, p. 571).

Em sentido convergente aos documentos elencados, que foram publicados sob as siglas CID-10 e SOC, no mesmo ano de 1980, a Associação de Psiquiatria Norte-Americana (APA) aprovou a terceira versão do Manual Diagnóstico e Estatístico de Transtornos Mentais (DSM-III), no qual incluiu a transexualidade no rol dos "Transtornos de Identidade de Gênero" (Bento, 2017a, p. 44). Esse mesmo documento, em sua quarta versão (DSM-IV),

> [...] estabeleceu os critérios diagnósticos para as chamadas perturbações mentais, incluindo componentes descritivos, de diagnóstico e de tratamento, constituindo um instrumento de trabalho de referência para os profissionais da saúde mental em todo o mundo (Bento; Pelúcio, 2012, p. 571).

Assim sendo, o intento de se produzir um diagnóstico diferenciado para transexuais, conforme anunciado precariamente na década de 1960, ganhou concretude nos anos 1980. Tanto o "tratamento" quanto o "diagnóstico" da

> [...] transexualidade adotados nas comissões de gênero ou nos programas de transgenitalização[21] são baseados em dois documentos: nas *Normas de Tratamento* da HBIGDA e no *Manual de Diagnóstico e Estatísticas de Distúrbios Mentais* (DSM), da APA (Bento, 2017a, p. 44).

"A sua inclusão no Código Internacional de Doenças (CID-10), em 1980, foi um marco no processo de definição da transexualidade como uma doença" (Bento; Pelúcio, 2012, p. 571), em especial levando-se em consideração que, em 1973, retirou-se o "homossexualismo" do DSM e, em 1975, do CID-10 (Bento; Pelúcio, 2012; Leite Jr., 2011). A partir de então, o que se percebe é uma

> [...] verdadeira proliferação de novas categorias médicas que seguem patologizando comportamentos a partir do pressuposto heteronormativo, que exige uma linearidade sem fissuras entre sexo genital, gênero, desejo e práticas sexuais (Butler, 2003 *apud* Bento; Pelúcio, 2012, p. 572).

De acordo com pesquisa desenvolvida por Bento e Pelúcio (2012, p. 572),

> A patologização da sexualidade continua operando com grande força, não mais como "perversões sexuais" ou "homossexualismo", mas como "transtornos de gênero". Se o gênero só consegue sua inteligibilidade quando referido à diferença sexual e à complementaridade dos sexos, quando se produz no menino a masculinidade e na menina a feminilidade, a heterossexualidade está inserida aí como condição para dar vida e sentido aos gêneros.

Nos estudos e pesquisas que versam sobre o corpo, na mesma linha analítica e teórica proposta por Bento (2017a, p. 106), "a transexualidade está relacionada ao dimorfismo", que se apresenta como o resultado de uma luta travada contra a interpretação e o discurso científico que promovia e promulgava a existência de um corpo base, isomórfico. O entendimento acerca de um corpo que, além de não ser único, é substancialmente diferenciado por valores que serão atribuídos, por exemplo, à vagina e aos seios, em contraposição ao pênis, traduz parte do arcabouço histórico-científico-social em que se desvelará a problemática "trans"

---

[21] Conforme bem salienta Bento (2017a, p. 44), "redesignação é o nome adotado oficialmente pela HBIGDA para as intervenções cirúrgicas nos/as transexuais. Também é usual na esfera médica a expressão 'mudança de sexo'".

e em que "serão definidos os critérios oficiais para a determinação do verdadeiro transexual" (Bento, 2017a, p. 106). Ademais, "as formulações sobre a pertinência de intervenções nos corpos ambíguos dos intersexos e dos transexuais terão como matriz comum a tese da heterossexualidade natural" (Bento, 2017a, p. 37).

E, a partir dos documentos que assumem e proclamam um discurso médico-legal e universal, acerca da transexualidade, são gerados, conforme bem propõe Bento (2017a, p. 39),

> [...] desdobramentos micros e macros. Os desdobramentos micros referem-se à forma como um/a transexual valora o/a outro/a transexual. Os desdobramentos macros são aqueles que se referem à compreensão que as instituições têm das pessoas transexuais, principalmente a justiça e a medicina que, diante das demandas para a mudança dos documentos e/ou dos corpos fazem avaliações sobre suas feminilidades/masculinidades.

Sendo assim, conforme afirma, de maneira categórica, Laqueur (2001, p. 24, grifos do autor), "a sexualidade como atributo humano singular e muito importante com um objeto específico — o sexo *oposto* — é o produto do final do século XVIII. Não há nada natural sobre isso". Para o referido autor "o sexo único, repito, não morreu" (Laqueur, 2011, p. 193); o que se apresentou foi uma alternativa poderosa:

> [...] uma biologia de incomensurabilidade na qual a relação entre o homem e a mulher não era inerentemente uma relação de igualdade ou desigualdade, mas de diferença, que exigia interpretação. O sexo, em outras palavras, substituiu o que poderíamos chamar de gênero como uma categoria basicamente fundamental. Na verdade, uma estrutura onde o natural e o social podiam ser claramente distinguidos entrou em ação (Laqueur, 2011, p. 193).

Com o intuito de se propor um enfrentamento aos argumentos que embasam diagnósticos de disforia de gênero, os quais se justificam em discursos que propõem uma diferenciação sexual natural dos corpos, ou seja, normal e imutável, e de enfrentamento à autoridade científica, inicia-se uma campanha mundial em favor da despatologização da transexualidade. Sobre esse processo de patologização das subjetividades de pessoas travestis e transexuais e seus atuais contornos e desdobramentos, Letícia Nascimento (2021), referenciando, inclusive, as pesquisas de Bento e Pelúcio (2012), destaca que

> A partir do ano de 2007, o ativismo trans passará a pautar a necessidade de despatologização das identidades trans. De acordo com Berenice Bento e Larissa Pelúcio (2012), as primeiras manifestações aconteceram em Madri, Barcelona e Paris, no ano de 2007, dando início ao *Stop Trans Pathologization* (em tradução livre, "Parem com a patologização trans"). Os desdobramentos das lutas continuaram e, no ano de 2009 a campanha passou a ter uma divulgação internacional em diferentes continentes, e contou com ações em 2S cidades, atingindo 17 países. No Brasil, a campanha começa a se multiplicar em 2010, com destaque especial para as ações do Conselho Regional de Psicologia de São Paulo. A campanha institui o dia 21 de outubro como o Dia Internacional de Ação pela Despatologização Trans e, atualmente, conta com a adesão de mais de quatrocentos grupos e redes de ativistas, instituições públicas e organizações políticas da África, América Latina, América do Norte, Ásia, Europa e Oceania (Nascimento, 2021, p. 111).

Após o início da referida campanha, que tomou proporção a nível mundial, mesmo após a revisão do DSM-5[22], em 2013, a APA manteve "as subjetividades trans dentro do enquadramento da 'disforia de gênero'" (Nascimento, 2021, p. 112-113), com apenas algumas alterações contextuais. Com relação a essa manutenção, Nascimento, fazendo alusão à pesquisa de Bento (2017a), salienta que

> É importante ressaltar, como aponta Berenice Bento (2017), que o DSM-5 traz um avanço considerável ao considerar no processo de diagnóstico as dimensões culturais do sofrimento, contudo, questiona a competência dos psiquiatras em compreender a "linguagem cultural do sofrimento", tendo em vista que tais dimensões são discutidas com maior pertinência dentro das ciências humanas como a Antropologia, a Sociologia, a Histórias, entre outras. Bento (2017) denuncia ainda que no processo de construção do capítulo "Conceitos Fundamentais do sofrimento" do DSM-5 foram consultados apenas 12 profissionais de cinco países, usando o inglês como língua, e que não foram consultados nem cientistas sociais, nem pessoas trans. Como então esses profissionais com experiências culturais específicas pode-

---

[22] O Manual Diagnóstico e Estatístico de Transtornos Mentais, em sua quinta edição, DSM-5, está disponível para consulta em: http://www.niip.com.br/wp-content/uploads/2018/06/Manual-Diagnosico-e-Estatistico-de- Transtornos-Mentais-DSM-5-1-pdf. O capítulo que trata sobre a "disforia de gênero" está localizado nas páginas 451-460. Acesso em: 13 jan. 2021.

riam compreender de modo diverso as dimensões culturais das subjetividades trans? (Nascimento, 2021, p. 115-116).

Quanto à CID, em sua décima primeira versão (CID-11)[23], divulgada em 2018 — salienta-se que a última revisão feita, no referido documento, foi em 1990 — e que passou a ter vigência no dia primeiro do corrente ano de 2022[24], deixou de incluir o chamado "transtorno de identidade sexual" ou "transtorno de identidade de gênero"[25], retirando "a transexualidade do capítulo de 'Transtornos Mentais e Comportamentais', criando um novo capítulo: 'Condições Relacionadas à Saúde Sexual', que caracteriza as questões da transexualidade como incongruência de gênero" (Nascimento, 2021, p. 116).

Delineado, minimamente, o percurso histórico da formação dos corpos, identidades e subjetividades transgêneras, travestis e transexuais, a partir de alguns contextos político-médico-legal-social, passo, então, à exposição da metodologia de pesquisa que possibilitou a conclusão desta obra.

---

[23] Documento disponível em: https://icd.who.int/browse11/l- m/en#/http%3a%2f%2fid.who.int%2ficd%-2fentity%2f577470S83. Acesso em: 13 jan. 2021.

[24] Notícia veiculada pelo Ministério da Mulher, da Família e dos Direitos Humanos, informando sobre a vigência do CID-11, com a retirada, pela Organização Mundial da Saúde (OMS), da transexualidade, da lista de doenças e distúrbios mentais, encontra-se disponível em: https://www.gov.br/mdh/pt- br/assuntos/noticias/2018/junho/organizacao-mundial-da-saude-retira-a-transexualidade-da-lista-de-doencas-e- disturbios-mentais. Acesso em: 13 jan. 2021.

[25] No Brasil, a Portaria 2803/2013, que redefine e amplia o processo transexualizador no Sistema Único de Saúde (SUS), ainda não foi atualizada, nos termos do CID-11. A Portaria se encontra disponível em: https://bvsms.saude.gov.br/bvs/saudelegis/gm/2013/prt2803_1S_11_2013.html. Acesso em: 13 jan. 2021.

2

PESQUISA EM UM CAMPO PLURALMENTE DISSIDENTE

Conforme já enunciado, este estudo tem como finalidade buscar compreender como se dá o processo de entendimento de si e de agenciamento, de maneira individual e coletiva, por mulheres trans residentes no estado do Paraná. Para tanto, busca-se identificar como são narrados esses processos em seus ambientes familiares, sociais e perante o aparato burocrático do Estado e se faz-se necessária ou almejada, por elas, a homogeneização de suas identidades no interior de uma matriz binária de sexo-gênero ou se elas buscam uma outra forma de identificação e exteriorização de suas identidades.

Este trabalho justifica-se, tendo em vista, principalmente, a sua relevância social, jurídica, sociológica e para os estudos de gênero, ao passo que a identidade e os processos de identificação e agenciamento, tanto sob uma perspectiva individual quanto coletiva, perpassam e são perpassados pela cultura, pelo mundo conceitual em que os sujeitos vivem (Geertz, 1989) e dependem de articulações, decisões e autorizações emanadas do Poder Público, em especial dos Poderes Judiciário e Legislativo.

Ainda, nos termos do já anteriormente exposto, a escrita desta obra tem como pano de fundo e embasamento teórico a epistemologia feminista pós-estruturalista, alicerçada sob uma perspectiva das experiências trans, fazendo uso, com destaque, de teorias, pesquisas e obras escritas por Foucault (2010a; 2013; 2014b; 2018a; 2018b; 2018c), Butler (2017a; 2019b), Haraway (2009; 2019) e Preciado (2017; 2018), que dialogam com os objetivos geral e específicos. Para isso, fez-se necessária a adoção de uma metodologia adequada que se alinhasse àqueles, aos seus referenciais teóricos e às hipóteses que me levaram a campo e que pudessem, satisfatoriamente, respondê-los.

Fato é que

> Todo trajeto de pesquisa constitui do conhecimento prévio que possuímos do campo, os adquiridos nele e, consequen-

> temente, as análises que seguem após o contato com o outro. O que parece ser um modelo linear de método para a produção de um conhecimento na verdade é entrecortado por sobressaltos, idas e vindas, decepções, angústias, desprezo e surpresas que necessitam de um mínimo de trejeito pessoal e de instrumentos teóricos-metodológicos que possam viabilizar a resolução do problema: "e o que faço com isso aqui?" (Dias, 2006, p. 54).

Em busca dessas respostas, percorri por narrativas e textos históricos que descrevessem a complexidade, as redes de relações, o lugar social-acadêmico-literário-discursivo dos/das sujeitos/sujeitas, o nascimento do corpo transgênero (travesti e transexual) para as ciências psi (psicologia, psiquiatria e psicanálise), médica, jurídica e social, a partir de certos contextos, lugares e do ponto de vista de tais pessoas, conforme exposto, em especial, por Foucault (2010; 2014a; 2018a), Butler (2017a; 2019), Laqueur (2001), Bento (2017a), Preciado (2018), Leite Jr. (2011), Soley-Beltran (2009) e Nascimento (2021).

Para pensar sobre e buscar compreender como se dá o entendimento de si e a emergência de outros corpos para além dos identificados ao nascer, a partir do processo e da força da agência, busquei guarida em uma perspectiva crítica pós-estruturalista da teoria feminista, que converge com um vindouro debate a partir das experiências trans, aqui entendido como uma corrente

> [...] teórica e política vinculada ao feminismo, que se divide em variadas correntes exatamente pela compreensão, de certo modo comum, de que é impossível permanecer insistindo em mulher, no singular, numa condição universalizante, como sujeita única do feminismo (Nascimento, 2021, p. 68).

Com relação à opção metodológica, para a investigação proposta, a partir de uma abordagem de caráter qualitativa, entendo que esta guarda estreita relação com os objetivos que nortearam a presente pesquisa, em especial na busca pela compreensão de como se dá, o entendimento de si, por mulheres trans, a partir das suas narrativas, em contextos que lhes foram próprios, ou seja, que guardam relação com as suas histórias individuais.

Ademais, o diálogo que se estabelece entre sujeitos, num contexto de entrevista de campo semiestruturada (que se aplica ao trabalho em questão), cria "possibilidades interpretativas em níveis diferentes que incluem tanto a perspectiva do pesquisador, como do pesquisado" (Antunes, 2013, p. 118). Portanto, quando o pesquisador efetuar a análise da entrevista, irá interpretar a interpretação que o próprio entrevistado atribui a si mesmo.

Assim sendo, busquei compreender, pela autopercepção e pela oitiva da voz das entrevistadas com quem conversei, e pela análise que foi feita por mim, a partir de uma interpretação dos dados que me foram apresentados — até mesmo com o estabelecimento de comparações e entrecruzamento — qualitativamente, as narrativas das protagonistas participantes com conversei.

Para tanto, faço uso das expressões utilizadas por Antunes (2013), em sua pesquisa realizada com travestis que envelheceram, ao destacar que fez uso da análise qualitativa das narrativas decorrentes de entrevistas semiestruturadas, como metodologia de pesquisa, tendo em vista que, assim, poderia, de algum modo,

> [...] *"penetrar"* e *"compreender"* o mundo dos sujeitos: trajetórias e histórias; sentidos, significados e representações; desejos, aspirações e projetos. Tarefa realizada a partir da *"palavra"* (oral ou escrita), ou seja, da relação dinâmica entre pesquisador e sujeito, pela fala (Antunes, 2013, p. 116, grifos do autor).

Com relação à fala, Minayo (2010, p. 109-110) afirma que esta é

> Um instrumento privilegiado de coleta de informações. [Ela] é reveladora de condições estruturais, de sistemas de valores, normas e símbolos (sendo ela mesma um deles) e ao mesmo tempo [tem] a magia de transmitir, através de um porta-voz, as representações de grupos determinados, em condições históricas, sócio-econômicas *e culturais específicas.*

Assim como o fiz para a definição do objeto, do problema da pesquisa, das indagações que o campo me trouxe e da perspectiva teórica adotada, adotei, como método, o qualitativo, também para a conclusão deste livro e a análise dos dados colhidos, em razão do ponto nodal que o fundamenta, em especial, porque "a pesquisa qualitativa empregada no estudo das sexualidades é, também, produto da desconfiança de métodos quantitativos, por vezes empregados para comprovar padrões de normalidade ou anormalidade sexuais e de gênero" (Cavichioli, 2021, p.

53). Tais estudos e, consequentemente, a realização da presente pesquisa, requereram uma "ênfase na subjetividade como tema, na reflexão sobre experiências singulares, abordagem na qual se evidencia, de forma contundente, a relação entre a subjetividade e os processos sociais" (Schwade; Grossi, 2018, p. 13).

A realidade social, como a qual a conhecemos e que nos é apresentada, constitui-se a partir da relação entre contextos, intervenientes, narrativas, experiências e de práticas de constituição de si nas relações com o poder, "[...] inscrito no universo simbólico (representações, discursos e práticas institucionais) e em contextos específicos, atravessados por dinâmicas de gênero, classe, etnia/raça e orientação sexual" (Furlin, 2013, p. 400), e pode ser delineada por mecanismos de pesquisas sociais formais ou informais, como a busca pela narrativa de quem a compõe, por meio de entrevistas, ou por textos, imagens e materiais sonoros que a conformam (Bauer; Gaskell, 2015).

Não obstante o exposto, tendo-se em vista que, no presente trabalho, há um recorte feito pela crítica que o feminismo produziu à ciência, a partir, em especial, de Haraway (2009; 2019), Butler (2017a; 2019b), e Preciado (2017; 2018), que viabilizam e colocam em cheque o que se encontra no entrecategorias, ou seja, corpos e identidades que não são fixas, prontas, acabadas, fronteiriças e que desnaturalizam a fixidez do sexo e na natureza; foram as experiências das mulheres trans que entrevistei e daquelas que são narradas em registros biográficos e autobiográficos, que me permitiram promover uma análise das teorias e categorias analíticas que fundamentam a presente pesquisa, de maneira crítica, a partir de seus pontos de vista.

A análise, portanto, que se apresenta, a partir da escrita deste livro, assim como o fez Soley-Beltran (2009), quando da publicação da sua pesquisa sobre as teorias de Butler que conversam com a transexualidade e a matriz heterossexual, teve influência direta

> [...] de las ideas posestructuralistas, especialmente las de Michel Foucault, ha incitado a um gran número de autores a reexaminar las custeiones del cuerpo físico y la influencia del discurso em construcción del sexo (Butler) e de la dualidade cuerpo/cultura (Haraway) (Soley-Beltran, 2009, p. 31).

Fiz uso, portanto, de entrevistas semiestruturadas, como técnica de acesso às narrativas das minhas interlocutoras.

Ainda, parece-me ser de suma importância narrar como me aproximei desse campo e como se deu meu contato e ingresso ao universo das pessoas travestis e transexuais, o que justifica, inclusive, a orientação metodológica e a perspectiva teórica adotadas na presente obra. E isso requer atenção, pois

> Refletir sobre as condições subjetivas do campo passou a ser um dos tópicos incorporados sem problemas nos capítulos metodológicos de grande parte das dissertações de mestrado, teses de doutorado e não raras vezes no crescente número de monografias de conclusão de curso em Antropologia e Ciências Sociais, com destaque especial para posicionamentos situados, envolvendo uma ênfase na contextualização da realização da pesquisa (Schwade; Grossi, 2018, p. 11).

Pensar sobre as posições, seja dos/das antropólogos/antropólogas ou dos/das cientistas sociais, e em suas práticas com os grupos envolvidos nos processos de pesquisa e as relações com a sociedade envolvente faz emergir diferentes ordens de questionamento, em especial aquelas afeitas à ética a ser empregada na construção das pesquisas científicas (Schwade; Grossi, 2018).

Conforme destacam Schwade e Grossi (2018, p. 13), "no Brasil, nas últimas duas décadas, encontramos, em diferentes obras coletivas, referências ao trabalho do antropólogo, com relatos do processo de investigação e pesquisa centrada em uma reflexão sobre o campo".

Dentre essas obras, as autoras destacam as publicações de "[...] Cláudia Fonseca e Jurema Brites (2006) sobre diferentes processos de participação política; Soraya Fleischer e Aline Bonetti (2007) elegeram textos que envolvem referências ao gênero" (Schwade; Grossi, 2018, p. 13).

2.1 ELAS, MULHERES TRANS, E, EU, FÁBIO, HOMEM CIS: INQUIETAÇÕES PESSOAIS, RELATOS DA APROXIMAÇÃO COM O CAMPO E O RECORTE DO PROBLEMA DA PESQUISA

Apresento-me dizendo que sou um corpo falante que possui um pênis; que foi designado, ao nascer, como pertencente ao sexo e gênero masculino; e que, para a sociedade, em geral, é homossexual e binário (Preciado, 2017). Por isso, foram muitas as pessoas que, no decorrer dos meus, até então, 40 anos, questionaram-me acerca dos motivos que me levaram a debruçar-me sobre estudos de gênero, sendo estes aqui entendidos como os decorrentes de uma compreensão social reveladora de um processo histórico e cultural que produz marcas sobre corpos a partir da sua genitália, em especial, aos afeitos à população transgênera, que faz do gênero, conforme exposto por Letícia Nascimento (2021, p. 24), "um conceito em disputa que pode garantir a entrada de mulheres transexuais e travestis no feminismo".

Compactuo com o termo "disputa", utilizado por Nascimento (2021, p. 24-25), porque

> [...] para se considerar sujeita do feminismo, é necessário vivenciar experiências de mulheridades e feminilidades — de outro modo, pertencer ao gênero feminino. Mas como definir quem pode ou não ser sujeita do feminismo? Quais são as regras desses jogos de definição e pertencimento? É possível definir as sujeitas do feminismo sem recorrer a uma matriz biológica? Esses tensionamentos promovem deslocamentos conceituais e políticos em torno da categoria gênero, e a existência das mulheres transexuais e travestis no feminismo perpassa por essas reflexões.

Talvez tais pessoas tenham me questionado tanto e por tantas vezes por não me conhecerem tão bem quanto imaginavam ou por eu mesmo não ter conseguido expressar as minhas angústias. Talvez por me faltarem as palavras corretas, um estudo aprofundado sobre uma epistemologia demarcada, uma necessária e imprescindível aproximação com o conhecimento largamente produzido acerca do tema, ou porque os motivos se encontram (ou se encontravam) mais enraizados, em minhas entranhas, alma e memórias, do que eu mesmo poderia imaginar, ou por considerarem que eu estaria tentando ocupar (ou, até mesmo, usurpar, por que não?) um lugar de fala que não é meu, afinal, sou um corpo, com pênis, cisgênero, ainda que homossexual. Sendo assim, poderia, eu, por meio de uma pesquisa acadêmica, refletir sobre os processos de entendimento de si, perpassados por mulheres trans?

É justamente com o intuito de expor os motivos que me levaram a me debruçar, em especial sobre estudos feministas que se alinham às experiências de pessoas travestis e transexuais, e de expor (ou tentar, pelo menos) as minhas reais intenções de falar com mulheres travestis e transexuais, e não por estas mulheres, como se as estivesse representando, que inicio este trabalho com este relato da minha própria vida e de parte das minhas experiências até então vividas. Afinal, como bem salienta Dias (2006, p. 66), "nossas escolhas não são 'neutras' e muito menos nossa narrativa".

Após muita reflexão, em especial sobre os efeitos causados em mim (na minha autoestima, na minha psique, no meu corpo) pelas minhas próprias lembranças, sobre as quais falarei mais adiante, a obra que apresento tem como primeira justificativa motivadora uma imensa inquietação que guardo sobre a forma com que se deu e permeia a constante e reificada normalização e normatização discursivo-imagética, atuante e relacional dos corpos sociais, no interior do binarismo que estrutura os marcadores díades de sexo e gênero, ou seja, pênis e vagina, homem e mulher, macho e fêmea, masculino e feminino, respectivamente. Seria possível pensar em corpos, sujeitos, sujeitas e identidades para além desses marcadores binários de sexo e gênero?

Onde se encontram e como se estabelecem e sobrevivem os corpos, sujeitos e sujeitas que transgridem, rearticulam e que demonstram a fragilidade dessas díades que são reificadas de maneira tão estilizada (Butler, 2017a), em nosso dia a dia, que as acabamos aceitando como efeitos "naturais" de uma existência em sociedade? A pessoa transexual busca transgredir o binarismo, reafirmá-lo ou nele se inserir, por meio de táticas que refletem uma ética e estratégias no cuidado de si (Foucault, 2010c), a partir da sua autodeterminação? A pessoa transexual quer ser vista enquanto tal ou ela busca, tão somente, existir em meio a uma sociedade normalizada e normatizada a partir das díades que envolvem as categorias de sexo e gênero?

Partindo de uma dolorosa busca em minhas memórias de infância, lembro-me de nunca haver me questionado, até então, sobre a compatibilidade ou a incompatibilidade entre o meu corpo, minha genitália e minha identidade que estava sendo forjada, aparentemente, de maneira natural, como se não houvesse, em mim, qualquer desejo que me colocasse no lugar um sujeito que, guarda em si, um lugar de agência. Agência, aqui, compreendida como a possibilidade de resistência frente a, e em processo de interação com, as estruturas sociais (Butler, 2019a), "[...]que tanto podem limitar como possibilitar estratégias de ações subversivas ou ressignificadoras" (Furlan, 2013, p. 400).

Eu não me questionava, por exemplo, até meados de 2011, sobre outras conexões e formas de expressão de si de deus desejos que pudessem ser assumidas, pensadas, propostas e realizadas pelos sujeitos e sujeitas, no que tange às suas identidades e identificações, pois estava imerso em um ambiente de reiteração e reificação estilizada de atos e performances de gênero (Butler, 2017a), a partir de um binário marcado pelo essencialismo e pela natureza, ainda que já tivesse tido contato com pessoas que vivessem e se expressassem de outras formas. Aí, pergunto-me: "o que me faltava, então?". E o que me fez criar uma relação tão cara, em âmbito profissional, pessoal e de pesquisa, com os temas afeitos às transexualidades, travestilidades e aos estudos feministas e de gênero?

Penso, hoje, que o que me faltava era um contato mais estreito com mulheres cis feministas, mulheres transexuais e travestis, homens trans, com teorias e leituras críticas e um olhar sobre o/a outro/a, aliado a uma autorreflexão, sobre a minha própria história, da construção da minha subjetividade e identidade enquanto sujeito social. Aliás, faltava-me enxergar a minha cisgeneridade como uma categoria, como um marcador histórico-social, que se inscreveu em minha pele e materializou a minha existência, e dar cabo à curiosidade que move a vontade de saber (Foucault, 2018a); aquela mesma que impulsionou Foucault (2018b), quando questionado sobre os motivos que o lavaram a se debruçar sobre a história da sexualidade. Segundo o filósofo,

> Quanto ao motivo que me impulsionou foi muito simples. Para alguns, espero, esse motivo poderá ser suficiente por ele mesmo. É a curiosidade — em todo caso, a única espécie de curiosidade que vale a pena ser praticada com um pouco de obstinação: não aquela que procura assimilar o que convém conhecer, mas a que permite separar-se de si mesmo. De que valeria a obstinação do saber se ele assegurasse apenas a aquisição dos conhecimentos e não, de certa maneira, e tanto quanto possível, o descaminho daquele que conhece? Existem momentos na vida onde a questão de saber se se pode pensar diferentemente do que se pensa, e perceber diferentemente do que se vê, é indispensável para continuar a olhar ou a refletir. Talvez me digam que esses jogos consigo mesmo têm que permanecer nos bastidores; e que no máximo eles fazem parte desses trabalhos de preparação que desaparecem por si sós a partir do momento em que produzem seus efeitos. Mas o que é filosofar hoje em dia — quero dizer, a atividade filosófica senão o trabalho crítico do pensamento sobre o próprio pensamento? Se não consistir em tentar saber de que maneira e até onde seria possível

> pensar diferentemente em vez de legitimar o que já se sabe? Existe sempre algo de irrisório no discurso filosófico quando ele quer, do exterior, fazer a lei para os outros, dizer-lhes onde está a sua verdade e de que maneira encontrá-la, ou quando pretende demonstrar-se por positividade ingênua; mas é seu direito explorar ó que pode ser mudado, no seu próprio pensamento, através do exercício de um saber que lhe é estranho (Foucault, 2018b, p. 13-14).

Todos esses questionamentos e posicionamentos coincidem com o exposto por Grossi (2018), quando, ao discorrer sobre como o/a antropólogo/antropóloga encontra-se a si mesmo/mesmo, na busca do outro/outra, ela interroga:

> No contato com o "outro" o antropólogo se pergunta "afinal, quem sou eu mesmo?" "o que significa a minha própria cultura?", [...]. Mas este "mergulho na subjetividade" era até pouco tempo atrás ora visto como "indiscrição" ora como "auto exposição ridícula" (Grossi, 2018, p. 21).

Embora Grossi tenha se proposto a analisar a subjetividade do/da antropólogo/antropóloga em sua relação com o campo, eu não posso negar que as minhas motivações para a conclusão desta pesquisa remontam a fatos que aconteceram no meu passado, antes de qualquer contato com pessoas travestis e transexuais — o que aconteceria anos depois, por questões de ordem profissional. Os fatos que antecederam meu contato com o campo desta pesquisa e com as mulheres entrevistadas mostram-se, sob minha ótica, salutares por não apenas terem me proporcionado um contato orgânico e profundo com tais pessoas como também por comporem a minha própria subjetividade e ética, que me levaram a desenvolver uma pesquisa como a que ora se apresenta. Até porque, conforme bem salientado por Claudia Fonseca (2018, p. 195), "não é algo simples tentar entrecruzar trabalho de campo, sexualidade e ética".

Se, por exemplo, o percurso histórico da minha vida tivesse sido outro, talvez, como expõe Schwade (2018), eu tivesse vivido dificuldades, como pesquisador, para me aproximar e iniciar um contato com mulheres travestis e transexuais e teria que, nas palavras da referida autora, seduzi--las, para descobri-las, e isso, definitivamente, não precisou ser feito para a realização do campo, o que me coloca "a necessidade de refletir acerca da construção de nossa relação com o objeto de estudo antes do contato na situação de pesquisa de campo" (Schwade, 2018, p. 30).

Sobre o compromisso da produção acadêmica e intelectual, em especial quando, o que se pesquisa e se estuda, refere-se à sexualidade e gênero, Fonseca é certeira ao salientar que

> Nossas personagens são construídas para representar, de algum modo, certa comunidade ou categoria (de raça, gênero, geração, etnia, etc.). Trata-se da dimensão inescapavelmente política da relação entre pesquisador e pesquisado. Não basta mais uma ética humanista voltada para uma relação "intersubjetiva", na qual há um acordo entre dois indivíduos. Querendo ou não, nossos sujeitos estão emaranhados em redes diversas de associação, e nós também. Hoje, somos cobrados cada vez mais a pensar nesses elementos interconectados. Quem vai ler as nossas pesquisas e quais as consequências dessa leitura para a comunidade estudada? Em outras palavras, **como eu, enquanto pesquisadora, me insiro dentro desses circuitos?** (Fonseca, 2018, p. 205, grifo meu).

Conforme relembram Rego e Porto (2018, p. 107), "durante muito tempo, no trabalho de campo (Rago, 2013) tentou-se situar a questão da subjetividade partindo da assertiva geral, demarcadora de uma diferença, de que enquanto os interlocutores eram pessoas trans, o pesquisador não seria". Os autores narram, a partir das suas próprias experiências em campo, em artigo no qual discorrem acerca da responsabilidade do/da antropólogo/antropóloga, ao considerar diferenças de gênero quando estuda transexualidades, que,

> [...] ao perceber que minha participação e observação alcançaram situações que estávamos envolvidos, de modo a gerar um entendimento sobre suas vidas, a questão da intersubjetividade não era dependente de uma transexualidade comum. Principalmente porque apenas comungar uma subjetividade situada a partir de uma experiência similar não nos propiciaria pormenores interpretativos, nem muito menos estaria dentro de nossas pretensões tornar-se o outro para entendê-lo, como tem demonstrado uma longa tradição antropológica. A intersubjetividade, nesse sentido, une na interação dimensões subjetivas que partem de lugares diferentes (Rego; Porto, 2018, p. 107).

Essa intersubjetividade entre pesquisadores/pesquisadoras e o campo que o rodeia, que reflete, também, uma troca de experiências, narrativas e histórias que interpelam e moldam uns/umas aos/às outros/

outras, decorre do que Ortner (2007) chamou de capacidade de agência da pesquisa feminista, "que parte principalmente dos questionamentos que se tecem nesse campo sobre as estruturas que reproduzem representações arcaicas e conservadoras sobre o gênero, a sexualidade, a raça/etnia, a deficiência, dentre outros marcadores da diferenças" (Mello; Fernandes; Grossi, 2018, p. 161). Isso porque, conforme bem apontam Mello, Fernandes e Grossi (2018, p. 161), "uma das características da teoria feminista no Brasil é o de ter se constituído, desde sua emergência, como um campo híbrido de produção de conhecimento que informa e forma práticas políticas".

Ademais, de acordo com Geertz (2019) e Giddens (1991), a "'reflexividade' é uma marca registrada da teoria e da pesquisa antropológica contemporânea", por estar associada ao que George Marcus (1994, p. 19) definiu como movimento de 'autocrítica e a busca pessoal, jogando com o subjetivo, o experimental e a ideia de empatia" (Mello; Fernandes; Grossi, 2018, p. 161-162). E, reconhecer a importância da subjetividade no processo de conhecimento, sob uma perspectiva crítica das ciências sociais, alinha-se à perspectiva localizada e parcial, conforme proposto por Haraway (1995), pois se passa a pensar tanto "na relação entre o antropólogo e seus informantes em campo, como central para a construção de etnografias, conceitos e teorias na antropologia" (Grossi, 1992, p. 7), quanto na "busca do outro em si mesmo" (Grossi, 1992).

Schwade (2018), por exemplo, discorrendo sobre as relações de poder que se estabelecem na prática de pesquisa, salienta como o contato prévio e constante com uma população que vivia em um assentamento do Movimento Sem Terra (MST) "impulsionou um diálogo com o que seria posteriormente a 'linguagem nativa', em muitos aspectos semelhante aos questionamentos que apareceram no decorrer da pesquisa" (Schwade, 2018, p. 30-31).

A antropóloga narra que a sua relação com o que ela chama de objeto "foi se construindo no decorrer dos encontros e diálogos com os assessores do MST e atores nele envolvidos. Foi neste contexto que se colocaram os critérios de aceitabilidade" (Schwade, 2018, p. 31), e que, na sua experiência, "a relação com o objeto foi se construindo em situações anteriores ao contato direto, no trabalho de campo. E, em um contexto de conflitos, envolvendo aspectos subjetivos" (Schwade, 2018, p. 31).

Conforme salienta Schwade (2018), narrando suas experiências pessoais quando da realização de pesquisa em comunidade que vive em um assentamento do MST, "[...] a situação que se configurou, na pesquisa que desenvolvo, apresenta uma relação de troca com outro revestimento. Trata-se de algo mais sutil, não materializável em algum objeto, pois envolve um encontro de subjetividades" (Schwade, 2018, p. 35) e, é certo que

> [...] estas relações interpessoais não podem ser descontextualizadas; são relações entre sujeitos sociais condicionados (e não, determinados) pelas formas como foram socializados, ainda que este condicionamento esteja longe de significar determinação ou reducionismo (Tornquist, 2006, p. 37).

As formas com que fui "socializado", bem como as intervenientes que me atravessaram, desde a minha infância, mostram-se, a mim, como motivos que me levaram à escolha do presente tema de pesquisa e à forma com que se deu, no meu interior, o processo de construção de uma reflexão crítica que, até aqui, me trouxe.

Narrar parcelas dessas histórias pessoais, longe de buscar retirar ou ofuscar o foco da presente pesquisa, mostra-se, a mim, como parte de um processo ético pessoal para o exercício acadêmico-intelectual, pois foram os acontecimentos que, em sequência passo a descrever, que me despertaram o interesse para compreender a pluralidade que abrange a área da sexualidade, ainda que a intersecção entre os fatos que eu contarei não se mostrem, tão obviamente, conectados com as narrativas das protagonistas participantes. Os fatos que narro a seguir, além de contarem parte dos motivos que me motivaram a dar início e finalização à presente pesquisa, ainda me ajudaram a observar o inobservável, que é caracterizado, por Bozon (1995), como umas das principais especificidades do trabalho de campo na área da sexualidade.

2.1.1 Alguns fatos que me trouxeram até aqui: da noite às casas de prostituição

Partindo de uma constante e complexa reflexão pessoal sobre a forma com que se dá a inserção jurídico-social dos corpos, indivíduos, indivíduas, sujeitos e sujeitas, em diferentes contextos socioculturais, que se intensificou durante o processo de pesquisa e escrita desta obra, eu percebo que há um processo de inclusão dissidente, fora do lugar que é comum às pessoas que observam e refletem a binariedade heteronormativa branca, judaico-cristã, de classe média.

Por não refletir, em sua integralidade, as normas que conferem o *status* de sujeito universal e não dissidente, notei, tanto ouvindo as narrativas das mulheres com quem conversei para a conclusão deste trabalho quanto das com quem tive contato desde que, especialmente, iniciei a atuar como advogado, que algumas das minhas memórias guardam relação e aproximação com alguns fatos que foram, a mim, contados. E que, para além, alguns fatos que me aconteceram, desde a minha infância até os dias atuais, somados a outros fatores, levaram-me a executar a pesquisa que ora concluo.

As formas com que se dão o entendimento de si, os arranjos e estratégias de sobrevivência e passabilidade, e, sob alguns aspectos, até mesmo, a construção de si, quando se está a tratar de relações de gênero e sexualidade, apresentam conexões que expõem mecanismos próprios e próximos, utilizados por quem destoa dos ideais morais heterocentrados. Refletir a partir de perspectivas acadêmico-teóricas sobre tais assuntos, também fez com que a minha própria subjetividade fosse colocada em xeque, "contra a parede", pois passei a questionar os discursos e forças que eles viabilizaram e que se impuseram sobre o sujeito que sou hoje.

Os momentos em que fui alvo de violência e abuso sexual, físico e emocional, quando criança; quando passei a buscar, na noite, guarida, acolhimento e segurança, dentro de boates e feiras de Mercado Mundo Mix[26], em minha adolescência; e quando me descobri sendo uma pessoa que vive com HIV/Aids, aos 25 anos, foram fatos, em absoluto, que me fizeram olhar para outros corpos e subjetividades — nesse caso, dissidentes —, sob outra perspectiva; um olhar que eu poderia chamar não apenas de empático para com o outro, mas, também, de gratidão e inspiração, pois foram essas pessoas dissidentes que, desde a minha infância, estiveram de alguma forma presentes, ao meu lado ou à minha frente, comigo.

Ainda, durante a realização do campo, notei como alguns fatos que foram pelas minhas protagonistas participantes contados, relacionavam-se, guardadas as devidas particularidades, com algumas das experiências que marcaram o meu próprio entendimento (ou desentendimento) de mim, como, em especial, atos de violência física, moral e sexual e de exposição, em ambientes familiar, escolar e de igreja, por exemplo. A busca por um refúgio, aceitação e acolhimento junto a outros corpos dissidentes,

---

[26] Mais informações disponíveis em: https://www.vice.com/pt/article/gvevdb/mercado-mundo-mix-21-anos. Acesso em: 21 jun. 2021.

principalmente em locais marcados pela noite, também foram fatos que, de certa forma, acabaram se assemelhando. O medo e a correlação da sua existência com os estigmas e preconceitos causados pelo desconhecimento acerca do HIV/Aids também foram objeto de narrativa, ainda que com um enfoque muito menor do que eu mesmo imaginava que teriam.

Marco Aurelio Maximo Prado (2018), em narrativa pessoal sobre como foi sua experiência durante e após a realização de um curso de capacitação em um laboratório voltado ao atendimento para pessoas travestis e transexuais[27], autodenominando-se como "ambulare", diz que

> Se existe algo que nos faça mais acadêmicos é exatamente quando podemos pensar contra nossos próprios pensamentos. Eu, ambulare, me permitiu esse pensar contra meus próprios pensamentos. Eu, ambulare, me trouxe cotidianamente o contrário de mim mesmo. Eu, ambulare, aqui assume esse meu outro eu, uma parte desse que vos escreve e que pensa contra si, contra suas formas de pensar, na oposição da estrutura do seu próprio pensamento. Por isso, eu posso dizer que hoje eu sou esse ambulare em muitos sentidos do meu fazer. Mas ambulare é também uma síntese de várias histórias, narrativas, vidas ficcionadas que me permitiram, por momentos, às vezes raros, outros mais demorados, alguns constantes, outros esporádicos, conhecer da alegria e da dor das transexualidades, histórias que ficcionadas na minha memória, hoje constituem o que eu aqui chamo de AMBULARE. *Esse trânsito intenso que só a liberdade de transexuais e travestis poderia me ensinar. Essa liberdade que escapa de qualquer contrato social hegemônico* (Prado, 2018, p. 29, grifos meus).

Foi refletindo sobre esse trânsito intenso que as travestis e transexuais me apresentaram que passei a questionar sobre como nunca me foi desconfortável e ininteligível, por exemplo, olhar no espelho e me deparar com um corpo que carrega um pênis, que estava sempre com o cabelo cortado (no corte "tigelinha", que, pelo visto, era uma febre entre os pais dos anos 80), com as unhas bem cortadas, que era chamado de Fábio e que fazia xixi em pé, no banheiro dos meninos. Para ser bem sincero e honesto, eu sequer imaginava que aquele corpo poderia ser objeto de questionamento, em especial com relação a sua forma biofísica,

---

[27] Em capítulo mais adiante, trato, com um pouco mais de detalhes, sobre o trabalho desenvolvido por Marco A. M. Prado.

talvez porque não cogitasse a sua desconformidade com o meio em que se encontrava inserido.

A forma com que se estruturava o meu corpo, de fato, nunca me foi um problema ou um motivo que me impusesse limitações, vergonha, exclusões, olhares julgadores e abjeção. Muito pelo contrário, o fato de eu ter nascido em um corpo branco, que carrega um pênis, que não possui nenhum tipo de deficiência física e que era filho único (até os meus quase 25 anos), já faz de mim um ser privilegiado, frente à realidade vivida por muitos que nascem em corpos previamente marcados para morrer ou para viver à margem da sociedade, como o são alguns corpos que não se camuflam estrategicamente na multidão dos corpos sociais (Cavichioli, 2021) e que destoam dos sistemas de subjetivação da modernidade europeia colonial, que se basearam na distribuição política dos corpos, que são brancos, de classe média, cultos e judaico-cristãos, de acordo com suas funções reprodutivas (Preciado, 2020a).

Nos termos do exposto por Goffman (2017), no que se refere a meu corpo e minha autoidentificação enquanto pessoa cisgênero, eu seria o chamado normal, mas, quando analisado sob a ótica da minha não heterossexualidade, começo a sofrer violências físicas e a sentir a amargo gosto da segregação e da humilhação pública, pois passo a pertencer ao grupo dos anormais, que carregam consigo a insígnia da abjeção (Butler, 2017a), uma vez que não agia de acordo com as normas da masculinidade hegemônica (Connell, 2013). Para Goffman (2017), o estigma, quando perpassado sob a ótica sociológica, apresenta-se, de maneira semelhante ou igual, sobre os corpos que existem por ele marcados e que acabam por destruir "[...] a possibilidade de chamar a atenção para outros atributos seus" (Goffman, 2017, p.14), o que acaba por fazer com que "[...] acreditemos que alguém com um estigma não seja completamente humano" (Goffman, 2017, p.15).

Por anos carregando um fardo causado pelo estigma, foram incontáveis as vezes em que me percebi sobrevivendo no interior ou sob um estado de existência chamado de branco, por Le Breton (2018), logicamente que sem nomeá-lo, mas que se apresentou e apresenta, ainda, como um período em que nos encontramos em um estado de ausência de si, talvez enunciada ou pronunciada sob termos, aspectos e comportamentos que não são facilmente assimiláveis pelos outros. É como se houvesse um esgotamento de ser quem se é; o que, inclusive, me foi dito em minhas entrevistas, por algumas das protagonistas participantes.

Por não corresponder a um modelo de masculinidade vigente (Connel, 2013), tornei-me motivo de chacota em um ambiente que é deveras conhecido, por ser bastante inóspito e, muitas vezes, perigoso e fatal, no caso, a escola. "A escola é, sem dúvida, um dos espaços mais difíceis para que alguém 'assuma' sua condição de homossexual, bissexual ou trans" (Louro, 2019, p. 37); é uma das inúmeras instituições e práticas de poder que tratam a masculinidade como um projeto, tanto coletivo quanto individual, de um processo que está em contínua transformação e afetação (Louro, 2020).

Vivências parecidas me foram narradas pelas mulheres com quem conversei e que serão mais bem evidenciadas e destacadas em capítulos posteriores, nas quais ficou demonstrado, inclusive, que lhes era imputada uma maior violência física e psíquica durante aulas de educação física.

> A Educação Física parece ser, também, um palco privilegiado para manifestações de preocupação com relação à sexualidade das crianças. Ainda que tal preocupação esteja presente em todas as situações escolares, talvez ela se torne particularmente explícita numa área que está, constantemente, voltada para o domínio do corpo. Muitos/as estudiosos/as do gênero — em especial aqueles que se dedicam ao estudo das masculinidades — destacam o papel dos esportes e da ginástica no processo de formação dos sujeitos. Messner (1992a, 1992b) é um dos que afirmam a centralidade dessa área na formação dos meninos, mostrando em suas pesquisas que, para vários homens, praticar esportes durante a vida escolar era considerado como "natural", "instintivo", e o seu oposto, ou seja, não praticá-lo, era visto como um indicador de que "algo está (ou estava) errado", já que o esporte é "parte da existência" masculina. Sem dúvida, Messner estava se referindo à masculinidade hegemônica na sociedade americana, seu objeto de estudos; mas essa também parece uma observação pertinente em relação à nossa sociedade: gostar de futebol é considerado quase uma "obrigação" para qualquer garoto "normal" e "sadio" (Louro, 2020, p. 78-79).

Comigo, foi em uma aula educação física que, em um dos momentos pré-jogo de futebol, no aquecimento que era feito com corridas em torno da quadra, levei uma rasteira, caí com o rosto no chão, cortei meu lábio, e fui arrastado por três ou quatro alunos, pelas pernas, até uma lixeira e jogado dentro dela. Após este fato, ainda acabei sendo chamado para comparecer na sala da coordenação, do colégio particular em que eu estudava. Fui interpelado pela pedagoga da época acerca do que "eu fazia para causar tanta raiva nos meus outros colegas". Eu não tinha resposta para aquela pergunta, pois eu não conseguia entender, com meus possíveis 9 ou 10 anos de idade, o que significavam todas as palavras pelas quais eu era chamado: veado, bichinha, boiola, bicha, "fabicha". Por isso, limitei-me a responder, cansado, que eu não sabia. Talvez, ali, eu já estivesse começando a tomar consciência de que o pânico gerado em torno à minha pessoa era, de fato, a minha existência!

Essa lembrança dos horrores enfrentados em ambiente escolar, especialmente durante as aulas de Educação Física, e o medo pela repreensão, em casa, dos maus-tratos sofridos, em razão do meu jeito de ser e existir, também constituem as memórias das protagonistas participantes entrevistadas para a conclusão deste trabalho. Cornejo (2017, p. 77), em um relato que parece ser autobiográfico, relata que

> Quase todos meus professores me adoravam, mas me lembro que os que lecionavam educação física eram particularmente hostis a mim. Um destes professores falou com meu pai, porque estava preocupado comigo, e disse a ele (a meu pai) que eu era muito afeminado, e que todos meus colegas zombavam de mim. Meu pai, ao chegar em casa, me repreendeu, e não hesitou em me culpar pela hostilização sistemática pela qual eu passava no colégio. Quando este professor chamou meu pai para falar sobre o meu afeminamento, tornou-se inevitável e óbvia a patologização do meu corpo, como das minhas performances de gênero.

Rememorando fatos passados e tecendo uma análise acerca dos que me foram narrados pelas protagonistas participantes, emergem, materializados, os pânicos morais, conforme descrito por Cohen (1972), em face de corpos, identidades e comportamentos, entendidos como inadequados, imorais, anormais e que destoam daquilo que é prescrito e reiterado como um legítimo estilo de vida. E são assim chamados porque, em sendo o pânico "moral", o que se teme é uma suposta ameaça à ordem social ou a uma concepção idealizada de parte dela, ou seja, instituições históricas e variáveis, mas que detém um status valorizado como a família ou o casamento.

Desde o ano de 2006, que foi quando me formei na faculdade de Direito e, logo após, recebi, pela Ordem dos Advogados e Advogadas do

Brasil (OAB/PR), minha habilitação para atuar como advogado, passei a ter contato com mulheres que, embora se enquadrassem na categoria binária de gênero, ou seja, fossem mulheres cisgêneras, estavam situadas à margem da sociedade por trabalharem com prostituição.

Esse contato me foi permitido porque o então namorado de uma prima com que eu aproveitava muito a noite era o melhor amigo de uma mulher que era proprietária de uma casa de prostituição; e como a curiosidade e a dissidência são duas insígnias que me conformam, não pensei duas vezes em aceitar um convite para conhecer o lugar e as pessoas que lá estavam.

A relação foi iniciada pela mútua confiança estabelecida entre um advogado de 22 anos recém-formado, homossexual assumido, e mulheres que, por simplesmente trabalharem em uma casa de prostituição localizada no bairro Hauer, não eram recebidas ou dignas de respeito e confiança por outros nomes atuantes na área do direito. A partir de então, os meus olhos de advogado começaram a se voltar para corpos estranhos ao meio social em que eu estava inserido e à busca pelo reconhecimento dos direitos violados de tais pessoas, quando me procuravam para defendê-las.

Foram muitas as histórias ouvidas, a partir de relatos dessas mulheres, durante os quase dois anos de atendimento presencial que realizei às sextas-feiras e em alguns sábados dos anos 2008 e 2009, na casa de prostituição onde trabalhavam[28]. A forma com que elas se mostravam à vontade conversando comigo, em um dos quartos que servia para o atendimento de clientes que procuravam fazer um programa com mais de uma garota, deitadas sobre a cama, com um copo de Big Apple com Schweppes Citrus, permitiu com que eu, quase que literalmente, adentrasse o universo particular dessas mulheres.

Os motivos que as fizeram procurar ou aceitar trabalhar com a prostituição de seus corpos; relatos de abandono paterno e materno; o envolvimento com drogas ilícitas e álcool; gravidezes indesejadas; relacionamentos tóxicos com maridos, esposas, namorados, namoradas, amantes; a vontade de ganhar o mundo e "mudar de vida"; entre outras tantas histórias, era tudo o que chegava até mim, pela boca dessas próprias mulheres que, por vezes, expressavam o sentimento de se sentirem menos dignas do que outras. Algumas vezes, a essa altura da conversa,

---

[28] Até hoje, muitas daquelas mulheres e seus familiares são meus e minhas clientes, mas a casa de prostituição encerrou as suas atividades, por motivos que não são do meu conhecimento.

por um breve momento, os risos e as conversas altas eram silenciadas, e essas mulheres se mostravam muito emocionadas e se diziam agradecidas por estarem sendo ouvidas por um "doutor"[29]. Tais momentos eram breves, pois eu procurava não deixar transparecer ali, em frente a elas, a minha emoção e comoção para com o que eu havia acabado de ouvir e sentir, embora, por dentro, estivesse me sentido estraçalhado e muito incomodado com o silêncio perturbador que era imposto àquelas vozes.

Apenas a título de registro, as causas mais comuns que chegavam até mim, referiam-se a pedidos de habeas corpus para a soltura do marido ou namorado da cadeia — prisões estas que, muitas vezes, eram ocasionadas em razão de violência cometida contra elas mesmas, por causa do sentimento de ciúmes gerado, naqueles, pelo trabalho que era por elas prestado — e de pensão alimentícia.

Para além de momentos de tensão, comoção e choro, sempre, após o término dos atendimentos, eu permanecia conversando com aquelas mulheres e com a proprietária do estabelecimento, com quem eu tinha uma amizade íntima, até a hora do seu fechamento, que variava entre 4h e 6h30 da manhã.

Nunca vou me esquecer do dia que ganhamos algumas fichas, da proprietária da casa, para escolher músicas para tocar no *jukebox* que havia no local. Com as fichas em mãos, perguntei a uma delas se havia algum álbum da cantora Cher disponível para ser ouvido no dispositivo, e a resposta não nos poderia ter feito rir mais: "Sim, aqui toca axé, pagode, samba. Tem tudo!". Rimos muito da confusão feita por ela entre Cher e axé e acabamos ouvindo muito É o Tchan e Ivete Sangalo até o amanhecer.

Em meio a tantas histórias comoventes, tristes, intrigantes e engraçadas, talvez o meu despertar tenha se dado, com relação à existência e vivência dessas mulheres que trabalhavam e trabalham com a prostituição de seus corpos, para além da minha curiosidade inata, na forma com que Butler (2014, p. 164) afirma que "responder ao rosto, entender seu significado, significa estar desperto para o que é precário na vida de um outro, para a precariedade da própria vida"; talvez eu

---

[29] Eu escrevo "doutor" entre aspas, pois o seu uso me incomoda até hoje, como forma de pronome de tratamento para com quem tenha apenas se formado em Direito e tenha sido aprovado no exame da Ordem dos Advogados do Brasil. Embora eu sempre tenha solicitado não ser chamado dessa forma, esse pedido nunca foi plenamente atendido, pois essas mulheres falavam que isso se tratava de uma forma respeitosa para falar comigo; o que eu aprendi a aceitar com o tempo, por entender a importância que o seu uso incidia sobre a formação da subjetividade delas mesmas.

visse nelas algo da minha própria condição de corpo não inteligível pelo sistema sexo-gênero heteronormativo.

Passados alguns anos, já trabalhando em um escritório privado de advocacia, em 14 de julho de 2010, depois de ter perdido, em oito dias, exatos 11 quilos, e de não conseguir, por quase um mês, formular uma frase inteira sem ser interrompido por uma tosse interminável, fui internado, às pressas, com parada respiratória, no Hospital das Nações, em Curitiba. Exames feitos, devidamente internado em um quarto, no dia seguinte, em 15 de julho de 2010, recebemos, eu e minha mãe, o diagnóstico de que eu estava com broncopneumonia em grau avançado, causada por complicações do vírus HIV/Aids.

Bem, eu estava com Aids, pois o vírus HIV estava bastante presente em minha corrente sanguínea, destruindo minhas células de defesa e fazendo com que minha taxa de linfócitos TCD4 decaísse a níveis extremos, atingindo, literalmente, os limites biomédicos para que eu continuasse vivo[30].

Fazendo uso de cadeira de rodas, pois estava muito fraco e com muita dificuldade para respirar, pesando 52 quilos, pálido, com o rosto demarcado por uma lipodistrofia denunciante, usando calças número 32 ou 34 (não me recordo muito bem), e mesmo no início de uma toxoplasmose identificada a partir de um exame de sangue mais apurado, decidi que voltaria ao trabalho, iniciaria todo e qualquer tipo de tratamento disponível e que aquele vírus se tornaria indetectável o quanto antes no meu corpo, afinal, essa é a promessa dos antirretrovirais quando manejados na forma indicada.

Porém, eu não havia me dado conta de que o meu rosto e o restante do meu corpo, além do fato de eu ser um homem gay assumido, colocar-me-iam em um lugar de exposição. O HIV/Aids não estava presente apenas na minha corrente sanguínea, mas estava, também, estampado nas minhas olheiras, no meu rosto magro, no meu corpo esquelético e nas feridas e manchas escuras que nele apareceram.[31] Eu nunca mais seria o

---

[30] Apenas a título elucidativo, de acordo com conversas tidas, à época, com a infectologista que me atende até a presente data, e que coincide com os indicadores descritos no artigo disponível em: https://www.msf.org.br/diarios-de-bordo/uma-historia-de-sobrevivencia, acessado em: 30 jul. 2021, a contagem de linfócitos TCD4 de um indivíduo saudável varia de 800 a 1.200; o meu estava em 203 e com contagem de vírus que indicava mais de 750.000 cópias por ml de sangue.

[31] Como eu não possuía mais a passabilidade de uma pessoa "sem HIV/Aids", resolvi expor a minha atual condição, pela minha própria boca, para algumas pessoas; dentre elas, pessoas com laços familiares, que acabaram me expondo perante outras, e com as quais nunca mais tive contato.

mesmo, a partir de então, e a minha atenção, fosse profissional, pessoal ou para estudo, passou a se voltar, com maior prioridade, aos corpos, sujeitos e sujeitas que eram marcadas, na carne, pela abjeção, pelo preconceito e pela exclusão.

2.1.2 Aproximação definitiva com o campo: do HIV/Aids às mulheres trans

Relatados esses fatos anteriores, eu nunca me afastei do tema deste trabalho, que já era parte da minha carne. No ano de 2011, além de eu ter conhecido meu companheiro, com quem vivo, até hoje, em uma relação sorodiscordante, fui contatado, ao acaso, pela organização não governamental (ONG) Transgrupo Marcela Prado, que tem sua sede em Curitiba, para executar um projeto de atendimento jurídico voltado às pessoas transgêneras que viviam com HIV/Aids[32]. Foi a partir desse momento que passei a notar a existência de pessoas que eu considerava terem, até mesmo, uma natureza um pouco mitológica.

Mitológica, sim, porque a ignorância nos impõe o estabelecimento de conexões apenas com base no senso comum, o que fazia com que eu percebesse tais pessoas como seres da noite, quase que inexistentes, envoltas em uma simbologia que importava na modificação corporal com o único intuito de alcançar a prostituição e os mais mórbidos desejos e fantasias sexuais; contra as quais, então, violências poderiam ser cometidas como consequência das suas próprias escolhas desalinhadas a uma "moral coletiva e social", embora essa moralidade internalizada não me fosse aflorada quando mantinha contato com elas em boates e em feiras promovidas pelo Mercado Mundo Mix.

As roupas que utilizavam, a quantidade de silicone injetado no corpo, os cabelos longos, as unhas compridas, as marcas de biquíni enaltecidas por jatos de bronzeamento artificial e óleos de autobronzeamento, o salto alto (muito alto), a bolsa pequena, a disposição para enfrentar uma noite gélida ou sem movimento, a paciência para ouvir pedidos de "uma chupetinha"[33] no vício[34] ou para receber ameaças de donos e

---

[32] Quero apenas salientar que, nem quando da minha contratação, durante ela ou após ela, a minha condição de pessoa que vive com HIV/Aids, foi falada para qualquer pessoa do Transgrupo Marcela Prado. Essa é a primeira vez que falo sobre o assunto, publicamente.
[33] "Chupetinha" é um termo utilizado para designar o ato de fazer ou receber sexo oral. Nesse caso, o sexo oral pode ser feito e/ou recebido tanto pela trans quanto pelo seu cliente.
[34] O vício, na linguagem utilizada pelas mulheres trans, refere-se a tudo o que é feito sem remuneração, por puro tesão, vontade ou costume.

donas da rua[35], as conversas em tons altos, o "pistão"[36], as histórias individuais que as levaram até ali; tudo isso, a partir do estabelecimento de conexões e relações com várias mulheres travestis e transexuais, que passaram a frequentar a minha casa e a casa dos meus pais, pois criamos laços estreitos de muita amizade; começaram a se apresentar, para mim, como possíveis marcadores do processo de agência, autoidentificação e autodeterminação desses corpos.

Conforme bem expõe Pelúcio (2009, p. 27),

> [...] no caso das travestis, essas marcas não são apenas performáticas, no sentido teatral do termo. São constitutivas, uma vez que as travestilidades não podem ser sem um corpo transformado, marcado por um feminino que procura borrar, nesses corpos, o masculino, sem apagá-lo de todo. E essa afeminação as estigmatiza até mesmo no "mundo da noite".

Até a minha entrada no Transgrupo Marcela Prado, que se deu sob a supervisão de Carla Amaral, a quem chamo de mãe trans[37], a desumanização de tais corpos e a consequente não identificação destes enquanto seres humanos e sujeitos de direito (Pelúcio, 2009) não me permitia identificar aquelas mulheres trans como cidadãs e como corpos que merecessem outro destino que não fosse o envolto social, a marginalidade e a morte.

Porém, com o estabelecimento de amizades, relações íntimas de confiança e de contatos profissionais, tive acesso a um mundo ou a uma realidade social que eu pensava não existir (ou melhor, que eu sabia que

---

[35] Essa situação será mais bem tratada no decorrer da pesquisa, quando da análise das entrevistas, mas, apenas para fins referenciais prévios, nas relações que se estabelecem na prostituição feita nas ruas, é muito comum que aquele lugar (uma rua, uma quadra, uma esquina) seja de "propriedade" de alguém. Esse alguém pode ser uma travesti mais velha que já fez uso daquele espaço para se prostituir, ou um homem que se apresente como alguém que apenas pretende preservar a integridade física e moral de quem está ocupando aquele espaço. Ocorre que, por conta disso, quem está se prostituindo deve, a essa pessoa que é chamada de cafetina ou cafetão, uma "taxa diária", que pode variar entre R$30,00 a R$50,00, dependendo do local e da boa vontade e humor destes, conforme relatos de várias mulheres trans com quem conversei nos últimos anos e em entrevistas para a realização deste trabalho. Caso o valor não seja pago, a trans recebe o chamado "doce', que, em bom português, significa uma baita surra.

[36] Pistão é o termo utilizado para delimitar tanto o local onde ocorre a prostituição no espaço urbano como o ato de ir para a rua se prostituir — neste caso, elas comumente falam em "fazer um pistão".

[37] Entre as mulheres travestis e transexuais, percebi, ao longo dos anos, que o termo "mãe" é comumente utilizado para fazer referência à pessoa que acolheu e apresentou o "universo T" a, por exemplo, uma mulher recém-expulsa de casa ou que recentemente havia se entendido enquanto pessoa trans, e que necessita de um lar ou apenas de conselhos sobre o uso de silicone, roupas, maquiagens, hormônios, pistão, autodefesa contra cafetinas e cafetões.

existia, mas que, por "dever" permanecer nos mais secretos e obsoletos desígnios sociais, acabava, consequentemente, não existindo para mim, enquanto advogado, branco, cisgênero, de classe média e nascido e criado em uma capital, a famosa "República de Curitiba"): o de seres humanos que, por muitas vezes, narraram-se como corpos tolhidos de alguns direitos mínimos e básicos.

No decorrer de aproximadamente cinco anos, em um contato quase que diário com mulheres e homens trans, ouvi muitas histórias sobre abandono e violência familiar; de expulsão[38] de bancos escolares na mais tenra idade (Bento, 2017a; 2017b); de inacessibilidade ao sistema de ensino superior; de violência psicológica; de abusos sexuais e morais; de busca do sustento e sobrevivência por meio da prostituição e da marginalidade; de exploração de corpos e subjetividades pela cafetinagem; entre várias outras situações que são distantes da realidade vivenciada por um corpo branco, cisgênero, advogado, como eu.

Também ouvi muitos relatos sobre o surgimento ou nascimento da pessoa trans, que se dá quando do início da sua descoberta enquanto tal e da realização dos tratamentos que visam à modificação corporal, seja por meio de cirurgias, seja por intermédio da aplicação de hormônios, e que foram mais bem explorados durante as entrevistas realizadas com as mulheres que me narraram, de forma profunda, as suas histórias de vida.

Tive, ainda, no Transgrupo Marcela Prado e no contato que mantive com grande parte das pessoas trans que nele conheci, acesso privilegiado ao "pajubá" ou "bajubá" (Cardoso da Silva, 2021), um vocabulário muito utilizado por grande parte das mulheres trans com que tive contato nos últimos 10 anos, que

> [...] tem origem no *nagô* e no *iorubá*, falados em países da África Ocidental, que chegaram ao Brasil por meio dos escravos africanos. São reproduzidos nas práticas de religiões afro-brasileiras, principalmente o Candomblé, que têm por tradição serem espaços de acolhimentos de minorias, como a comunidade gay, que passou a usar os termos africanos e incorporar novas expressões no dialeto (Cossolino, 2019).

---

[38] Uso, aqui, o termo expulsão, em necessária contradição ao termo evasão escolar, que é muito utilizado em textos acadêmicos e científicos que tratam sobre o assunto, conforme problematização levantada por Bento (2017a; 2017b). Nos termos do exposto por Bento (2017a; 2017b), evasão escolar sugere que tais indivíduos optam por deixar de frequentar a escola; quando, em realidade, a violência, exposição e negação de direitos impõe, a tais pessoas, que deixem de frequentá-la, até mesmo como um mecanismo de defesa frente a abusos e perseguições que lhes são impostos diariamente.

Após muitas leituras, reflexões e estudos no campo do direito e das teorias feministas críticas e pós-estruturalistas, aliados à minha experiência em ações judiciais ingressadas perante o Poder Judiciário Estadual e Federal e ao estreitamento de relações com tais pessoas, elaborei a hipótese de que, o sistema sexo-gênero, que tem como base uma matriz cis-heteronormativa colonizante, mostra-se como uma das principais razões pelas quais se impõem, sobre tais corpos, marcas estigmatizantes (Goffman, 2017) e de abjeção (Butler, 2017a, 2019b; Kessler *et al.*, 1978; Kristeva, 1982), que lhes impõem o exercício de grande resistência individual e coletiva, por meio, inclusive, da formação de redes de apoio (Butler, 2018, 2020), como estratégia de uma ética e de um cuidado de si (Foucault, 2010).

Muito do que aqui foi narrado, também presenciei durante a execução de projetos dos quais participei, como o Projeto Têmis, que era voltado à prestação de assistência judiciária gratuita às pessoas que viviam com HIV/Aids, que acabou sendo consolidado em um documentário; do Projeto Tô na Rua – Transformando o Paraná, no qual tratei, em workshop e em participação em um documentário, sobre temas como o direito ao nome civil, direitos previdenciários, isenções fiscais e tributárias e direitos trabalhistas — tudo voltado às pessoas trans; como um dos palestrantes, na mesa de abertura do IX Encontro Regional Sul, de Travestis em Transexuais[39]; como palestrante acerca dos direitos civis das pessoas trans, na Assembleia Legislativa do Estado do Paraná, representando o Transgrupo Marcela Prado; de evento realizado na Boca Maldita, em Curitiba/PR, em comemoração ao dia nacional da visibilidade trans; como jurado no Concurso Miss Curitiba Trans 2015, a convite da sua organizadora, Carla Amaral[40]; aprendendo e trocando vivências, no dia a dia do trabalho, ao lado de pessoas únicas que sempre me acolheram.

Este livro, que se materializa por meio da minha escrita, tem como intuito, a partir da análise da narrativa das protagonistas participantes, em entrevistas semiestruturadas, produz um conhecimento produtivo, científico, não universal e passível de constante atualização e contestação. Em especial, porque

---

[39] Para saber mais sobre o IX Encontro Regional Sul, de Travestis em Transexuais: http://transgrupotmp.blogspot.com/2012/10/ix-encontro-regional-sul-para-travestis.html. Acesso em: 30 jul. 21. Para assistir ao show de encerramento do evento: https://www.youtube.com/watch?v=rU06YWHJ4SM. Acesso em: 30 jul. 2021.

[40] Carla Amaral, na abertura do Miss Curitiba Trans, 2015. Disponível em: https://www.youtube.com/watch?v=fapvIX0KoIQ. Acesso em: 30 jul. 21.

> Ao propor a sexualidade como objeto de estudo para as ciências sociais, assumo como prerrogativa a sua referência no plural, conforme a perspectiva da diversidade em termos das práticas sexuais e dos significados a elas associados. Para tanto, torna-se relevante considerar que a sexualidade é alvo da produção normatizadora de uma série de discursos como o biológico, psicológico, médico, pedagógico, artístico, político, jurídico e religioso. É em meio a todos eles que as pessoas, inseridas em determinados grupamentos sociais e em suas práticas cotidianas, elaboram os seus próprios significados acerca do que seja sexual, do que é permitido e proibido e do que é admissível ou inadmissível em termos sexuais (Meinerz, 2006, p. 93).

Ademais, além de entender que tal atuação reflete a minha ética e a minha autoaceitação de que sou uma pessoa inteligível e ilimitada, a ausência de respostas ditas como concretas, universais e estáticas, aqui, deve ser lida sob uma ótica eloquente, demonstrando que as teorias, discussões, pesquisas e questões afeitas à identidade, ao sujeito, à agência, às matrizes de poder que permeiam corpos e suas existências, bem como os próprios corpos e existências, estão em constante trânsito e que não devem ser definidos por discursos científicos biomédicos, mas pelas suas singularidades autodeterminantes instáveis. E o faço, fazendo uso das minhas lembranças como um conector, não apenas para demonstrar meu contato, ingresso e intersecção com o campo que é objeto de estudo, e o quanto a ininterrupta construção da minha identidade, da minha condição enquanto sujeito de direito que clama por voz e dignidade e do meu processo de agência entrecruza-se, inexoravelmente, com as histórias de vida das minhas protagonistas participantes, mas também porque

> Numa sociedade que valoriza altamente a escrita em detrimento da oralidade, em que *"o anormal é o sem-papéis*, o indivíduo perigoso é o homem que escapa ao controle gráfico", como afirma Artières (1998, p.3), se, por um lado, o poder persegue e captura os indivíduos ininterruptamente, produzindo registros do nascimento à morte, por outro, a escrita de si abre espaço para a apropriação do próprio eu, como um modo de autoproteção e autonomia. Nesse sentido, narrar é inscrever-se, é constituir-se publicamente, dando visibilidade e sentido à própria vida, é existir. O arquivamento do eu pode ser um ato de resistência política (Rago, 2013, p. 98).

Sendo assim, observados os limites que devem ser considerados quando o foco deve ser o outro — nesse caso, as narrativas das protagonistas participantes com quem conversei —, faço uso dos privilégios que a mim são conferidos pelo simples fato de ser um homem branco, de classe média, advogado e mestrando, para visibilizar as experiências de minhas entrevistadas, pois, "camuflar-se na multidão não é estratégia disponível para homens e mulheres transexuais e para as travestis, principalmente as destituídas de acesso igualitário aos bens materiais e imateriais disponíveis aos demais cidadãos e cidadãs" (Cavichioli, 2021, p. 32).

Nesse contexto, Rago (2013, p. 141-142) ainda salienta que

> Reescrever o passado, construir sua própria autobiografia, mesmo que por meio de depoimentos orais, gravados e transcritos, adquire, portanto, um sentido político vital. A memorização do vivido e a construção de um arquivo pessoal são modos de subjetivação, como quer Foucault, que possibilitam o redimensionamento dos acontecimentos passados, o encontro de um lugar no presente, a criação de um espaço subjetivo próprio como um abrigo para instalar-se e organizar a própria vida, especialmente no caso das experiências traumáticas, como a da clandestinidade e a do confinamento na prisão. Permitem a afirmação do próprio nome. E, por meio da nominação, observa Bourdieu, "institui-se uma identidade social constante e durável, que garante a identidade do indivíduo biológico em todos os campos possíveis onde ele intervém como agente, isto é, em todas as suas histórias de vida possíveis".

Conhecer parte da história de vida de muitas mulheres travestis e transexuais, durante os anos em que estive atuando junto ao Transgrupo Marcela Prado; ouvir relatos sobre como se deu o processo de autoidentificação enquanto pessoa trans; presenciar e atuar em casos em que estavam sendo discutidos e pleiteados direitos que, a mim, soam como absolutamente básicos; a pretensão de entender como se formam as redes de apoio, convivência, segurança e de busca por políticas afirmativas que se estendam à parcela da comunidade formada por essas mulheres; conviver com notícias diárias e semanais de falecimentos decorrentes de complicações do HIV/Aids e de assassinatos cometidos com requintes inimagináveis de crueldade, assim como me senti quando pesquisei mais a fundo a forma com que se deu o assassinato de Dandara, acerca do qual faço, agora, uma breve narrativa,

> [...] significa somar minha voz à das pessoas transexuais e travestis, não com a pretensão arrogante, vaidosa, antiética e politicamente ilegítima de falar por elas, mas aderir ao coro que supera o medo, a apatia, o silencia e muitas vezes a aprovação e a cumplicidade da multidão diante da violência transfóbica. **Silenciar seria desencorajar uma escuta mais receptiva nos segmentos discursivamente privilegiados.** Omitir-me, o abandono de minha responsabilidade política de falar contra a opressão. Prestar contas do que é dito e não utilizar meu próprio lugar de fala como uma cláusula geral de isenção de responsabilidade, um dever ético. Expor-me às críticas é assumir a inevitabilidade de cometer erros, mas também realizar o esforço de tentar escutá-las e entendê-las de maneira ativa, atenta e sensível (Cavichioli, 2021, p. 33, grifo meu).

O assassinato de Dandara Kentley, com apenas 42 anos de idade, em 15 de fevereiro de 2017, no bairro Bom Jardim, na cidade de Fortaleza, ocorreu em uma rua residencial, às 17h00, com requintes de muita crueldade e de maneira espetacularizada. A filmagem, que ganhou o mundo pelas redes sociais[41] e que foi feita pelos próprios agressores, mostra um grupo de 12 homens dando tapas, socos, chutes, pauladas, pedradas, ofensas e, após carregar o corpo desfalecido da vítima em um carrinho-de-mão e jogá-lo em meio à rua, desferindo dois tiros fatais. Assistindo à referida filmagem, pareceu-me que o horror que alguém sente perante a morte transforma-se em satisfação quando é outra pessoa a ser morta. É a morte de outrem, na presença física enquanto cadáver, que faz o sobrevivente sentir-se único (Mbembe, 2018).

Ao contrário do que nos faz crer assistindo aos vídeos da sua execução, penso que Dandara não foi morta ali, como resultado daquele ato desumano e degradante que foi filmando, compartilhado em redes sociais e, por muitas pessoas, motivo de aplausos; ela já estava morta e esquecida há muito tempo, por ser entendida, pela sociedade na qual se encontrava inserida, como uma marginal desviante que executava o seu papel social de maneira discrepante e imprópria. Dandara e tantas outras travestis e transexuais que são assassinadas de maneiras muito parecidas, diariamente, revelam-se como o efeito extremo da materialização da linguagem cisheteronormativa sobre corpos desviantes, desconformes, dissidentes ou fracassados.

---

[41] As cenas são fortes e impactantes, mas estão disponíveis neste endereço eletrônico, como parte de uma reportagem realizada pelo site Bol Vídeos: https://videos.bol.uol.com.br/video/travesti-dandara-dos-santos-foi-apedrejada-e-morta-a-tiros-no-ceara-04020CSA3S6AE0AS6326. Acesso em: 2 dez. 2020.

Assim como para Cavichioli (2021, p. 640), o que experienciei "como homem cisgênero, gay e branco, mergulhou no universo real da estigmatização, o que provocaria profundas alterações na percepção da realidade da construção discursiva da abjeção [...]". As pessoas que ali conheci continuaram imersas em minha vida, como eu nas suas".

Com base em tudo o que expus até então, pretendo deixar elucidado que não escrevo, aqui, como o faço quando estou atuando enquanto advogado, pois, além de eu não estar representando ou advogando em favor de uma classe ou um coletivo de pessoas, não é esse o papel de um pesquisador que se propõe a produzir uma obra em ciências sociais.

Ademais, compartilho do exposto por Buffon (2023, p. 61), quando a pesquisadora, em uma narrativa sobre a sua situação vivida em um campo com o qual possuía proximidade e envolvimento afetivo e emocional, ressalta que

> Toda essa "proximidade" com o meu objeto de pesquisa, em que o envolvimento afetivo e emocional estavam presentes, certamente coloca obstáculos no processo de "estranhamento", e o temor de não superá-los está presente. Todavia, os riscos no processo de revitalização não são um privilégio de quem estuda o "próximo", pois como bem coloca Velho, o fato de se estudar grupos ou sociedades distantes "não significa que, mesmo ao nos defrontarmos, como indivíduos e pesquisadores, com grupos e situações aparentemente mais exóticos ou distantes, não estejamos sempre classificando e rotulando de acordo com princípios básicos através dos quais fomos e somos socializados".

É com base na interpretação das experiências dos seres humanos e de saberes localizados que me garantiram o privilégio de uma perspectiva de conhecimento parcial da realidade social (Haraway, 2009), que tive, como objetivo principal e descrito de maneira geral, por meio desta pesquisa, apreender, a partir das narrativas das protagonistas participantes, como se dá o processo de agência e entendimento de si, na qualidade de cidadãs e sujeitas de direito.

Toda essa reflexão, busca e pesquisa deveras complexa, tanto para mim como o foi para Rago (2013), em sua pesquisa feita, a partir de narrativas autobiográficas de sete militantes feministas, nascidas entre 1940 e 1950, para investigar como essas mulheres abriram novos espaços na esfera pública e na vida política do Brasil, durante os anos da ditadura militar,

> [...] problematiza a relação que mantemos com o passado, perguntando indiretamente se somos capazes de virar a página, de arquivar o passado e deixá-lo para trás, guardado no baú das recordações ao lado de fotos antigas, documentos, cartas e outros papéis amarelecidos. Ou se fazemos outra apropriação das experiências vividas, testemunho de que, na verdade, elas ainda não se tornaram efetivamente passado, porque não foram devidamente elaboradas, nem as feridas puderam se cicatrizar. Para Maria, essa uma relação melancólica e deprimente, ao que acrescento, reveladora também da angustiante dificuldade de encontrar um lugar seguro para si mesmo no presente. Afinal, reinventar-se supõe despregar-se da imagem do que se foi, daquilo que fizemos ou do que foi feito de nós mesmos, de nossas experiências, aspirações e realizações, buscando não as esquecer, mas criar novos sentidos para elas, e sobretudo novos espaços sociais, subjetivos e simbólicos, na atualidade. Reinventar-se significa despedir-se de quem um dia fomos, a fim de construirmos outras subjetividades, dando passagem a novas formas de expressão.

A escrita deste livro, por fim, além de se converter em uma produção acadêmica, por mim muito almejada e sonhada, perfaz-se, também, em uma verdadeira catarse. Assim como o fez Nascimento (2021, p. 21), "escrevo a partir da minha própria carne, fabricada em meio a gritos diversos de dores, alegrias, esperança, saudades, sonhos e esquecimentos" e

> [...] adiro à proposta de uma ética baseada na diferença, que dê conta de solidarizar e possibilitar uma frente de res(ex)istência aos poderes que nos querem aprisionar e exterminar, que agregue não apenas todas que dissentem das normas dominantes de gênero e sexualidade, mas também outras pessoas subalternizadas. **A escrita deste texto** é **parte da minha contribuição** (Cavichioli, 2021, p. 34, grifo meu).

Contribuição esta que só se tornou possível porque o campo se apresentou, a mim, acessível e profundo. As protagonistas participantes, pelas suas narrativas, não pouparam detalhes sobre os processos de conhecimento, entendimento, construção, enunciação e de agenciamento de si, que constituíram e constituem os seus caminhos, vida e existência. De observador e participante profissional, passei à condição de pesquisador em um campo que, ora, passo a descrever.

2.2 DESCRIÇÃO DO TRABALHO DE CAMPO E APRESENTAÇÃO DAS PROTAGONISTAS PARTICIPANTES

Conforme exposto por Bauer e Gaskell (2015, p. 31, grifo dos autores)

> As ciências histórico-hermenêuticas, diz Habermas, surgem através de um interesse prático no estabelecimento de consenso. Para que a ciência (e, na verdade, qualquer outra prática social) aconteça, é imperativo que haja compreensão intersubjetiva fidedigna, estabelecida na prática da linguagem comum. A compreensão hermenêutica (*Verstehen*) tem como finalidade restaurar canais rompidos de comunicação. Isto se dá em duas dimensões: a primeira, no elo entre a própria experiência de vida de alguém e a tradição à qual ele pertence; e a segunda se dá na esfera da comunicação entre diferentes indivíduos, grupos e tradições.

E foi com esse intuito de estabelecer uma compreensão hermenêutica sobre como se dá o entendimento de si, enquanto sujeitas de direito, por mulheres trans — tendo como finalidade restaurar, subverter ou construir canais de comunicação —, que passei a perceber que "desvelar a surpreendente evidência de possibilidades antes inconcebíveis corresponde a ampliar horizontes do humano, imprimindo novos impulsos à imaginação moral e à invenção política" (Silva, 2007, p. 15).

Permanecer em contato, por longos anos e em campo, para a realização desta pesquisa, com as mulheres que dela participaram na qualidade de protagonistas participantes, fez com que não apenas o ato de escrever me passasse a ser entendido como "desaprender convenções e contrariar expectativas cristalizadas" (Silva, 2007, p. 15), como também o anseio de pensar em outras formas de produzir o conhecimento que pretendo compartilhar, com o intuito de aproximá-lo, o máximo possível, a quem com ele tiver contato. Afinal, o que compartilho, por ora, não se resume às informações que foram colhidas quando da realização das sete entrevistas semiestruturadas que compõem o campo desta pesquisa, mas de uma complexa rede de contatos que mantenho, há anos, com mulheres cis, travestis e transexuais que se colocam em face aos dispositivos normalizadores e reguladores que permeiam os corpos, identidades, sexualidade e a própria existência humana.

E, aqui, o falo com base no conceito foucaultiano de dispositivo, o qual se conforma mediante um conjunto de práticas discursivas e não discursivas que possuem, estrategicamente, uma função de dominação, e que se revela por um poder disciplinar, que se alicerça e se faz eficaz, a partir do imbricamento entre os discursos teóricos e as práticas reguladoras (Foucault, 2018). Nesse sentido, para Foucault (2018, p. 29),

> [...] os dispositivos de sexualidade não são apenas do tipo disciplinar, isto é, não atuam unicamente para formar e transformar o indivíduo pelo controle do tempo, do espaço, da atividade e pela utilização de instrumentos como a vigilância e o exame. Além de constituírem uma "anátomo-política do corpo humano", centrada no corpo considerado como máquina, eles também se realizam por uma "biopolítica da população, por um "biopoder" que age sobre a espécie humana, sobre o corpo como espécie, com o objetivo de assegurar a sua existência".

Com o intuito de subverter a prática que entendo ser comum, que é submeter agentes participantes de uma pesquisa em prol do colhimento de uma resposta absoluta, inquestionável e de lógica e aplicação universais (o "famoso" conhecimento ocidental, branco, cisheterocentrado, masculino e judaico-cristão, iniciado no final do século XVIII e que recebeu fôlego no século XIX), já informo que não busquei, nesta pesquisa, encontrar sujeitos que expressem um caráter uníssono, sem fissuras e estabelecidos pela linguagem já conhecida, quando da construção das suas identidades, do seu próprio eu e da sua agência (Butler, 2017a; 2019b). Afinal, comungo com Butler (2017a), quando ela afirma, tecendo considerações sobre o que ela chama de "ficções fundacionistas" que sustentam a noção de sujeito, que

> A hipótese prevalecente da integridade ontológica do sujeito perante a lei pode ser vista como vestígio contemporâneo da hipótese do estado natural, essa fábula fundante (*Thomas Hobbes – O Contrato Social*) que é constitutiva das estruturas jurídicas do liberalismo clássico (Butler, 2017a, p. 20, grifo meu).

Isso porque as práticas, construções e performances (Butler, 2017a) que se estabelecem em processos de generificação (Butler, 2017a; 2019b), identificação e de mecanismos de agência (Butler, 2017a; 2019b) são irresolúveis, anacrônicos e interseccionais.

> Em vez de uma essência fixa que a pessoa carrega de uma situação para a outra, entende-se agora que as identidades individuais se aplicam diferentemente de um contexto

social para outro. E esses contextos sociais são moldados pelas relações de poder interseccionais (Collins; Bilge, 2021, p. 188).

Situando a presente pesquisa em um lugar distante da denominada sociologia canônica, que é descrita por Bourcier (2020) no mesmo sentido de Haraway (2009), as únicas pessoas que acabam realmente por acreditar e a agir, a partir das doutrinas ideológicas da objetividade científica descorporificada, entronizada nos manuais elementares e na literatura de divulgação da tecnociência, são os não cientistas, inclusive um número muito pequeno de filósofos confiantes.

Segundo Bourcier (2020, p. 94) descreve, a sociologia canônica é

> [...] um exemplo de uma disciplina científica e positivista que negou sua posicionalidade praticando a epistemologia do ponto zero e sua função real: ser e permanecer a ciência hétero e heterocêntrica da sociedade. Seu crescimento orgânico foi alcançado pela adição de objetos (sociologia da cidade, trabalho) ou de sujeitos objetivados (gays, lésbicas, negros, etc.), mas também sem sujeitos minoritários livres para se desenvolver epistemologicamente. Sua história prova seu caráter bastante excludente e disciplinar, direto e racista, sabendo que essa inclinação disciplinar não é dela (Ferguson). A mesma crítica pode ser dirigida a outras disciplinas, como história ou antropologia, mas também à medicina, por exemplo, como todas as "ciências humanas" que se desenvolvem no final do século XVIII e no século XIX, cujo papel biopolítico (gestão de raça, gênero, sexualidade, habilidade, fluxos populacionais) está bem estabelecido (Foucault, Said). Como o eurocentrismo, a violência e o racismo epistêmico (Spivak, Castro-Gómez, Grosfoguel).

Assim sendo, a metodologia adotada para este trabalho parte da análise qualitativa em profundidade das narrativas das protagonistas participantes, que foram obtidas por meio de entrevistas semiestruturadas, aliadas às teorias feministas que interagem com experiências de mulheres trans. Adoto essa metodologia de pesquisa pelos mesmos motivos que levaram Soley-Beltran (2009) a adotar a investigação qualitativa dos dados colhidos em campo, pela análise do conteúdo das narrativas das experiências, que se deu por meio de entrevistas em profundidade realizadas com uma pequena mostra de informantes transexuais, em sua pesquisa sobre transexualidade e a matriz heterossexual,

> La metodología seguida en la investigación empírica ha sido dictada por la naturaleza de las preguntas que guían la investigación. Dado que la intención del estudio es traer a la luz el conocimiento que se da por sentado acerca de la identidad sexual y que permea nuestras acciones, se requerían datos cualitativos. Una característica importante de los datos cualitativos es que proporcionan una comprensión rica e incisiva de las cuestiones que se examinan. Dado que su objetivo es la profundidad en lugar de la amplitud, la investigación cualitativa es apropiada para analizar y descodificar los símbolos culturales. Así pues, era necesario recoger los datos de modo que se prestara atención al contexto y a la receptividad. Estos factores apuntaban al análisis del trabajo de campo como la metodología más apropiada. Los datos cualitativos recogidos en el trabajo de campo se han examinado mediante el análisis del discurso. Puesto que considero el lenguaje como una forma de acción social, investigo como se construyen los textos y las narraciones verbales con el fin de revelar el conocimiento tácito y práctico. Tambiém atiendo al "repertorio linguístico" de los informantes, es decir, los términos, metáforas específicas o construcciones estilísticas que revelan las prácticas interpretativas de su discurso (Soley-Beltran, 2009, p. 271-272).

É por todo o exposto por Soley-Beltran que, inclusive, faço uso, como mero conector, daquilo que se conforma a partir das minhas memórias em campo e da minha própria vivência, que é anterior àquele, o que me faz assumir um papel de pesquisador que teve aproximação anterior com o tema, como um observador profissional.

Essa aproximação anterior, inclusive, permitiu-me, por exemplo, "[...] descobrir o vernáculo do grupo estudado e os significados empregados pelo grupo quando estranhos estão presentes" (Cicourel, 1975, p. 92), afinal, "os pesquisadores que permanecerem muito marginais às atividades diárias do grupo estudado não conseguirão certos tipos de informações" (Cicourel, 1975, p. 92). Mas, que não se diga que proponho, aqui, como metodologia de pesquisa, uma observação retrospectiva, conforme expõem

Schwartz e Schwartz, citados por Cicourel (1975)[42], tendo em vista que as memórias aqui retratadas, atinentes ao meu contato anterior com as protagonistas participantes e com a própria comunidade de mulheres trans, não se referem a um período em que eu me fazia presente, em meio a elas e com elas, enquanto pesquisador, mas como advogado, colega, parceiro de trabalho e, por vezes, amigo.

Com relação ao vernáculo com o qual tive acesso antes de dar início a esta pesquisa, saliento que procurei, durante a escrita deste trabalho e quando estava em campo —tendo em vista que as mulheres trans, por muitas vezes, comunicam-se por meio de um vocabulário próprio, chamado pajubá ou bajubá, e atuam a partir de mecanismos e formas de existência e agência que lhes são próprias —, atentar-me ao conceito e à prática do seu uso. Quanto ao referido dialeto, saliento que os seres humanos, quando em convívio com outros seres, conformam-se enquanto um "outro", também a partir da transmissão de dados orais e escritos. Assim, nas palavras de Lody, tudo o que é transmitido

> [...] traz finalidades expressas em conteúdos e formas próprios, revelando indivíduos, grupo, regiões e, também, já em território das identidades, diferenças, distinções e inumeráveis maneiras de ser, do firmar-se em sociedade restrita e/ou em sociedade total e complexa (Lody, 2021, p. 36).

O glossário que apresenta e elenca o dialeto do Bajubá, que possui, para Lody, vocação para dicionário, "tenta traduzir o ideário das palavras e seus fortes significados sociais e culturais" (Lody, 2021, p. 36).

O autor salienta, ainda, que o dialeto tem estreita ligação com os vocábulos decorrentes e surgidos nos terreiros de Candomblé, Mesclado, Yorubá ou Nagô. "As trocas acontecem em moedas iguais. Os significados têm valores e sentidos comuns. São referências de integração em prol de integridade que compõem entendimentos de gênero, de raça, de grupo, de hierarquia, de cultura, de civilização" (Lody, 2021, p. 37). Jovanna Car-

---

[42] "Os seguintes comentários por Schwartz e Schwartz são instrutivos: O que acontece no intervalo de tempo entre o incidente e o seu registro final é da maior importância. Na observação retrospectiva, o observador recria na sua imaginação, ou tenta recriar, o campo social em todas as suas dimensões, ao nível de percepções e sentimentos. Ele assume o papel de todas as outras pessoas que viveram aquela situação e tenta evocar em si mesmo os seus sentimentos e pensamentos no instante em que ocorria o incidente. Faz-se um tipo de reconstrução da apresentação do fenômeno tal como foi inicialmente registrado... Nessa reconstrução, pode-se manter os dados iniciais inalterados ou pode-se adicionar a eles ou ainda mudá-los; aspectos significativos do incidente, antes omitidos, podem então surgir; e conexões entre segmentos do incidente e entre este incidente e outros, antes não reconhecidos, podem também surgir" (Cicourel, 1975, p. 94).

doso da Silva, em recente obra publicada e divulgada especialmente pelo Fórum Nacional de Travestis e Transexuais Negras e Negros (Fonatrans), salienta que "o Bajubá [...] é apresentado, agora, ao grande público, como um dialeto originado por e para travestis, como uma "tática de guerrilha no enfrentamento às violências policiais" (Cardoso da Silva, 2021, p. 16). A autora, ainda sobre o Bajubá, expõe que

> O "Diálogo das Bonecas" foi o primeiro Dicionário impresso do Bajubá das Travestis no Brasil. No final do ano de 1992, em uma das reuniões da ASTRAL *(Associação de Travestis e Liberados)*, na sede do ISER *(Instituto de Estudos da Religião)*, as travestis decidiram lançar um dicionário com o Bajubá diário a fim de ajudar as meninas que viviam da prostituição noturna a se defender dos ataques, seja da sociedade ou da polícia à época. Me lembro que a principal fala era que uma podia avisar a outra em situações de emergência sem serem entendidas por curiosos. Muitas palavras foram levantadas e otimizadas em um texto que foi diagramado e impresso em forma de dicionário (Cardoso da Silva, 2021, p. 35, grifos meus).

E foi dessas narrativas, que se encontram inseridas em microrrelações, junto às contradições culturais, econômicas, sociais, familiares, religiosas, que lhes são parte, que eu procurei compreender, de início, como foi que se deu o processo de reconhecimento de si das protagonistas participantes, enquanto mulheres trans. O contato com o/a outro/a fez-se necessário para que essa autopercepção de si acontecesse? Quem era esse outro? Uma mulher travesti, uma mulher transexual? Há diferença entre elas — travestis e transexuais? Essa pessoa era acessível, ao contato, para as protagonistas participantes? Esse outro corpo, identificado enquanto travesti ou transexual, era lido como algo dado para o entendimento de si; ou seja, tornou-se um espelho, ou uma fonte de inspiração? Tornou-se, esse outro corpo, fonte de acesso de informações sobre transformações corporais, hormonais, comportamentais?

Como se deu o início da construção de si? Houve algum tipo de resistência, por parte da família, amigos, trabalho, escola, Estado, acesso aos sistemas de saúde, após o início da construção de si? Levando-se em consideração que todas as protagonistas participantes com quem conversei, possuem seus registros de nascimentos retificados (nome eleito e gênero feminino), como foi o processo para a escolha e retificação, em registro de nascimento, de nome e gênero?

Com relação ao nome, a grande questão girou em torno das mudanças que se processaram, em âmbitos tanto privados quanto públicos, após a sua retificação. Frente à importância que lhe foi conferida, busquei compreender como e porque a alteração dos seus assentos de nascimento, a tais mulheres, proporcionou-lhes um sentimento de maior pertencimento, existência, cidadania e liberdade — nesse caso, uma liberdade ética, que surge a partir de práticas de liberdade.

Devidamente anunciadas, busquei apreender quais seriam, então, as angústias que acompanhavam suas existências; foi então que performance (Butler, 2017a) e passabilidade, vida e morte, festas e facadas, medo e liberdade (Foucault, 2010), mostraram-se como díades que acompanham as alegrias e as dores de ser quem se é, pelas protagonistas participantes.

Frente às díades narradas, procurei compreender como se deu e se dá o processo de agência e resistência das protagonistas participantes. Busquei entender se há uma reflexividade coletiva e individual frente ao preconceito e ao iminente perigo de morte e violência — conforme narrado pelas entrevistadas. São realizadas coalizões em coletivos pensados e formados para fins de acolhimento e de prestação de serviços básicos? As demandas, em especial no que tange à educação, acesso ao emprego formal e aos sistemas de saúde, são universais ou situadas? Como são pensadas estas demandas? Há um acolhimento, pelo Poder Público, das demandas que lhes são intrínsecas? Todas são atendidas e possuem acesso igualitário ou a cidadania é localizada e a democracia é algo que se mostra, ainda, emergente?

Do campo, após a análise das respostas que foram conferidas aos questionamentos elencados, as categorias analíticas que parecem permear a análise que mais adiante será feita, são, para além dos conceitos que farão corpo ao estado da arte e à detida análise das entrevistas: o corpo, como fonte primária de existência e base da transformação e do entendimento de si; o nome, como efeito da agência (Butler, 2017a) e de práticas éticas de liberdade (Foucault, 2010); a passabilidade presente em (ou como) performance de gênero (Butler, 2017a; 2018; 2019b); a agência, como um processo crítico de autorreflexividade, contraconduta e resistência (Foucault, 2010; 2014; 2018a; 2018b) e a melancolia de gênero, como a busca pela identificação com um gênero metafísico e incansável (Butler, 2017a, 2017b).

Porém, antes de adentrar mais estreitamente à pesquisa proposta, faço uma breve descrição do trabalho desenvolvido em campo, com a apresentação das entrevistadas e o compartilhamento de algumas intervenientes que o atravessaram, mas que não o afetaram; muito pelo contrário, tornaram-no ainda mais instigante e produtivo.

2.2.1 O campo

Primeiramente, devo salientar que a pesquisa de campo para a conclusão deste livro, que se deu por meio de entrevistas semiestruturadas de sete mulheres, a quem nomeio de protagonistas participantes, foi feita, integralmente, por meio de contatos virtuais. Desde o convite para participar do campo até os reagendamentos de datas previamente acordadas, bem como as entrevistas: tudo se deu por meio de aplicativos de mensagens e de reunião instantânea, em razão da pandemia causada pelo vírus Covid-19.

Em sequência, adianto que, inicialmente e, até mesmo, ingenuamente, pretendia realizar de dez a doze entrevistas para a conclusão do campo. Porém, após a confecção de um roteiro prévio dos temas que seriam abordados em profundidade, incluindo, dentre eles, a busca pela narrativa de histórias da vida particular das mulheres com quem eu fosse conversar, notei que as entrevistas seriam longas, ou seja, que passariam de duas a duas horas e meia. Por isso, foi fixado que eu não faria mais do que oito entrevistas.

Fiz, então, uma lista com 23 nomes de mulheres travestis e transexuais com quem o contato seria, de certa forma, ágil e fácil, por eu já ter tido qualquer interação anterior, seja atuando como advogado, como parceiro em alguns trabalhos ou prestando algum tipo de atendimento quando atuava junto ao Transgrupo Marcela Prado. Dessa lista, eu pressupus, com base no contato tido no passado e que se mantém no presente, que, daquelas 23 mulheres, em torno de 15 deixar-me-iam em uma situação confortável, tanto para fazer o convite quanto para realizar a entrevista.

Decidi que não me manteria em um "ambiente seguro" e que me arriscaria a conversar com mulheres com quem tive um contato superficial e, até mesmo, com quem eu presumia que poderia existir uma certa "rixa" ou desavença para comigo; que eu não sabia se havia mesmo e, caso existisse, se ela se dava em âmbito profissional ou pessoal.

Analisando os nomes das pessoas elencadas, tinha certo, comigo, que entrevistaria aquelas mulheres travestis e transexuais que não morassem em Curitiba, para compreender como se dão as relações que envolvem o entendimento, construção, enunciação e agenciamento de si, em um contexto fora da capital paranaense, até porque o campo de abrangência, para a realização da presente pesquisa, perpassa o estado do Paraná como um todo.

Assim sendo, três protagonistas participantes não residentes em Curitiba, dentre as 23 previamente selecionadas, encaixavam-se dentro das três particularidades essenciais para a realização da entrevista, quais sejam: ser mulher trans (travesti ou transexual), ter mais de 18 anos e residir no estado do Paraná.

As outras cinco possíveis entrevistadas, todas residentes em Curitiba, foram escolhidas com base nas suas diferentes particularidades, em especial, a de não me manter em um "ambiente seguro e confortável"; de trazer à tona realidades diversas, que destoam do senso comum que leva corpos de mulheres trans para as esquinas, à noite; que já tenham assumido ou que estejam ocupando um lugar de destaque, seja em espaços públicos para a efetivação, busca e luta por políticas públicas e visibilidade ou em entidades do terceiro setor; e que pudessem conversar comigo por meio de um contato telepresencial.

Elegidas as possíveis oito entrevistadas, todas foram convidadas a realizar uma entrevista sobre suas histórias e narrativas de vida, por mensagens enviadas via aplicativo WhatsApp, em dia e horário a ser, por elas, escolhido. Após enviados os convites, obtive, integralmente, um retorno positivo. Inclusive, das oito mulheres contatadas, Maria, Isabel, Sofia, Bárbara, Maria Sueli e Vanusa afirmaram que só estavam aceitando o convite porque estava sendo feito por mim, sob a justificativa de "não aguentarem mais servir como ratos de laboratório para o 'povo da universidade', que as procuram, fazem suas dissertações e teses, recebem seus diplomas, e esquecem que elas existem".

Não posso negar que me senti honrado por saber que elas têm tanta confiança, carinho e, até mesmo, respeito por mim, mas sinto que isso acabou imputando-me, uma certa pressão (a mais) sobre a forma com que eu iria conduzir as entrevistas e analisá-las qualitativamente, quando da minha escrita final. Confesso, aqui, que quase não dormi na noite anterior às minhas três primeiras entrevistas, afinal, iniciaria um campo de pesquisa no interior de uma área na qual não tenho formação acadêmica, conversaria com pessoas que conheci enquanto trabalhava junto ao Transgrupo Marcela Prado, sendo que, para algumas, inclusive, atuei enquanto advogado, e estava com receio de ser questionado sobre o meu "lugar de fala" e minha legitimidade para tratar sobre o assunto.

Porém, agarrei-me à minha vontade de contribuir para o debate acadêmico e fui, com a cara e com a coragem que ainda me resta, a campo. E essa coragem, como conta Larissa Pelúcio sobre sua pesquisa[43] desenvolvida com travestis na cidade de São Paulo, foi, para ela (Pelúcio, 2006, p. 83), "proporcionada pela familiaridade que se tem com o meio de pesquisa". Ela concluiu, ainda, que, para o desenvolvimento do seu projeto, foi

> [...] fundamental ter contatos, nomes, referências, [...] pois isso mostra que você pode ser uma estranha lá, mas não é uma novata, alguém que caiu de paraquedas e que pode ter intenções escusas. Isso ajuda a baixar a guarda dos interlocutores e obter as informações desejadas (Pelúcio, 2006, p. 83).

As entrevistas se iniciaram em 9 de junho de 2021 e foram encerradas em 30 de setembro do mesmo ano; ocorreram, integralmente, por videoconferências, com o uso de aplicativos como Googlemeet, Skype e Whatsapp, bem como tiveram seu áudio e vídeo gravados por intermédio de um software chamado Movavi Screen Recorder 21, sob autorização expressa de todas as protagonistas participantes com quem conversei. Por questões de agenda, compromissos inesperados, doenças surgidas durante o referido período e perdas repentinas de pessoas queridas, a oitava entrevista acabou não sendo realizada e, restaram, portanto, sete entrevistas que compõem o campo desta pesquisa.

No início de todas as entrevistas, que seguiram um roteiro semiestruturado de forma a conferir uma maior independência às vivências individuais das protagonistas participantes, expliquei, de maneira pormenorizada, quais eram os objetos gerais do trabalho; por quem eu estava sendo orientado (Prof.ª Dr.ª Marlene Tamanini); qual era a área em que estava eu concluindo minha dissertação (Sociologia – Estudos de Gênero); em qual instituição eu estava inserido como acadêmico mestrando (PPGD da UFPR); que as gravações em áudio e vídeo, da entrevista somente seriam acessíveis por mim e pela minha orientadora, caso ela entendesse

---

[43] "Travestis, a aids e o modelo oficial preventivo, uma etnografia nos cuidados em saúde entre o grupo de trabalhadores do sexo", foi o nome do projeto desenvolvido, a partir de 2003, por Larissa Pelúcio, junto ao Programa de Pós-Graduação em Ciências Sociais da Universidade Federal de São Paulo.

necessário[44]; que a transcrição da entrevista poderia ser requisitada, por qualquer uma delas, a qualquer tempo, desde que finalizadas; que a entrevista poderia ser encerrada, cindida ou, até mesmo, cancelada, a qualquer tempo; que as perguntas poderiam ou não ser respondidas em sua completude; e que, principalmente, elas compreendessem que, ali, durante as entrevistas, bem como aqui, na materialização e análise destas, elas seriam e são as protagonistas deste trabalho.

Ao final das entrevistas, todas as mulheres com quem conversei autorizaram-me a citar os seus nomes neste trabalho, mas, por opção minha e da orientadora de minha dissertação, entendemos, por bem, manter o sigilo integral, inclusive em razão da profundidade com que me foram contadas particularidades das suas vivências, com vistas à segurança e ética acadêmicas. Por isso, após a conclusão do campo, a todas as entrevistadas foi solicitado que indicassem um nome, que não os seus, pelo qual gostariam de ser chamadas no texto deste livro, e assim elas o fizeram — algumas, inclusive, expuseram motivos para a escolha do nome fictício, sem que fossem questionadas.

Com relação a isso, as particularidades que me foram contadas foram tantas, e a tranquilidade e, até mesmo, uma certa leveza notada no decorrer das entrevistas, foram tão sensíveis, que elas ultrapassaram (e muito!) os limites que eu havia previsto para as suas conclusões.

Logo na primeira entrevista, feita com Maria, nome escolhido em homenagem à sua mãe (48 anos, autodeclarada branca, residente em Curitiba/PR), que ocorreu em 9/6/2021, pude começar a perceber o quão profundo me foi permitido ir pela protagonista participante, tendo em vista que nossa conversa durou cerca de 4 horas e 50 minutos, com direito a uma pausa de 15 minutos — o que me despertou um alerta com relação ao tempo de duração das demais entrevistas e a necessidade de informar, às demais protagonistas, sobre uma possível dilação do tempo previamente informado de duas e duas horas e meia. Mesmo cientes de que as entrevistas poderiam durar para além do inicialmente previsto, todas mantiveram o aceite para participar deste trabalho.

A segunda entrevista, feita com Isabel, nome que sua avó gostaria de "lhe colocar, caso tivesse nascido menina" (30 anos, autodeclarada

---

[44] Quanto ao material empírico, resultado da presente pesquisa, ficará aos meus cuidados, até que não mais sejam necessários, tendo em vista que a Lei n. 13.70S/2018, que regulamenta a Proteção Geral de Dados, de acordo com o seu art. 4, alínea b, não se aplica ao tratamento de dados pessoais realizado para fins exclusivamente acadêmicos, ressalvado o contido nos artigos 7 e 11.

parda, residente em Curitiba/PR), em 11/6/2021, foi finalizada apenas no dia 12/6/2021, tendo em vista que foi iniciada às 19h30 e finalizada às 00h10. A terceira entrevista, protagonizada por Sophie, nome que gostaria de dar à sua filha (30 anos, autodeclarada branca, residente em Irati/PR), em 28/6/2021, teve início às 14h30 e se estendeu até as 20h.

Já a quarta entrevista, que foi feita com Sofia (51 anos, autodeclarada branca, residente em Curitiba/PR), estava previamente agendada para o dia 12/6/2021, mas teve que ser remarcada para o dia 30/6/2021, pois a protagonista participante estava apresentando sinais de Covid-19 e se sentia mal na data. No dia 30/6/2021, iniciamos a entrevista às 12h30 e a encerramos às 18h.

A quinta entrevista, que foi feita com Bárbara, nome que considerou fazer uso quando ainda estava em processo de escolha do próprio nome (33 anos, autodeclarada branca, residente em Curitiba/PR), estava agendada para o dia 26 de junho de 2021, mas acabou sendo remarcada, a meu pedido, para o dia 3/7/2021, pois eu estava com início de pneumonia. No dia 3/7/2021, conversamos das 14h30 até as 18h.

A sexta entrevista, iniciada em 21/7/2021, às 14h, com Maria Sueli, nome escolhido em homenagem à sua mãe (40 anos, autodeclarada branca, residente em Lapa/PR), foi a única que precisou ser cindida, em razão de compromissos profissionais que surgiram de última hora e que requeriam a presença da protagonista participante, com uma certa urgência. Por isso, encerramos, a primeira parte da entrevista, as 16h30 daquele dia, e demos continuidade, no dia seguinte, 22/7/2021, das 17h às 18h30.

A sétima e derradeira entrevista, que foi reagendada quatro vezes, por razões profissionais da protagonista participante Vanusa (47 anos, autodeclarada parda, residente em Curitiba/PR), ocorreu em 30/9/2021, com início às 13h30 e término às 16h40.

Todas as entrevistas foram transcritas com o auxílio do software Microsoft Word tiveram, nas suas narrativas, o enfoque para análise (Bauer; Gaskell, 2015), buscando resgatar a densidade dos relatos e trazendo recortes importantes que articulassem com os objetivos inicialmente delineados.

O campo, portanto, mostrou-se, a mim, ainda que cansativo, muito acolhedor e me trouxe muitos momentos de risadas, de exercício de empatia, de necessidade de autocontrole das emoções e de um certo jogo de cintura, tanto para compreender com maior precisão informações que envolviam uma maior complexidade, como o entendimento das protagonistas participantes sobre eventuais diferenças que elas enxergavam entre as identidades travesti e transexual, quanto para responder, por exemplo, a uma pergunta que me foi feita por Sofia (entrevista 4), quando me questiona, quase ao final da entrevista, sobre:

> *[...] o que uma pessoa cis pode querer com uma pessoa trans né? Começa por aí, né? O que ela quer ao falar de uma pessoa trans? O que você quer em estar falando comigo, Fábio? Assim, vamos... qual é o seu interesse de estar falando comigo neste momento? É fazer a sua tese de mestrado. Eu fico me perguntando, não estou te criticando, mas se fosse uma outra ocasião... se você não precisasse de uma entrevista com uma trans, você estaria falando, será? O que você quer comigo, por exemplo, o que você quer? Quando você fala de pessoas cis ocupando os espaços e falando sobre pessoas trans, o que elas querem com isso? Porque que você vai falar por uma pessoa trans, porque você vai ocupar um espaço para falar de uma pessoa trans? Porque, você enquanto uma pessoa cis? Porque você vai na OAB, subir no palanque e falar de uma pessoa trans? O que você quer com isso? É nesse sentido, você quer ajudar? Quer trazer uma pessoa trans da marginalidade para o seu núcleo social? Ou você quer pegar isso da pessoa trans para usar essa dor, essa desgraça... essa coisa de estarmos na moda agora, para se autopromover, é isso que pergunto, entendeu? O que uma pessoa cis quer com uma pessoa trans?* (Sofia, entrevista 4).

Em sequência conferida a esse questionamento, perguntei à entrevistada se ela gostaria que eu lhe respondesse às suas perguntas ou se elas seriam apenas elucubrações retóricas, sem a intenção de obter alguma resposta minha. Ela falou que, sim, que gostaria que eu as respondesse, e assim o fiz: narrei, rapidamente e sem grandes detalhes, parte do que foi exposto no primeiro capítulo desta pesquisa. Após ouvir o que eu tinha a lhe dizer, sua resposta foi:

> *Então, mas eu acho que você me respondeu. O que você quer com uma pessoa trans é mudar uma realidade, perfeito. É diferente de uma pessoa que vai e ocupa um lugar de fala, de forma espontânea, sem saber bem o que ela está fazendo lá! Como eu falei, eu sempre vejo os moradores de rua e eu olho para eles assim, com pena, mas mais com desprezo, mas nunca vou ali me meter na realidade deles, agora uma pessoa me arrastou, eu não fui voluntária, essa pessoa me arrastou porque ela queria ir lá tirar foto, como falei para você. Eu fui, comecei a ver e comecei a me*

> questionar, sobre o que eu poderia fazer para mudar a realidade deles e cheguei na conclusão de que não posso fazer nada, não vou lá só para aparecer. Diferente de uma pessoa como você, que vai, quer estudar, questiona essa norma do binarismo... porque é uma norma imposta, quantas mulheres não querem o cabelo comprido, mas elas se obrigam por causa de uma norma que diz que mulheres tem que ter cabelo comprido, ou unha pintada. Quando eu faço essa crítica dessas pessoas, é porque eu vejo que as pessoas estão lá no oba-oba, sem entender mesmo, ou pegando uma dor mesmo, uma desgraça... quanta gente que está ali querendo só usar a história da coitada e depois nunca mais ligam para ao menos saber como que a pessoa está. Então, assim, eu não vou... não vou nos lugares, fico me cobrando, dizendo que queria ser trilhardária, para poder fornecer coisas... não é tão difícil você ter uma empresa e pegar uma pessoa trans, capacitar e dar condições para ela trabalhar. Por que que não fazem isso? E eu que queria fazer, não posso! Então nem vou atrás, porque eu quero fazer; quero mudar realidades, quando nem a minha eu consigo mudar? (Sofia, entrevista 4).

Inclusive, Sofia (entrevista 4), que era uma das mulheres com quem eu sentia que poderia ter algum tipo de resistência para comigo, algum tipo de desavença pessoal ou, até mesmo, profissional, tendo em vista o fato de ela também atuar como advogada em Curitiba, iniciou a entrevista com a seguinte fala:

> [...] podemos começar a entrevista, não tenho absolutamente dúvida nenhuma, talvez eu não tenha 4,5 horas para dispor do meu tempo para você, por isso serei o mais objetiva possível nesta entrevista, ok? Até mesmo, como eu comentei com você, eu não estou muito a fim de falar nada da minha vida, pois escrevi um livro que pretendo lançar até o final do ano..., mas é isso aí, vamos começar (Sofia, entrevista 4).

Percebi, então, que aquela poderia ser, de fato, uma entrevista que me tiraria da "zona de conforto" em que me encontrava até então, afinal, durante as três primeiras entrevistas, não senti qualquer tipo de resistência ou desconfiança acerca das motivações pessoais que me fizeram levar adiante a presente pesquisa. Porém, para minha surpresa, a entrevista com Sofia acabou durando 5 horas e 30 minutos e continuamos conversando, por mais uma hora, após o seu encerramento, sobre os percalços da advocacia e o quão desprestigiado é o nosso trabalho, quando analisado pelo Poder Judiciário. Sinto que, ali, nasceram uma admiração e um carinho mútuos, inclusive porque, ao final da gravação, Sofia, após ouvir uma complementação do meu relato pessoal, falou uma frase que me deixou, de certa forma, comovido e me fez sentir compreendido: "*Eu não sabia disso Fábio... é foda a nossa existência!*" (Sofia, entrevista 4). Quando Sofia fala sobre a nossa existência, ela deixa saliente, a mim, que nossas vidas e existências caminham próximas; que nossas histórias se entrecruzam nos mecanismos de entendimento de si, de existência e de resistência.

Outro momento de tensão pessoal ocorreu quando Bárbara (entrevista 5), logo no início da nossa conversa, conta que foi diagnosticada, em 2020, como pessoa autista. E a tensão que ora cito não me foi imputada pela entrevistada ou causada por um eventual desconforto propositalmente causado por ela, mas porque, pela minha ignorância sobre o assunto, eu acabei me policiando para não a deixar, de alguma forma, acuada ou temerosa. Porém, ultrapassando os meus receios, a entrevista ocorreu tranquilamente, sem qualquer impasse, e sinto que acabou sendo uma das quais mais obtive respostas objetivas, sinceras e com a profundidade necessária para responder aos objetivos desta pesquisa.

Ainda, o campo trouxe alguns momentos descontraídos, como quando Maria (entrevista 1), que trabalha com prostituição, durante o intervalo que fizemos no decorrer da sua entrevista, me conta que estava recebendo mensagens de um cliente estrangeiro pedindo um "*desconto para um programinha virtual*", e acaba por me falar: "*Olha isso, doutor! A maricona me pedindo desconto, sendo que já estou cobrando barato demais para mostrar esses peitos e a bunda para ele!*". Ou quando Maria Sueli (entrevista 6), falando sobre a sua cirurgia de transgenitalização, narra, com detalhes, como fez para sentir um orgasmo, masturbando-se, após um ano da sua recuperação.

Para além dos breves momentos de tensão e de descontração, chamou-me a atenção o fato de que, todas as protagonistas participantes com quem conversei, autodeclararam-se como transexuais e/ou mulheres transexuais, em que pese, algumas delas, eu tenha presenciado, em outros momentos, há anos, em não apenas uma oportunidade, autodeclararem-se como travestis.

Todas as protagonistas participantes, com exceção de Vanusa (entrevista 7), informaram que se encontram com seus registros de nascimento retificados, prenome e gênero, por ordem judicial, e que a mudança do prenome, em especial, foi um grande divisor de águas em suas vidas, tendo em vista que entregar um documento, perante repartições públicas ou privadas, deixou de ser motivo para constrangimentos e humilhações. Segundo elas, foi-lhes garantida uma maior passabilidade perante tais lugares. Vanusa alterou o seu nome e gênero, com pedido feito diretamente em cartório extrajudicial, com base no disposto no Provimento 73/2018 pelo Conselho Nacional de Justiça (CNJ).

Com relação ao trabalho e à forma de sustento e subsistência, apenas Maria (entrevista 1) informou que trabalha, atualmente, prostituindo-se, mesmo em tempos de pandemia, mas que não depende apenas da prostituição para sobreviver, pois

> *[...] somente com a prostituição eu seria bem pobrezinha... Primeiro, que não tenho mais idade, não consigo disputar no mercado de trabalho com a nova geração que está aí e aí o meu ganho ele é muito menor do que quando eu era jovem, ou das mais jovens que estão aí, então, hoje, eu sobrevivo quando eu consigo alugar o meu quarto aqui em casa, que é o que paga uma parte das minhas despesas e o restante com as despesas é daí com o que eu ganho... aí tem meses que é mais, tem meses que é menos* (Maria, 2021).

Informou que sua renda atual gira em torno de três salários-mínimos (atualmente, correspondente ao valor de R$ 3.300,00) ao mês, mas que, para receber esse montante, tem *"que ralar"*.

Isabel (entrevista 2) é formada em Design Gráfico pela Pontifícia Universidade Católica do Paraná (PUCPR), *"como bolsista pelo Prouni"*, pós-graduanda em Gestão Financeira, trabalha, atualmente, com registro em sua carteira de trabalho, como supervisora de atendimento, e possui renda familiar média de R$ 5.000,00 (cinco mil reais). Sophie (entrevista 3), embora licenciada para lecionar matemática, atualmente, é proprietária de um salão de beleza, na cidade de Irati/PR, do qual percebe, em média, R$ 3.000,00 (três mil reais) mensais, a título de *pró-labore*.

Sofia (entrevista 4), que se graduou em Direito, pela Universidade de Direito de Curitiba, em 2010, atua como advogada criminalista e ocupa, também, o cargo em comissão na Câmara de Vereadores de Curitiba; preferiu não declarar a sua renda mensal, tendo em vista que seu contrato era, então, temporário e a atividade junto à advocacia ser bastante instável.

Salientou que, a partir do último ano da faculdade em Direito, quando estava com 29 ou 30 anos, trabalhou se prostituindo nas ruas do centro de Curitiba, por alguns anos.

Bárbara (entrevista 5), formada em Design Gráfico pela Universidade Tecnológica Federal do Paraná (UTFPR), atualmente, é servidora pública, atuando como Auxiliar Técnica no Ministério Público do Estado do Paraná, o que lhe confere uma renda mensal de, aproximadamente, R$ 7.000,00 (sete mil reais). Maria Sueli (entrevista 6), que declarou receber uma renda média de R$9.000,00 (nove mil reais), é graduada em Técnico Contábil, Processos Gerenciais, Matemática e Letras, trabalha como diretora escolar municipal concursada e ocupa, atualmente, um cargo eletivo na cidade da Lapa/PR, desde 2019.

Por fim, Vanusa (entrevista 7), que tem o ensino médio completo, atualmente, ocupa cargo eletivo junto à Defensoria do Estado do Paraná. Em momento anterior a isso, era presidenta de uma ONG com sede em Curitiba e narrou já ter buscado o sustento por meio do exercício da atividade de prostituição.

Ademais, todas as protagonistas participantes citaram a ONG Transgrupo Marcela Prado como um primeiro lugar de acolhimento coletivo, para além de suas microrrelações em contatos com vizinhas, amigas, familiares, e o Centro de Pesquisa e Atendimento para Travestis e Transexuais (CPATT), fundando em Curitiba, em 2014, como um local onde, até, pelos menos, o início de 2018, sentiam-se assistidas, acolhidas e recebiam atendimentos, tanto por pessoas cis quanto por pessoas trans, em áreas afeitas à inserção e assistência social, saúde e medicina. Essa debilitação temporal ficou muito expressa pelo fato de que, com o ingresso do então governador Ratinho Júnior, em 2018, ao governo do estado do Paraná, todas as pessoas trans que trabalhavam no ambulatório, que é credenciado e atua na Secretaria de Saúde do Estado do Paraná, foram exoneradas, e, a partir de então, apenas profissionais cis, nele, prestam atendimento.

Quadro 1 – Protagonistas participantes

NOME	IDADE	CIDADE DE RESIDÊNCIA	SITUAÇÃO FAMILIAR	OCUPAÇÃO	ESCOLARIDADE
Maria	48 anos	Curitiba	Solteira	Prostituta	Ensino Médio Completo
Isabel	30 anos	Curitiba	Casada	Supervisora de Atendimento	Ensino Superior Completo
Sophie	30 anos	Irati	Namorando	Cabelereira Microempreendedora	Ensino Superior Completo
Sofia	51 anos	Curitiba	Solteira	Advogada e assessora parlamentar	Ensino Superior Completo
Bárbara	33 anos	Curitiba	Casada	Funcionária Pública – concursada	Ensino Superior Completo
Maria Sueli	40 anos	Lapa	Casada	Funcionária Pública – cargo eletivo	Ensino Superior Completo
Vanusa	47 anos	Curitiba	Solteira	Empregada Pública – cargo eletivo	Ensino Médio Completo

Fonte: elaborado pelo autor

3

ESTUDOS DE GÊNERO, TEORIAS FEMINISTAS E A APROXIMAÇÃO COM A(S) TRANSGENERIDADE(S)

A minha entrada na ONG Transgrupo Marcela Prado, em meados de 2011, e o contato com pessoas que me apresentavam, diariamente, uma realidade que não fazia parte do meu cotidiano — afinal, foram-me apresentadas demandas específicas de uma determinada parcela da sociedade com a qual, até aquele momento, eu não havia tido um contato que me permitisse conhecer para além do que o senso comum me apresentou — eu comparo ao mito platônico da caverna, pois

> Esse mito é uma metáfora da condição humana perante o mundo, no que diz respeito à importância do conhecimento filosófico e da educação como forma de superar da ignorância, isto é, a passagem gradativa do senso comum, enquanto visão de mundo e explicação da realidade, para o conhecimento filosófico que é racional, sistemático e organizado (Chauí, 2003; Nicola, 2005).

Inicio este capítulo, no qual busco delinear e traçar um estado da arte dos estudos de gênero até a aproximação destes com as experiências de travestis e transexuais, com uma reflexão sobre o modo como eu (e, provavelmente, outras pessoas também) enxergava as pessoas, em geral, a partir de determinismos biológicos, normalizados, naturais e não questionáveis. Eu cometia o erro de me referir às pessoas travestis e transexuais, em especial, às mulheres, como as "outras" em face às mulheres "de verdade" ou "normais"; erro do qual não me escuso, mas me desculpo, pois fui engolido, por muitos anos, pela vaidade e pela ignorância.

Eu, mesmo sendo um corpo que carrega um pênis e que se relaciona com outros corpos com pênis (Preciado, 2017), não enxergava que minha identidade e subjetividade foi moldada, materializada e fabricada a partir de discursos que me constituíram, mesmo carregando um histórico envolto à violência e abjeção familiar, escolar e social.

O contato com pessoas travestis e transexuais, anterior ao início desta pesquisa, permitiu-me observar que a cisgeneridade que conforma (ou que é conformada pela) a minha identidade é, sim, um marcador linguístico, um construto sobre meu corpo e uma categoria que serve de análise aos estudos sobre o humano; e os estudos sobre gênero, de maneira mais detalhada, guiada e aprofundada, permitiram-me analisar de maneira crítica e mais refinada a forma com que se deu a constituição da minha existência em meio ao social.

Não apenas isso, mas a coincidência temporal entre o recebimento do meu diagnóstico de ser uma pessoa que vive com HIV/Aids e o meu ingresso no Transgrupo Marcela Prado, aliado aos outros diagnósticos que me foram informados, desde bipolaridade, Transtorno de Déficit de Atenção, depressão, Transtorno obsessivo compulsivo, permitiu-me questionar acerca de a quem cabe dizer o que é ser normal? Por quem e a quem foi conferida a autoridade de ditar as normas que regem a normatização e normalização que recai sobre os seres, corpos, identidades e subjetividades? Que complexos e arranjos de conhecimentos permitem que alguém afirme que o outro ou a outra é doente, anormal, incapaz, perigoso/perigosa? No caso das pessoas trans que eu atendi como advogado, em seus processos para retificação de nome e gênero, algo sempre me foi muito incômodo: como e por que foi conferido poder, às ciências da psiquê (psicologia e psiquiatria), para afirmar se alguém é ou não travesti, transexual ou qualquer outra denominação que fuja da "normalidade" emergente do seio do binarismo, que estabelece as díades modernas do masculino e feminino, homem e mulher, macho e fêmea, pênis e vagina? Por que exames e laudos assinados por psicólogas, psicólogos e psiquiatras precisavam ser juntados aos processos judiciais, após acompanhamentos e consultas que variavam de 6 meses a 2 anos, nos quais eram narradas experiências que eram contadas de maneira já instrumentalizada, reflexiva e estratégica, pelas pessoas com quem tive contato na qualidade de advogado e que me narraram, os mesmos fatos, posteriormente, quando da realização das entrevistas para a conclusão desta pesquisa? Por que tais pessoas deveriam se conformar com o uso de um "nome social"? Com relação ao uso desta nomenclatura, Cardoso da Silva (2021, p. 29) salienta que

> [...] o que chamamos de "nome social" já era uma demanda do movimento social de travestis desde a fundação da ASTRAL e uma discussão recorrente nos primeiros

> ENTLAIDS (Encontra Nacional de Travestis e Liberados que Atuam na Prevenção da AIDS)". No início da década de 1990, mesmo sem ter o entendimento de que ser travestis e transexual era uma identidade de gênero feminina, nós, de modo pioneiro, já percebíamos a importância de sermos reconhecidas com os nossos nomes femininos.

A partir dos estudos de gênero que se encampam em uma perspectiva pós-estruturalista, o gênero passa a ser "um conceito em disputa que pode garantir a entrada de mulheres transexuais e travestis no feminismo" (Nascimento, 2021, p. 24), ou seja, torna possível uma aproximação, com as experiências trans, dos feminismos que "têm congregado, em diferentes tempos e espaços, experiências de resistência às desigualdades de gênero" (Nascimento, 2021, p. 24). Conforme bem salienta Haraway (2009, p. 16), "precisamos do poder das teorias críticas modernas sobre como significados e corpos são construídos, não para negar significados e corpos, mas para viver em significados e corpos que tenham a possibilidade de um futuro".

Buscar traçar uma arqueologia ou "desenhar" um estado da arte do movimento feminista, dos feminismos ou das teorias feministas, requer ter em mente que

> O saber feminista designa todo um trabalho histórico, realizado a partir de múltiplas tradições disciplinares (história, sociologia, literatura, ciência política, filosofia, ciências biomédicas etc.); um trabalho de questionamento do que, até então, era comumente mantido fora do âmbito político: os papéis de sexo, a personalidade, a organização familiar, as tarefas domésticas, a sexualidade, o corpo [...] Trata-se de um trabalho de historicização e, consequentemente, de politização do espaço privado, do íntimo, da individualidade, no sentido de que se reintroduz, com isso, o político, isto é, as relações de poder — e, portanto, de conflito — onde antes nos atínhamos às normas naturais ou morais, à matéria dos corpos, às estruturas psíquicas ou culturais, às escolhas individuais. É um trabalho que, ao encontrar as tensões, as crises, as resistências soterradas ao longo da história das mulheres, do gênero ou das sexualidades, tornou possível um pensamento a respeito da historicidade de uma relação de poder considerada a-histórica ("*em todos os lugares e desde sempre as mulheres foram e são dominadas*") (Dorlin, 2021, p. 14, grifos da autora).

Foi o trabalho desenvolvido pelos saberes feministas e sobre os feminismos que "permitiu a emergência de um pensamento crítico acerca do apagamento, do acobertamento e da gestão de conflituidades e resistências por meio e no âmbito dos saberes hegemônicos" (Dorlin, 2021, p. 14). Esse pensamento crítico descentralizado, paradoxalmente, emerge a partir de um caráter local da crítica (Foucault, 2010b), o que não quer dizer, nas palavras de Foucault (2010b, p. 7-8), que se trate de um

> [...] empirismo obtuso, ingênuo ou simplório, o que também não quer dizer ecletismo frouxo, oportunismo, permeabilidade a um empreendimento teórico qualquer, nem tampouco ascetismo um pouco voluntário, que se reduziria ele próprio à maior magreza teórica possível. Creio que esse caráter essencialmente local da crítica indica, de fato, algo que seria uma espécie de produção teórica autônoma, não centralizada, ou seja, que, para estabelecer sua validade, não necessita da chancela de um regime comum.

Com relação aos estudos feministas e sobre os feminismos, estes não apenas não requerem ou requereram a chancela de um regime comum, como o enfrentam e enfrentaram; o que acabou por gerar uma reviravolta do saber (Foucault, 2010b) e a consequente insurreição dos saberes sujeitados (Foucault, 2010b), que, nas palavras de Foucault (2010b, p. 8), são "conteúdos históricos que foram sepultados, mascarados em coerências funcionais ou em sistematizações formais". Ademais, foi com o aparecimento dos conteúdos históricos que "permitiu fazer, tanto do hospício quanto da prisão, a crítica efetiva" (Foucault, 2010b, p. 8).

Embora Foucault, nessa passagem, tenha feito alusão apenas ao hospício e à prisão, ao se referir à importância do aparecimento dos conteúdos históricos para o ocaso de uma teoria crítica, é certo que se pode afirmar o mesmo sobre, por exemplo, as suas pesquisas acerca de uma ciência da sexualidade, ou da *scientia sexualis* (Foucault, 2018a). Afinal,

> [...] os conteúdos históricos podem permitir descobrir a clivagem dos enfrentamentos e das lutas que as ordenações funcionais ou as organizações sistemáticas tiveram como objetivo, justamente, mascarar. Portanto, os "saberes sujeitados" são blocos de saberes históricos que estavam presentes e disfarçados no interior dos conjuntos funcionais e sistemáticos, e que a crítica pôde fazer reaparecer pelos meios, é claro, da erudição (Foucault, 2010b, p. 8).

No que tange aos citados "saberes sujeitados", Foucault (2010b, p. 8-9) diz se referir a

> [...] toda uma série de saberes que estavam desqualificados como saberes não conceituais, como saberes insuficientemente elaborados: saberes ingênuos, saberes hierarquicamente inferiores, saberes abaixo do nível do conhecimento ou da cientificidade requeridos. E foi pelo aparecimento desses saberes de baixo, desses saberes não qualificados, desses saberes desqualificados mesmo, foi pelo reaparecimento desses saberes: o do psiquiatrizado, o do doente, o do enfermeiro, o do médico, mas paralelo e marginal em comparação com o saber médico, o saber do delinquente, etc. — esse saber que denominarei, se quiserem, o "saber das pessoas" (e que não é de modo algum um saber comum, um bom senso, mas, ao contrário, um saber particular, um saber local, regional, um saber diferencial, incapaz de unanimidade e que deve sua força apenas à contundência que opõe a todos aqueles que o rodeiam) —, foi pelo reaparecimento desses saberes locais das pessoas, desses saberes desqualificados, que foi feita a crítica.

Assim sendo,

> [...] o saber feminista se apoia em todo um conjunto de saberes locais, saberes diferenciados e contestadores que foram desqualificados, considerados "incapazes de unanimidade" ou "não conceituais", que dizem respeito à reapropriação de si: de seus corpos, de sua identidade (Dorlin, 2021, p. 15).

Tais saberes se referem ao proposto por Haraway, quando, em sua pesquisa sobre os estudos e movimentos feministas e femininos, salientou que "gostaria de uma doutrina de objetividade corporificada que acomodasse os projetos científicos feministas críticos e paradoxais: objetividade feminista significa, simplesmente, saberes localizados" (Haraway, 2019, p. 18).

Buscando, portanto, localizar os saberes produzidos a partir de uma perspectiva pós-estruturalista da teoria feminista, que admite um recorte a partir das experiências de pessoas travestis e transexuais, traçou-se uma concepção histórica sobre o corpo hermafrodita, para que se recaísse em estudos, teorias e análises feitas e propostas sobre corpos trans. Assim como o foi para Foucault (2010b, p. 201),

> [...] parece-me que um dos fenômenos fundamentais do século XIX foi, é o que se poderia denominar a assunção da vida pelo poder: se vocês preferirem, uma tomada de poder sobre o homem enquanto ser vivo, uma espécie de estatização do biológico ou, pelo menos, uma certa inclinação que conduz ao que se poderia chamar de estatização do biológico.

A estatização do biológico, aliado aos novos saberes localizados que emergiam e que produziam tensões sobre os corpos, sobre as identidades das mulheres e sobre a suposta "condição feminina" (Dorlin, 2021) fez com que o pessoal se tornasse político (Beauvoir, 2019a). E, a partir desta "transformação da consciência de si das mulheres, com o questionamento de tornar-se 'mulher' a que cada uma estava submetida, produziu um sujeito — 'as mulheres'— que é uma identidade política" (Dorlin, 2021, p. 16).

3.1 DISCURSO E PODER: UMA GÊNESE NECESSÁRIA AOS ESTUDOS FEMINISTAS E AO TEMA DESTE TRABALHO

Com base no que já foi exposto em capítulo anterior, pode-se afirmar que o conceito de gênero não foi "inventado" pelo saber feminista, tendo em vista que sua origem remete aos estudos científicos publicados e realizados por equipes médicas e pesquisadores/pesquisadoras das ciências "psi", durante a primeira metade do século XX, em especial sobre as pessoas então denominadas como hermafroditas (Dorlin, 2021). Em sua análise arqueológica e histórica do conceito teórico e científico conferido ao "gênero", Dorlin (2021, p. 35) afirma que "foram os médicos comprometidos com o 'tratamento' — sobretudo hormonal e cirúrgico — da intersexualidade, isto é, com os protocolos de redesignação de sexo, que definiram o que inicialmente foi chamado de 'papel de gênero'".

Nesse referido período, os tratamentos médicos, cirúrgicos e psiquiátricos intervinham em corpos, hoje denominados intersexo, "[...] para lhes designar não um sexo (afinal, eles já têm um), mas o *sexo correto*" (Dorlin, 2021, p. 36, grifo da autora), com base em um discurso médico-legal que promoveu a identificação dos corpos errados (Foucault, 2010b).

Então,

> [...] graças às operações cirúrgicas, aos tratamentos hormonais, ao acompanhamento psicológico, o "sexo correto"

> consiste essencialmente em um aparelho genital macho ou fêmea "plausível", em um comportamento sexual "coerente", a começar pelo comportamento sexual que deve ser "normalmente" heterossexual (Dorlin, 2021, p. 36).

E serão, inclusive, os ditos "êxitos", em procedimentos de intervenção médico-psiquiátrica-cirúrgica, em pessoas intersexos, que levará, alguns pesquisadores/pesquisadoras do tema e médicos/médicas, a conceber o sexo biológico como "[...] um fato relativamente flexível, aleatório e pouco restritivo em matéria de identidade sexual, isto é, de papéis de gênero e comportamento sexuais" (Dorlin, 2021, p. 36).

John Money, médico especialista em intersexualidade, em 1952, nos Estados Unidos, declarou, em sua tese de doutorado intitulada *Hermaproditism: na Inquiry into the Nature of a Human Paradox*, que o comportamento sexual ou a orientação para sexo macho ou fêmea não possui um fundamento que lhe seja inerente (Money, 1952). O próprio conceito de gênero está intimamente ligado ao caso de Bruce/Brenda, que foi narrado por Money na publicação intitulada *"Man & Woman, Boy & Girl"*. Bruce era um garotinho que, com apenas 9 meses, foi submetido a um procedimento de circuncisão, que acabou por deixá-lo sem o pênis. Após isso, com aproximadamente 2 anos de idade, Money "considerou que a melhor opção era 'redesignar' sexualmente a criança, tornando-a uma menina. Um menino 'biológico' afinal não pode ter uma identidade sexual 'normal' sem pênis" (Dorlin, 2021, p. 37).

Money se baseou no conhecimento envolto nos estudos da sexualidade humana, nos quais o sexo biológico determina o papel de gênero, e que impõe, por fim, as práticas sexuais e o comportamento social do sujeito. O referido médico fez uso de Bruce como cobaia, castrando-o e submetendo-o a um processo de tratamento hormonal; para Dorlin (2021, p. 37), "Money realizou em Bruce uma das primeiras operações no âmbito do que se tornaria, alguns anos mais tarde, o tratamento médico da transexualidade".

Money, então, a partir da cirurgia que redesignou o aparelho genital de Bruce, para fazer surgir ou nascer Brenda, tornou palatável a

> [...] flexibilidade da divisão sexo/gênero. Em outras palavras, o sexo biológico não determina a identidade sexual dos indivíduos (de gênero e sexualidade); essa identidade é *reconstruível* e, consequentemente, *construível*, determinável por meio de uma intervenção técnica exógena (Dorlin, 2021, p. 38).

Porém, conforme bem destaca Dorlin (2021, p. 38),

> De fato, John Money é, por um lado, relativamente indiferente ao processo biológico da sexuação: o biológico só lhe interessa na medida em que testemunha uma plasticidade efetiva. Por outro lado, o que ele busca preservar é a binariedade da identidade sexual. No fundo, o que comumente chamamos de "sexo biológico" remete muito mais a papéis e comportamentos sexuais do que a um processo biológico de sexuação.

Essa concepção de sexo como resultado de fatores exógenos em detrimento de causas ou fatores endógenos

> [...] coloca em questão não apenas a causalidade "natural" do sexo (macho e fêmea) em relação ao gênero (homem e mulher) e à sexualidade (heterossexualidade), defendida pela maioria dos escritos médicos do século XIX, mas a nossa própria definição de sexo biológico (Dorlin, 2021, p. 38),

que possui estreita relação com a biopolítica da espécie humana (Foucault, 2010b).

Essa biopolítica, instaurada, especialmente, durante o século XVIII, é uma nova tecnologia do poder que, segundo Foucault (2010b, p. 204),

> [...] trata-se de um conjunto de processos como a proporção dos nascimentos e dos óbitos, a taxa de reprodução, a fecundidade de uma população etc. São esses processos de natalidade, de mortalidade, de longevidade que, justamente na metade do século XVIII, juntamente com uma porção de problemas econômicos e políticos (os quais não retomo agora), constituíram, acho eu, os primeiros objetos de saber e os primeiros alvos de controle dessa biopolítica.

Fenômenos naturais, doenças, pestes, pandemias e guerras que assolaram populações até o século XVIII,

> [...] trazem a introdução de uma medicina que vai ter, agora, a função maior da higiene pública, com organismos de coordenação, dos tratamentos médicos, de centralização da informação, de normalização do saber, e que adquire também o aspecto de campanha de aprendizagem da higiene e de medicalização da população. Portanto, problemas da reprodução, da natalidade, problema de morbidade também (Foucault, 2010b, p. 205).

Durante esse período, não se tratou de considerar o indivíduo em sua particularidade, mas, pelo contrário, de estabelecer "mecanismos globais, de agir de tal maneira que se obtenham estados globais em equilíbrio, de regularidade; em resumo, de levar em conta a vida, os processos biológicos do homem-espécie e de assegurar sobre ele não uma disciplina, mas uma regulamentação" (Foucault, 2010b, p. 207). Portanto,

> [...] a biopolítica vai se dirigir, em suma, aos acontecimentos aleatórios que ocorrem numa população considerada a sua duração. [...] E eis que agora aparece um poder que eu chamaria de regulamentação e que consiste, [...] em fazer viver e em deixar morrer (Foucault, 2010b, p. 207).

É no interior desse eixo da biopolítica que se percebeu instaurada, a partir do século XIX, a sexualidade como domínio do saber-poder. Com relação aos motivos pelos quais aquela se tornou um campo cuja estratégia foi latente, Foucault (2010b, p. 211-212) expõe:

> Eu creio que, se a sexualidade foi importante, foi por uma porção de razoes, mas em especial houve estas: de um lado, a sexualidade, enquanto comportamento exatamente corporal, depende de um controle disciplinar, individualizante, em forma de vigilância permanente (e os famosos controles, por exemplo, da masturbação que foram exercidos sobre as crianças desde o fim do século XVIII até o século XX, e isto no meio familiar, no meio escolar, etc., representam exatamente esse lado de controle disciplinar da sexualidade); e depois, por outro lado, a sexualidade se insere e adquire efeito, por seus efeitos procriadores, em processos biológicos amplos que concernem não mais ao corpo do indivíduo mas a esse elemento, a essa unidade múltipla constituída pela população. A sexualidade está exatamente na encruzilhada do corpo e da população. Portanto, ela depende da disciplina, mas depende também da regulamentação.

Essa população[45], que, para Foucault, reflete problemas de governo causados pela expansão demográfica na Europa, no século XVIII, converteu-se, a partir de então, no objetivo último do governo, com o surgimento

---

[45] População, aqui, deve ser entendida como "um conjunto de seres vivos e coexistentes, que apresentem traços biológicos e patológicos particulares, e que, por conseguinte, dizem respeito a técnicas e saberes específicos. E a própria 'biopolítica' deve ser compreendida a partir de um tema desenvolvido desde o século XVII: a gestão das forças estatais" (Foucault, 1997, p. 86).

de novas técnicas de governar e da ideia, por exemplo, de economia política. Resultado desta regulamentação sobre corpos que formam uma população, "bem como a extrema valorização médica da sexualidade no século XIX teve, assim creio, seu princípio nessa posição privilegiada da sexualidade entre organismo e população, entre corpo e fenômenos globais" (Foucault, 2010, p. 212).

Essa posição, chamada por Foucault como privilegiada, acabou por impor à sexualidade um rigor disciplinar que, para além de exercer o controle, a normalização e a fiscalização sobre os corpos que compunham determinada população, impedissem que, sobre as futuras gerações, decaísse, pela hereditariedade, um mal decorrente de uma sexualidade devassa e perturbada pelas gerações anteriores. A esse fato ou episódio, Foucault deu o nome de teoria da degenerescência (Foucault, 2010b), por meio da qual, aliada aos efeitos disciplinares e regulamentadores do poder-saber médico-legal, salientar-se-á que "a sexualidade, na medida em que está no foco de doenças individuais e uma vez que está, por outro lado, no núcleo da degenerescência, representa exatamente esse ponto de articulação do disciplinar e do regulamentador, do corpo e da população" (Foucault, 2010b, p. 212).

Para Foucault (2010b, p. 212), "a medicina é um poder-saber que incide ao mesmo tempo sobre o corpo e sobre a população, sobre o organismo e sobre os processos biológicos e que vai, portanto, ter efeitos disciplinares e efeitos regulamentadores"; bem como, de maneira mais geral,

> [...] o elemento que vai circular entre o disciplinar e o regulamentador, que vai se aplicar, da mesma forma, ao corpo e à população, que permite a um só tempo controlar a ordem disciplinar do corpo e os acontecimentos aleatórios de uma multiplicidade biológica, esse elemento que circula entre um e outro é a "norma". A norma é o que pode tanto se aplicar a um corpo que se quer disciplinar quanto a uma população que se quer regulamentar (Foucault, 2010b, p. 212-213).

A norma, citada por Foucault, cria o que o autor denomina como sociedade de normalização, que é

> [...] uma sociedade em que se cruzam, conforme uma articulação ortogonal, a norma da disciplina e a norma de regulamentação. Dizer que o poder, no século XIX, tomou possa da vida, dizer pelo menos que o poder, no século XIX, incumbiu-se da vida, é dizer que ele conseguiu cobrir toda

> a superfície que se entende do orgânico ao biológico, do corpo à população, mediante o jogo duplo das tecnologias de disciplina, e das tecnologias de regulamentação, de outra (Foucault, 2010, p. 213).

Em meio ao surgimento da sociedade que disciplina, regulamenta e normaliza a população e os corpos que a compõem, seja por meio de normas jurídicas, seja pelos discursos médico-legais revestidos de um poder capilarizado, de baixo para cima e que ocupa todas as esferas da vida (Foucault, 2018c), "somos julgados, condenados, classificados, obrigados a desempenhar tarefas e destinados a um certo modo de viver ou morrer em função dos discursos verdadeiros que trazem consigo efeitos específicos de poder" (Foucault, 2018c, p. 279).

Foucault recusa-se a pensar o poder enquanto coisa ou substância, as quais seriam possuídas por uns e extorquidas de outros. O poder, para ele, opera de modo difuso, capilar, espalhando-se por uma rede social que inclui instituições diversas como a família, a escola, o hospital, a clínica. Ele é, por assim dizer, um conjunto de relações de força multilaterais (Foucault, 2018c), que, em uma sociedade como a nossa, "mas, no fundo, em qualquer sociedade, [...] atravessam, caracterizam e constituem o corpo social e que [...] não podem se dissociar, se estabelecer nem funcionar sem uma produção, uma acumulação, uma circulação e um funcionamento do discurso" (Foucault, 2018c, p. 278-279).

Foi a partir do discurso que se instalou uma "polícia do sexo, isto é, a necessidade de regular o sexo por meio de discursos úteis e públicos e não pelo rigor de uma proibição" (Foucault, 2018a, p. 28). E isso, em especial, porque

> [...] é verdade que já há muito tempo se afirmava que um país devia ser povoado se quisesse ser rico e poderoso. Mas é a primeira vez em que, pelo menos de maneira constante, uma sociedade afirma que seu futuro e sua fortuna estão ligados não somente ao número e à virtude dos cidadãos, não apenas às regras de casamentos e à organização familiar, mas à maneira como cada qual usa seu sexo (Foucault, 2018a, p. 29).

Nesse contexto, "entre o Estado e o indivíduo, o sexo tornou-se objeto de disputa, e disputa pública; toda uma teia de discursos, de saberes, de análise e de injunções o investiram" (Foucault, 2018a, p. 30) de tal sorte, que a explosão discursiva dos séculos XVIII e XIX provocou "um movimento centrífugo em relação à monogamia heterossexual [...] e a extração de uma dimensão específica da 'contra natureza' no campo da sexualidade" (Foucault, 2018a, p. 42-43). Nessa ordem do discurso, a sodomia, por exemplo, que antes se constituía em uma prática sexual alinhada à ordem dos prazeres e à forma com que se organizava determinada sociedade, torna o sodomita um reincidente, e o homossexual uma espécie (Foucault, 2018a).

É a partir do "nascimento do homossexual" como espécie que, no século XIX, o "heterossexual" é inventado, "para designar o que à época era considerado uma perversão sexual: a bissexualidade (atração sexual pelos dois sexos)" (Dorlin, 2021, p. 38). Conforme destaca Dorlin (2021, p. 39, grifos da autora),

> Em 1985, quando aparece a tradução francesa da obra de referência do doutor vienense Richard Von Krafft-Eding, *Psychopathia Sexualis*, o termo "heterossexual" designa o contrário do "instinto sexual patológico", isto é, o instinto sexual cuja finalidade é a procriação. A finalidade procriadora permanece inconsciente no ato sexual, mas ela permite distinguir o ato sexual "desviante", "patológico", do ato sexual "natural", "normal", assim como as personalidades que lhes são associadas. Todas as "patologias" sexuais, a começar pela homossexualidade — mas também as patologias heterossexuais, como o fetichismo ou qualquer ato não procriador, por exemplo —, serão definidas como uma perversão do instinto sexual, ou mesmo como uma inversão da identidade sexual. Doravante, a heterossexualidade designa exclusivamente, e de forma duradoura, a heterossexualização do desejo erótico e a predisposição à reprodução.

A heterossexualidade tem como postulado, portanto, a diferença sexual e se reflete em processos de sexuação, que acabam por retirar da anatomia do corpo todas as respostas para o sexo e a demonstrar que "sempre está presente, no que comumente compreendemos como 'sexo biológico' dos indivíduos, gênero e traços de uma gestão social da reprodução, isto é, uma identidade sexual (de gênero e de sexualidade) imposta, designada" (Dorlin, 2021, p. 39).

Nesse ínterim, Katz (1996, p. 39-40, grifos do autor) salienta que

> Sem rejeitar a velha norma reprodutiva, Krafft-Ebing introduziu o novo termo heterossexual. No século XX, ele pas-

sou a significar uma sexualidade relativa ao sexo oposto totalmente desvinculada da reprodução. Seu uso do termo heterossexual começou a afastar a sua discussão sobre o sexo ideal reprodutivo vitoriando e a levá-lo na direção da norma erótica moderna do sexo vigente. Seu texto é de transição, situando-se em um espaço entre o vitoriano e o moderno. O uso de Krafft-Ebing da palavra *hetero-sexual* para significar um erotismo normal de sexo diferenciado indicou um primeiro afastamento histórico da centenária norma reprodutiva. Seu uso dos termos *hetero-sexual* e *homo-sexual* ajudou a tornar a diferença entre os sexos e o eros as características distintas básicas de uma nova ordem social, linguística e conceitual do desejo. Seus *hetero-sexual* e *homo-sexual* ofereceram ao mundo moderno dois erotismos de sexo diferenciado, um normal e bom, outro anormal e ruim, uma divisão que viria a dominar a nossa visão do século XX do universo sexual.

A partir de tais conceitos e discursos, categorias como sexo e gênero passam a ser temas centrais dos movimentos e teorias feministas, sobre os feminismos e sobre gênero, que emergem a partir do século XIX, para "formulações que associam gênero às opressões vividas por mulheres" (Nascimento, 2021, p. 31).

3.2 ESTUDOS DE GÊNERO – UM LAMPEJO SOBRE AS TRÊS "ONDAS" FEMINISTAS

Conforme exposto por Veras (2019, p. 32, grifos do autor),

A antropologia e a sociologia foram pioneiras nas discussões de temas relacionados às experiências trans, obrigando-nos a fazer uma incômoda pergunta: por que os/as historiadores/as se dedicaram tão timidamente aos estudos das experiências homossexuais e trans? [...] Os silêncios da história acerca da temática das homossexualidades e trans tornam-se evidentes se nos lembrarmos de que, desde a segunda metade do século XX, a escrita da história, seja aquela praticada a partir de uma perspectiva marxista, seja aquela afinada com o pensamento da escola dos *Annales*, introduziu em cena uma série de novos sujeitos, novas abordagens e novas problemáticas "marginais". Porém, a exclusão de experiências trans do horizonte de análise dos/as historiadores/as demonstra que, nem mesmo como "marginalizados/as", estes/as apareceram na historiografia.

Porém, a partir de uma análise do exposto por Veras (2019), questionando o papel desempenhado pela história na inclusão das identidades que se encontram para além dos escritos femininos que causaram reviravoltas sociais e acadêmicas, até meados do século XVIII — como, por exemplo, as proposições de Marie de Gournay (1565–1645) à rainha da França, Ana de Áustria, por meio da carta "Igualdade entre homens e mulheres"; a "Declaração dos direitos da mulher e da cidadã", de Olympe de Gouges (1748–1793); ou a "A reivindicação dos direitos da mulher", de Mary Wollstonecraft (1759–1797), em um contexto norte-americano (Rovere, 2019) —, saliento o histórico discurso proferido por Sojourner Truth, em Ohio, em 1851, que faz o seguinte questionamento: "E eu não sou uma mulher?". Conforme exposto por Nascimento (2021, p. 17), "a pergunta desestabiliza a concepção universal de mulher".

Os estudos sobre os gêneros, inicialmente, nas palavras de Bento (2017a, p. 66),

> [...] elaboraram construtos para explicar a subordinação da mulher calcados na tradição do pensamento moderno que, por sua vez, opera sua interpretação sobre as oposições dos gêneros na sociedade a partir de uma perspectiva oposicional binária e de caráter universal.

De acordo com Weeks (1993),

> [...] a maioria das feministas da "primeira onda", que ocorreu no final do século XIX, levada a cabo pelas sufragistas, enfatizava sua respeitabilidade sexual; nos primeiros tempos da "segunda onda", nos anos 60, notou-se uma hostilidade clara às mulheres lésbicas.

A mulher universal, até então constante nos estudos e escritos feministas, passou a ser contestada frente a outras mulheres que tinham a sua identidade invisibilizada, por não reificarem o ideal imagético criada no entorno da mulher branca, europeia, de classe média, heterossexual e judaico-cristã.

Não apenas os discursos e escritos lésbicos passaram a repercutir no interior dos movimentos feministas e da produção acadêmica que começa a ingressar nas Universidades, como, também, por exemplo, o discurso de Sojourner Truth, "mulher negra, traz à tona o fato de que mulheres negras vivem suas feminilidades de forma diferente das mulheres brancas" (Nascimento, 2021, p. 17). Com bem enfatiza Bento (2017a, p. 74), "o heterossexismo generalizado nas teorias feministas não possibilitou escutar vozes oprimidas que exprimiriam outro tipo de exclusão: o da sexualidade diferente".

Vai ser sob essa mesma ótica crítica que os estudos sobre travestilidades e transexualidades irão questionar a identidade da mulher que foi objeto de análise e de demarcação histórica-social até o denominado feminismo de segunda onda, que tem como um de seus expoentes a obra *O segundo sexo*, de Simone de Beauvoir (2019b). Conforme bem destaca Bento (2017a, p. 66-67),

> Ao afirmar que "*a mulher não nasce, torna-se*", Beauvoir buscava mostrar os mecanismos que dão consistência ao "tornar-se", constituindo um movimento teórico de desnaturalização da identidade feminina. Mas desnaturalizar não é sinônimo de dessencializar. Ao contrário, à medida em que se apontavam os interesses que posicionam a mulher como inferior por uma suposta condição biológica, as posições universalistas reforçaram, em boa medida, a essencialização dos gêneros, uma vez que tendem a cristalizar as identidades em posições fixas. [...] O homem, para Beauvoir, representa o sujeito universal; e a mulher, por sua vez, seria o outro absoluto. Dessa forma, elas são mulheres em virtude de sua estrutura fisiológica; por mais que se remonte na história, sempre estiveram subordinadas ao homem.

As pesquisas e teorias que contemplam os estudos de gênero, por algumas décadas, mantiveram-se embasadas em uma teoria da diferença entre sexo e gênero, na qual

> [...] "el sexo" se refería a la biología humana, y el "género", a los factores sociales y culturales. La "feminidad" y la "masculinidad", tal como eran construidos por una determinada cultura y un período histórico, se concebían como el efecto de la interacción entre estas dos causas parciales. La dicotomía sexo/género parecía prometedora y de gran utilidad en la lucha feminista para desnaturalizar el esencialismo (Soley-Beltran, 2009, p. 15).

Conforme bem salienta Soley-Beltran (2009, p. 15), "el término 'esencialismo' se refiere aquí a la presunción de características universales en la definición de las mujeres y de los hombres, como colectivos".

Os questionamentos e tensionamentos no entorno das díades natureza/cultura e sexo/gênero, até então propagados pelos estudos feministas da diferença, começam a tomar fôlego e a "invadir" os ambientes acadêmicos, a partir de meados da década de 70 e início da década de 80 do século XX, como demonstra, por exemplo, a análise proposta por Scott (1995), com relação ao uso do termo "gênero", nas produções sobre feminismos e feministas norte-americanas:

> Na sua utilização mais recente, o termo "gênero" parece ter feito sua aparição inicial entre as feministas americanas, que queriam enfatizar o caráter fundamentalmente social das distinções baseadas no sexo. A palavra indica uma rejeição do determinismo biológico implícito no uso de termos como "sexo" ou "diferença sexual". O termo "gênero" enfatizava igualmente o aspecto relacional das definições normativas da feminilidade. Aquelas que estavam preocupadas pelo fato de que a produção de estudos sobre mulheres se centrava nas mulheres de maneira demasiado estreita e separada utilizaram o termo "gênero" para introduzir uma noção relacional em nosso vocabulário analítico (Scott, 1995, p. 72).

Em contrassenso à concepção teoricamente clássica utilizada em estudos sobre "gênero" — nos quais falar sobre gênero indicaria estar falando necessariamente sobre mulheres ou sobre mulheres em contraposição aos homens —, Scott, então, propõe, uma interpretação do gênero como uma categoria útil de análise histórica. As díades entre natureza/cultura e sexo/natureza começam, então, a ser questionadas e, conforme bem destaca Bento (2017a, p. 71), "Joan Scott foi fundamental para esse momento. A autora aponta a necessidade de se criar instrumentos analíticos que possibilitem ao/a cientista se descolar da empiria. Para ela, os estudos sobre a mulher eram mais descritivos do que analíticos".

Porém, tecendo uma análise crítica ao proposto por Scott, sem, contudo, retirar-lhe a importância, Bento expõe que

> Caso Scott estivesse tratando do nível descritivo das relações binárias entre os gêneros, sua definição seria mais apropriada; no entanto, quando se propõe a fornecer um instrumental analítico de compreensão dessa realidade, cristalizando o conceito no referente binário, reforça essa mesma estrutura, gerando o que se poderia chamar de movimento tautológico. Parece, então, que há uma certa contradição entre a definição conceitual e o objetivo proposto, qual seja, descobrir o que leva à aparência de uma permanência intemporal na representação binário e hie-

rarquizada entre os gêneros, ao mesmo tempo em que o conceito se fundamenta na diferença, não como jogo de produção de diferenças infinitas, como proporá Derrida com sua *differánce*, mas na diferença do sexo (Bento, 2017a, p. 72).

A diferença dos ou entre os sexos, imbricada na distinção entre sexo e gênero embasada pelos discursos médico-biológicos,

> [...] tambien há sembrado dudas sobre su utilidad para el feminismo, particularmente en relación a la "mujer" como categoría política. La incorporación de mujeres no anglosajonas, no blancas y no heterasexuales al feminismo conllevó problemáticas diferentes que cuestionaran la categoría unificadora "mujer" como parcial y culturalmente centrada en Occidente. El marco rígidamente dicotómico del paradigma de la identidad de género fue criticado par ser etnocéntrico, individualista y dominado por los hombres, así como por ser objetificador (Soley-Beltran, 2009, p. 18).

Desde o fim dos anos 1980, a distinção entre sexo e gênero "encontra seu limite pelo fato de que a desnaturalização dos atributos do feminismo e do masculino tem, ao mesmo tempo, redelimitado e, com isso, reafirmado as fronteiras da natureza. Ao desnaturalizar o gênero, reificou-se a naturalidade do sexo" (Dorlin, 2021, p. 41). Afinal, a naturalização do sexo, a partir de um discurso biológico, e a sua redução às díades entre macho e fêmea, homem e mulher, masculino e feminino, serviu à naturalização de uma relação social, que se estabeleceu em uma matriz que lhe conferiu um status de "normalidade" e "naturalidade" (Dorlin, 2021).

A partir de uma reflexão crítica sobre a negligência do processo de sexuação, "muitas pesquisas no âmbito da história, da sociologia e da filosofia das ciências concentraram-se no sexo biológico e conceberam uma nova conceituação do gênero" (Dorlin, 2021, p. 41). Laqueur (2001) evidencia, a partir de sua pesquisa, a invenção historicizada do sexo e a sua bicategorização entre homem e mulher; Scott (1988) defende que "o gênero não é mais pensado como o 'conteúdo' cambiante de um 'recipiente' imutável, mas como um conceito crítico, uma 'categoria de análise histórica'" (Dorlin, 2021, p. 42), bem como as pesquisas desenvolvidas pela bióloga Anne Fausto-Sterling, enquanto professora do departamento de biologia molecular e celular na Brown University e especialista em teoria feminista, "mostram, por exemplo, que a classificação dos fenômenos de sexuação em dois sexos é errônea" (Dorlin, 2021, p. 43). Isso não significa que toda classificação se torne ou se apresente como impossível, "mas, que, se levarmos em conta o conjunto dos níveis de sexuação (físico, anatômico, cromossômico), existe muito mais do que dois sexos (masculino/feminino)" (Dorlin, 2021, p. 43).

Gayle Rubin, antropóloga cultural americana também conhecida como ativista e teórica da política de sexo e gênero, em conferência realizada em 1982, *Scholar and Feminist*", no Barnard College, em Nova York, denuncia que

> O domínio da sexualidade também tem uma política interna, desigualdades e modos de opressão próprios. Assim como acontece com outros aspectos do comportamento humano, as formas institucionais concretas da sexualidade em determinado tempo e lugar são produto da atividade humana. Elas são permeadas por conflitos de interesse e manobras políticas, tanto deliberadas quanto incidentais. Nesse sentido, o sexo é sempre político (Rubin, 2017, p. 64).

Fazendo alusão a Foucault e à sua *História da Sexualidade*, Rubin (2017, p. 78) destaca que este "foi o mais influente e emblemático texto do novo conjunto de reflexões sobre o sexo. Foucault critica a visão tradicional da sexualidade como impulso da libido para se liberar da coerção social". A autora, com base em suas concepções críticas acerca do construto dimórfico natural que, até então, tinham exercido uma grande influência nos estudos de gênero, salienta que "os organismos humanos dotados de cérebros humanos são necessários para as culturas humanas, mas nenhum exame do corpo ou de suas partes é capaz de explicar a natureza e a variedade dos sistemas sociais humanos" (Rubin, 2017, p. 79) e, em arremate, que

> É impossível pensar com clareza as políticas de raça ou gênero enquanto elas forem consideradas entidades biológicas, e não construções sociais. Do mesmo modo, a sexualidade é impermeável à análise política se for concebida primariamente como um fenômeno biológico ou um aspecto da psicologia individual. A sexualidade é tão produto da atividade humana como o são as dietas, os meios de transporte, os sistemas de etiqueta, as formas de trabalho, as formas de entretenimento, os processos de produção e os modos de opressão.

Reconhecida a sexualidade como um construto humano, a crítica que Rubin tece a setores do movimento feminista estadunidense que se identificam com a política moralizante do Estado do governo Reagan "a conduz a se perguntar se a teoria da opressão dos gêneros, desenvolvida historicamente pelo feminismo, a qualificaria, automaticamente, enquanto uma teoria da opressão sexual" (Bento, 2017a, p. 76). Em sua reflexão, Rubin (2017, p. 83) destaca que

> [...] atualmente, as classes sexuais mais desprezadas incluem travestis, transexuais, fetichistas, sadomasoquistas, profissionais do sexo, como as prostitutas e os modelos pornográficos e, a mais baixa de todas, aquela cujo erotismo transgride as fronteiras geracionais.

Bento (2017a, p. 76) assevera que, "de certa forma, essa preocupação orientará o livro *Gender and Trouble*, de Judith Butler (1999). Entre outros aspectos, Butler polemizará com as teóricas feministas que vinculam o gênero a uma estrutura binária que leva no seu interior a pressuposição da heterossexualidade". Heterossexualidade esta que carrega consigo uma sexualidade hegemônica e que se impõe por intermédio do que ela chamou de "matriz heterossexual" (Butler, 2017a), "como um marco culturalmente específico que regula la identidad de género" (Soley-Beltran, 2009, p. 19). Butler, ao fundamentar as suas teses sobre a heterossexualidade enquanto a matriz de inteligibilidade dos gêneros, fez uso das teorias de Monique Wittig (2001), sobre o "contrato heterossexual", e de Adrienne Rich (1981), sobre "heterossexualidade obrigatória".

Butler "invierte el discurso hegemónico de la matriz heterosexual sobre el sexo al argumentar que las diferencias de género socialmente creadas se naturalizan como sexo, en lugar de ser el producto de un cuerpo 'natural' que nos viene dado" (Soley-Beltran, 2009, p. 19).

O estudo, então,

> [...] da sexualidade hegemônica, ou da norma heterossexual, e das sexualidades divergentes exige o desenvolvimento de análises que, embora vinculadas ao gênero, apresentem autonomia em relação a ele, o que significa problematizar e enfrentar a heterossexualidade como a matriz que seguia orientando o olhar das/os feministas (Bento, 2017a, p. 73).

As discussões, teorias e análises críticas que fundamentam a presente pesquisa, ou seja, a partir de uma análise dos estudos feministas, sob uma perspectiva pós-estruturalista, com um recorte a partir das experiências trans, encontram aqui, neste terceiro momento ou onda, dos estudos de gênero, a sua base e referencial teóricos. Inclusive, porque

> As questões que irão marcar o terceiro momento dos estudos de gênero dizem respeito à problematização da vinculação entre gênero, sexualidade e subjetividade, perpassadas por uma leitura do corpo como um significante em permanente processo de construção e com significados múltiplos. A ideia do múltiplo, da desnaturalização, da legitimidade das sexualidades divergentes, das histórias das tecnologias para a produção de "sexos verdadeiros", adquire o *status* teórico que, embora vinculado aos estudos das relações de gênero, cobra um estatuto próprio (Bento, 2017a, p. 76-77, grifos da autora).

Esse estatuto próprio revisita o conceito de gênero, desde a sua gênese, desmistificando a mulher original do feminismo, vítima de patriarcado universal, que carrega consigo uma identidade e subjetividade natural inatas, que não é trans, é heterossexual, branca, de classe média, magra, europeia ou de descendência europeia e sem deficiências — "que ocupa uma posição superior e de privilégio social, sendo o ideal performativo a ser alcançado por todas as mulheres" (Nascimento, 2021, p. 26).

Revisita, ainda, os conceitos de mulher, opressão e patriarcado, que são centrais para algumas feministas radicais da segunda onda, por meio dos quais se passou a compreender a mulher, ainda universal, não trans, branca, de classe média, magra, europeia ou de descendência europeia e sem deficiências, na perspectiva da diferenciação sexual em relação ao homem (Piscitelli, 2002). Cabe salientar que, no decorrer da década de 60, ainda no interstício da chamada segunda onda do movimento feminista,

> [...] o conceito de gênero passou a ser desenvolvido para combater dentro do próprio feminismo discursos essencialistas que buscavam a "natureza feminina". As feministas passaram, então, a estruturar o conceito de gênero de modo a compreendê-lo em dimensões culturais e históricas, tentando evitar a compreensão da mulher como algo universal (Nascimento, 2021, p. 29-30).

Simone de Beauvoir (2019b), conforme já exposto, foi um dos expoentes dessa segunda onda que, nas palavras de Saffioti (1999), apresentou uma premissa de que o "tornar-se mulher" exige um processo de aprendizagem, ou, ainda, de construção, uma vez que as feminilidades não são dados da natureza biológica. E é principalmente por não se tratar de algo dado, prévio, imutável e natural, que a concepção sobre o termo mulher é retratada a partir da sua coletividade, multiplicidade e diversidade, o que coloca, no plural, "as mulheres" e "as feminilidades" em voga nos estudos de gênero.

> Trabalhos como os de Audre Lorde, Adrienne Rich, Patricia Hill Collins, Monique Wittig, Sandra Harding e Angela Davis, entre outras, que, em suas análises, contribuíram para o avanço teórico do feminismo, rompendo com a hegemonia da mulher cis, magra e sem deficiência (Nascimento, 2021, p. 35),

ganham destaque ao assinalarem que "as questões de gênero, raça, etnia, classe, sexualidade, orientação sexual e nacionalidade têm impacto nas opressões vividas por mulheres" (Nascimento, 2021, p. 35).

Ademais, há salientar que, conforme bem salienta Braz (2018, p. 80),

> [...] o indivíduo seria um ideal, uma representação ideacional, que deve ser distinguido do agente empírico presente em todas as sociedades. No plano empírico, mesmo nas modernas sociedades ocidentais, há sempre pessoas marcadas por uma série de diferenciações (Strathern & Lambek, 1998). Isso implica em abrir mão de teorias que pensam o gênero e a sexualidade em termos de identidades fixas e essencializadas, rumo a uma visão aberta e fragmentária em torno de uma produção de tais identidades enquanto múltiplas e contextuais.

A revisitação dessas categorias, em sua perspectiva social-histórica-científica, permitiu com que novas possibilidades de sujeitas, de corporalidades, de prazeres, de desejos, fossem inquiridas a partir de uma perspectiva teórica-acadêmica plural, para além dos pressupostos binários de sexo e gênero, admitindo, portanto, a tais teorias, temas, hipóteses e produções uma aproximação com as perspectivas trans.

Judith Butler, no prefácio da sua obra *Corpos que Importam* (2019b), enfatiza ter descoberto, após a publicação e a recepção de críticas à sua obra anterior, *Problemas de gênero* (2017a), que "não podemos fixar corpos como simples objetos do pensamento" (Butler, 2019b, p. 9), como algo que existe por si só, de maneira pré-constituída, anterior aos significados que lhes são inscritos pelo entorno social e cultural.

É com esteio nessa percepção que Butler tece críticas à teoria feminista que permeava tanto os estudos sobre as mulheres quanto o próprio movimento social, até, aproximadamente, a década de 1970. A filósofa, logo no início da sua obra *Problemas de gênero*, salienta que

> Em sua essência, a teoria feminista tem presumido que existe uma identidade definida, compreendida pela categoria de mulheres, que não só deflagra os interesses e objetivos feministas no interior do próprio discurso, mas constitui o sujeito mesmo em nome de quem a representação política é almejada. Mas *política* e *representação* são termos polêmicos. Por um lado, *representação* serve como termo operacional no seio de um processo político que buscar estender visibilidade e legitimidade às mulheres, como sujeitos políticos; por outro lado, a representação é a função normativa de uma linguagem que revelaria ou distorceria o que é tido como verdadeiro sobre a categoria das mulheres (Butler, 2017a, p. 17-18, grifos da autora).

Desse modo, Butler salienta ser significativa

> [...] a quantidade de material ensaístico que não só questiona a viabilidade do "sujeito" como candidato último à representação, ou mesmo à libertação, como indica que é muito pequena, afinal, a concordância quanto ao que constitui, ou deveria constituir, a categoria das mulheres (Butler, 2017a, p. 18).

Isso porque, para que as representações possam ser expandidas, há que se atender as qualificações do "ser sujeito", ao passo que este, "o sujeito", "é uma questão crucial para a política, e particularmente para a política feminista, pois os sujeitos jurídicos são invariavelmente produzidos por vias de práticas de exclusão que não 'aparecem', uma vez estabelecida a estrutura jurídica da política" (Butler, 2017a, p. 19).

Por seu turno, as estruturas jurídicas atuam como mecanismos fundantes da construção política do sujeito, a partir de práticas que são ocultas e naturalizadas, motivo pelo qual Butler (2017a, p. 19) afirma que "o poder jurídico 'produz' inevitavelmente o que alega meramente representar; consequentemente, a política tem de se preocupar com essa função dual do poder: jurídica e produtiva". E é justamente por isso que Butler (2017a, p. 20) reforça que "a crítica feminista também deve compreender como a categoria das 'mulheres', o sujeito do feminismo, é reproduzida e reprimida pelas mesmas estruturas de poder por intermédio das quais se busca a emancipação". E, como bem destaca Dorlin (2021, p. 52), "o obstáculo que produz tal situação crítica é, evidentemente, um obstáculo político ligado a uma relação de poder".

Esse poder, para Foucault (2014), que não possui uma natureza necessariamente repressiva, está engendrado em uma dinâmica capilarizada que admite, ela própria, o seu questionamento, reformulação e a criação de práticas reflexivas e de mecanismos de resistência. Em outras palavras, Foucault, propondo uma análise da formação de um certo tipo de saber sobre o sexo, não em termos de repressão ou de lei, mas em termos de poder, expõe que:

> Parece-me que se deve compreender o poder, primeiro, como a multiplicidade de correlações de forças imanentes ao domínio onde se exercem e constitutivas de sua organização; o jogo que através de lutas e afrontamentos incessantes, as transforma, reforça, inverte; os apoios que tais correlações de forças encontram umas nas outras, formando cadeias ou sistemas, ou ao contrário, as defasagens e contradições que as isolam entre si; enfim, as estratégias em que se originam e cujo esboço geral ou cristalização institucional toma corpo nos aparelhos estatais, na formulação da lei, nas hegemonias sociais (Foucault, 2018a, p. 100-101).

Em resumo, para Foucault (2018a, p. 101), "o poder não é uma instituição nem uma estrutura, não é uma certa potência de que alguns sejam dotados: é o nome dado a uma situação estratégica complexa numa sociedade determinada". E a sexualidade, segundo Foucault (2018a, p. 117),

> Está ligada a dispositivos recentes de poder; esteve em expansão crescente a partir do século XVII; a articulação que a tem sustentado, desde então, não se ordena em função da reprodução; essa articulação, desde a origem, vinculou-se a uma intensificação do corpo, à sua valorização como objeto de saber e como elemento nas relações de poder.

O poder investido sobre o corpo, a partir do controle da sexualidade e da sua valorização,

> [...] deve mesmo ser ligado ao processo de crescimento e de estabelecimento da hegemonia burguesa; mas não devido ao valor mercantil alcançado pela força de trabalho, e sim pelo que podia representar política, econômica e também, historicamente, para o presente e para o futuro da burguesia, a "cultura" do seu próprio corpo (Foucault, 2018a, p. 136).

E é pelo sexo, o qual, para Foucault (2018a, p. 169), "nada mais é do que um ponto ideal tornado necessário pelo dispositivo de sexualidade e por seu funcionamento", que

> [...] todos devem passar para ter acesso à sua própria inteligibilidade (já que ele é, ao mesmo tempo, o elemento oculto e o princípio produtor de sentido) à totalidade de seu corpo (pois ele é uma parte real e ameaçada desse corpo do qual constitui simbolicamente o todo), à sua identidade (já que ele alia a força de uma pulsão à singularidade de uma história) (Foucault, 2018a, p. 169).

À matriz que comunga os saberes e poderes que se exercem sobre o corpo e, nesse caso, sobre o sexo, Foucault (2014) dá o nome de tecnologia política do corpo. Mais precisamente,

> Foucault quer mostrar como há um saber do corpo que não é somente um conhecimento do funcionamento, mas cálculo, organização, e um manejo de suas forças que é muito mais que a capacidade de vencê-lo (como no suplício), é, antes, a capacidade de manejá-lo (Castro, 2016, p. 412-413).

Vai ser com base no conceito de tecnologia política do corpo de Foucault que Teresa Lauretis (2019) passa "a compreender que nem gênero nem sexualidade são propriedade de corpos naturais; igualmente, não há anterioridade dessas propriedades em relação aos seres humanos" (Nascimento, 2021, p. 39). Gênero, portanto, passa a ser entendido tanto como produto quanto processo de inteligibilidade de corpos e a "tecnologia de gênero" (Lauretis, 2019) se caracteriza como o conjunto de discursos que, em articulação com os saberes-poderes sobre os corpos, produzem, neles, as masculinidades e feminilidades, conforme o binarismo heterocentrado. Preciado (2017) entende gênero como "uma tecnologia que não apenas modifica a natureza, mas a produz" (Nascimento, 2021, p. 39), o que conversa com a teoria advogada por Butler (2017a, p. 27), para quem

> [...] o gênero não deve ser meramente concebido como a inscrição cultural de significado num sexo previamente dado (uma concepção jurídica); tem de designar também o aparato mesmo de produção mediante o qual os próprios sexos são estabelecidos.

Para Butler (2017a, p. 27, grifos da autora),

> [...] o gênero não está para a cultura como o sexo para a natureza; ele também é o meio discursivo /cultural pelo qual "a natureza sexuada" ou "um sexo natural" é estabelecido como "pré-discursivo", anterior à cultura, uma superfície politicamente neutra *sobre a qual* age a cultura.

Ou seja, para Butler, sexo sempre foi gênero e gênero sempre foi sexo, concepção esta que é objeto de constante tensão, tendo-se em vista que

> Os limites da análise discursiva do gênero pressupõem e definem por antecipação as possibilidades das configurações imagináveis e realizáveis do gênero na cultura. Isso não quer dizer que toda e qualquer possibilidade de gênero seja facultada, mas que as fronteiras analíticas sugerem os limites de uma experiência discursivamente condicionada. Tais limites se estabelecem sempre nos termos de um discurso cultural hegemônico, baseado em estruturas binárias que se apresentam como a linguagem da racionalidade universal (Butler, 2017a, p. 30).

A representação desta linguagem racional e universal, pode ser constatada a partir dos "gêneros inteligíveis", que "são aqueles que, em certo sentido, instituem e mantêm relações de coerência e continuidade entre sexo, gênero, prática sexual e desejo" (Butler, 2017a, p. 43), pois "a 'coerência' e a 'continuidade' da 'pessoa' não são características lógicas ou analíticas da condição de pessoa, mas, ao contrário, normas de inteligibilidade cultural pelas quais as pessoas definidas" (Butler, 2017a, p. 43). Em sentido contrário, serão inteligíveis, segundo Butler (2017a), todos os corpos que se manifestarem de maneira descontínua ou incoerente com as práticas e os saberes que regulam a sexualidade, que se baseia em uma heterossexualidade voltada à reprodução. Ou seja, a própria matriz de normas de sexo e gênero que impõe as continuidades e as condições à inteligibilidade é que possibilita a sua ruptura e a existência de outras formas que lhes sejam assimétricas e incoerentes.

Nesse sentido, conforme bem salienta Butler (2017a, p. 44),

> [...] a matriz cultural por meio da qual a identidade de gênero se torna inteligível exige que certos tipos de "identidade" não possam "existir" — isto é, aqueles em que o gênero não decorre do sexo e aqueles em que as práticas do desejo não decorrem nem do "sexo" e nem do "gênero".

Ademais,

> A coerência ou a unidade internas de qualquer dos gêneros, homem ou mulher, exigem assim uma heterossexualidade estável a oposicional. Essa heterossexualidade institucional exige e produz, a um só tempo, a univocidade de cada um dos termos marcados pelo gênero que constituem o limite

das possibilidades de gênero no interior do sistema de gênero binário oposicional (Butler, 2017a, p. 52).

Analisar o gênero sob tal ótica admite o que Butler denomina de "visão do gênero como substância", na qual "a instituição de uma heterossexualidade compulsória e naturalizada exige e regula o gênero como uma relação binária em que o termo masculino se diferencia do termo feminino, realizando-se essa diferenciação por meio das práticas do desejo heterossexual" (Butler, 2017a, p. 53). E, assim o sendo, "o *gênero* não é um substantivo, mas tampouco é um conjunto de atributos flutuantes, pois vimos que seu efeito substantivo é *performativamente* produzido e imposto pelas práticas reguladoras da coerência do gênero" (Butler, 2017a, p. 56, grifo da autora).

Butler, então, constrói a ideia de que o corpo "é modelado por forças políticas com interesses estratégicos em mantê-lo limitado e constituído por marcadores sexuais" (Butler, 2017a, p. 185); consequentemente "o corpo não é uma materialidade pura, pré-cultural, pré-discursiva, 'virgem' de todo poder, aquém dessa produção disciplinar que o constitui" (Dorlin, 2021, p. 112). Butler adverte que, acaso certas construções do corpo pareçam constitutivas,

> [...] isto é, têm esse caráter de ser isso "sem o qual" não poderíamos pensar o todo, poderíamos sugerir que os corpos apenas surgem, apenas perduram e apenas vivem dentro das restrições produtivas de certos esquemas de gênero altamente regulatórios. Dada essa compreensão da construção como restrição constitutiva, seria ainda possível levantar a questão crítica de como tais restrições não só produzem o domínio de corpos inteligíveis, mas também produzem um domínio de corpos impensáveis, abjetos, inabitáveis? (Butler, 2019b, p. 12).

Se tomamos como ponto de partida que o entendimento da diferença sexual é, por diversos autores e diversas autoras, inclusive da teoria feminista, invocada como uma diferença material entre os corpos, há salientar que "a diferença sexual é sempre uma função de diferenças materiais que são, de alguma forma, marcadas e formadas por práticas discursivas" (Butler, 2019b, p. 15). Não apenas isso, mas Butler (2019b, p.15) ainda reforça que "alegar que diferenças sexuais são indissociáveis das demarcações discursivas não é o mesmo que afirmar que o discurso produz a diferença sexual". Isso porque "a categoria 'sexo' é, desde o início, normativa; é o que Foucault chamou de 'ideal regulatório'. Nesse sentido, então, 'sexo' não só funciona como norma, mas também é parte de uma prática regulatória que produz os corpos que governa" (Butler, 2019b, p. 15).

O "sexo", portanto, produz, demarca, diferencia, os corpos que controla. Assim, "'sexo' é um ideal regulatório cuja materialização se impõe e se realiza (ou fracassa em realizar) por meio de certas práticas altamente reguladas. [...] 'sexo' é um constructo social forçosamente materializado ao longo do tempo" (Butler, 2019b, p. 15-16). Não é, portanto, o sexo, uma marca, uma insígnia anatômica ou uma condição estática do corpo que determina, por ela mesma, o gênero, o desejo, o prazer e o próprio corpo como uma inscrição pré-discursiva, alheia às normas que regulam e regem os seres e os sujeitos, mas sim o "sexo" se perfaz por meio de uma reiteração forçada de normas que regulam e acabam por materializar o corpo sexuado (Butler, 2019b).

A reiteração forçada e necessária à sua reificada materialização e persistência na individualização e sujeição dos corpos "é um sinal de que a materialização nunca está completa, de que os corpos nunca estão suficientemente completos, de que os corpos nunca cumprem completamente as normas pelas quais se impõe sua materialização" (Butler, 2019b, p. 16).

Conforme aponta Butler (2019b, p. 16),

> [...] de fato, são as instabilidades, as possibilidades para a rematerialização abertas por esse processo, que marcam um domínio em que a força da lei regulatória pode voltar-se contra si própria, gerando rearticulações que ponham em causa sua força hegemônica.

Para a compreensão de como se relaciona a noção de performatividade de gênero com a concepção de materialização que ocorre nos interstícios da lei regulatória, por rearticulações, é necessário salientar que, conforme bem delineia Butler (2019b, p. 16), "a performatividade deve ser entendida não como um 'ato' singular ou deliberado, mas como uma prática reiterativa e citacional por meio da qual o discurso produz os efeitos daquilo que nomeia". Ou seja,

> [...] as normas regulatórias do "sexo" trabalham de forma performativa para constituir a materialidade dos corpos e, mais especificamente, para materializar o sexo do corpo, para materializar a diferença sexual a serviço da consolidação do imperativo heterossexual (Butler, 2019b, p. 16).

O imperativo heterossexual, citado por Butler, refere-se à heterossexualidade compulsória, que se reifica a partir do campo político no qual se encontra o corpo mergulhado, de forma a torná-lo produtivo e submisso a um arcabouço de normas que regem a sociedade a partir de conceitos naturalizados, essencialistas e que visam à reprodução, ordenação e docilização dos sujeitos (Foucault, 2014).

Como Butler propôs, com destaque à sua teoria da performatividade de gênero, "pensar o corpo como construído, demanda repensar o significado da construção em si" (Butler, 2019b, p. 12), bem como entendê-lo e analisá-lo como uma superfície na qual são acopladas e inseridas inscrições que o conformam, em especial, de ordem linguística. Assim, "o gênero é pensado como instrumento e também como efeito" (Dorlin, 2021, p. 113).

Conforme bem expõe Soley-Beltran (2009, p. 35),

> Con el objetivo de poner de relieve las estructuras de poder que crean el género, Butler se propane: a) confundir críticamente las categorías del sexo y el género que se presentan como fundamentales para nuestra identidad, y b) deconstruir la noción del género como substancia/natural. Acomete este objetivo desarrollando la noción del sexo como inaprensible y elaborando la teoría performativa del género. Con el fin de argumentar que el sexo es inaprensible, Butler sostiene que si se lleva la distinción sexo/genero a su "límite lógico" esto implica una "discontinuidad radical entre cuerpos sexuados y géneros construidos culturalmente".

Assim sendo, "si los hechos 'naturales' del sexo son producciones de los diversos discursos científicos, entonces el sexo está tan culturalmente construído como el género" (Soley-Beltran, 2009, p. 36). E, a partir desse ponto,

> O estabelecimento do conceito de performatividade/performance de gênero permite a Butler, por um lado, analisar em detalhes o processo de internalização de normas, de códigos dominantes de inteligibilidade de identidade própria, como um processo coercitivo; por outro, permite-lhe concentrar-se em uma das modalidades desse processo, até então pouco trabalhada pela filosofia feminista: a saber, das modalidades discursivas dessa internalização, dessa encarnação de normas (Dorlin, 2021, p. 113).

Butler (2017a) faz uso da performatividade, também, para se referir ao funcionamento discursivo do gênero, que se dá e materializa a partir de enunciados performativos, pois, fazendo uso da teoria da linguagem de John Austin (1990), ao serem proferidos, *"fazem o que dizem.* [...] Eles fazem 'sujeitos generificados', no sentido de que circunscrevem aqueles que devem endossá-los ou proferi-los" (Dorlin, 2021, p. 114). Assim o sendo,

> [...] o conjunto dessas práticas discursivas, que são rituais sociais coercitivos que realizamos para nos distinguirmos, para nos destacarmos, para encarnar um "homem" um uma "mulher", é um enunciado performativo que faz o que diz: *eu sou* uma mulher ou *eu sou* um homem (Dorlin, 2021, p. 114).

É por tais motivos que, "quando o médico diz: 'é um/a menino/a', produz-se uma invocação performativa e, nesse momento, instala-se um conjunto de expectativas e suposições em torno desse corpo" (Bento, 2017a, p. 84). Butler, nesse mesmo sentido, salienta que "a marca de gênero parece 'qualificar' os corpos como corpos humanos; o bebê se humaniza no momento em que a pergunta 'menino ou menina?' é respondida. As imagens corporais que não se encaixam em nenhum desses gêneros ficam fora do humano" (Butler, 2017a, p. 193), como acontecia com os antigos hermafroditas ou, como acontece, nos tempos atuais, com crianças intersexuais, que, não poucas vezes, têm suas genitálias mutiladas em prol da organização binária da sociedade.

Desta feita, "o gênero, [...], não é um fato, um dado, mas um conjunto de práticas disciplinares e um conjunto de atos discursivos que funcionam, que se realizam. Nesse último caso, é uma *relação discursiva em ato* que se mascara como tal (Dorlin, 2021, p. 115, grifos da autora). Isso fica evidenciado ao passo que, conforme bem salienta Dorlin (2021), fazendo uso da teoria butleriana,

> [...] o gênero como forma performativa deve ser constantemente repetido, não tem eficácia sem sua própria reiteração: não basta postular o gênero uma única vez, ele não é descritivo nem performativo; deve ser seguidamente repetido. É essa repetição permanente no interior de um marco regulatório que Butler chama de estilo: "o gênero é a estilização repetida do corpo". A repetição discursiva literalmente toma corpo. O corpo é o efeito da repetição dos atos de fala ao longo do tempo. O gênero como performativo, portanto, é constantemente repetido: trata-se de um ritual que nos exortam a realizar. Entretanto, é justamente nessa exortação à repetição do mesmo que a relação de gênero se expõe de modo a ser desmascarada

como relação social (ou seja, como construção e como dominação) (Dorlin, 2021, p. 115).

Note-se que Butler (2019b), na introdução da sua obra *Corpos que importam*, que foi objeto de análise e ratificação por Dorlin (2021) e por Soley-Beltran (2009), não nega a materialidade dos corpos ao expor a discursividade que sobre ele incide como construto social e meio de dominação, mas, justamente desenvolve a teoria da performatividade de gênero para refletir sobre as formas com que se dá a materialização dos corpos por meio de discursos que se revestem de um saber-poder que os domina, dociliza e que os eleva a um patamar de "naturalidade". A teoria da performatividade, muito distante de negar a materialidade dos corpos, acaba por trazer à reflexão a possibilidade de agir, pelos sujeitos, de maneira a fissurar a lógica heteronormativa, sistêmica e linear que permeia o gênero e a sexualidade e o seu correspondente dispositivo (Foucault, 2018a).

Butler (2017a; 2019b) demonstra, portanto, que é a própria lógica de funcionamento da referida matriz de sexo-gênero que permite a sua fissura e desestabilização, afinal, "la identidad de género no es más que una 'ficción reguladora' constituida por actos performativos. Así pues, el género no es más que una *repetición estilizada de actos*' aprobada culturalmente" (Soley-Beltran, 2009, p. 37-38, grifos da autora), e o sexo, "es la sedimentación y reificación de estos estilos corporales que aparecen como la configuración binaria natural de los sexos" (Soley-Beltran, 2009, p. 37-38).

Por meio da sua teoria, "quiere deshacerse de la noción de la identidad nuclear de género al presentar el género como un *acto* que sólo existe como *performance* o actuación (Soley-Beltran, 2009, p. 38). E, assim o sendo, Butler considera que a identidade de gênero "es un acto intencionado y performativo, um 'estilo de la carne' cuyo significado es una construcción contingente".

Para Butler, "el cuerpo generizado es performativo en la medida en que no tiene ningún estatus ontológico aparte de los diversos actos que lo constituyen" (Soley-Beltran, 2009, p. 38), colocando-se a parte dos essencialismos que embasam as noções tradicionais de identidade de gênero, que a entendem como "una esencia interior del 'yo' que 'causa' el deseo, las poses y los actos, [...], obstruye el análisis de la constitución social del sujeto generizado y, por lo tanto, impide la acción política" (Soley-Beltran, 2009, p. 38).

Ademais, uma vez que o fato de o corpo gênero ser marcado pelo performativo sugira que ele não possui um status ontológico separado dos vários atos que constituem sua realidade,

Butler (2017a, p. 235) salienta, ainda, que

> [...] se a realidade é fabricada como uma essência interna, essa própria interioridade é efeito e função de um discurso decididamente social e público, da regulação pública da fantasia pela política de superfície do corpo, do controle da fronteira do gênero que diferencia interno de externo e, assim, institui a "integridade" do sujeito. E, outras palavras, os atos e gestos, os desejos articulados e postos em ato criam a ilusão de um núcleo interno e organizador do gênero, ilusão mantida discursivamente com o propósito de regular a sexualidade nos termos da estrutura obrigatória da heterossexualidade reprodutora.

Nesse sentido, conforme bem salienta Nascimento (2021), fazendo alusão à teoria performativa de Butler (2017a), "não é a nossa 'anatomia biológica' que produz o gênero, mas o gênero, como indica Butler, é o próprio processo pelo qual os corpos se tornam matéria. Afinal, nós não somos nossos corpos, nós fazemos nossos corpos" (Nascimento, 2021, p. 40).

Haraway (2019) expõe sua teoria nesse mesmo sentido, de que o gênero não estabelece fronteiras ou limites fixos entre o que é tido como anatômico ou natural e o que é chamado de cultural ou artificial, ao passo que todas e todos somos híbridos, ciborgues, colocando em xeque as origens essenciais do corpo, fixadas como verdades a partir das diferenças sexuais (Preciado, 2017). Em realidade, conforme bem salienta Butler (2017a, p. 234),

> Essa produção disciplinar do gênero leva a efeito uma falsa estabilização do gênero, no interesse da construção e regulação heterossexuais da sexualidade no domínio reprodutor. A construção da coerência oculta as descontinuidades do gênero, que grassam nos contextos heterossexuais, bissexuais, gays e lésbicos, nos quais o gênero não decorre necessariamente do sexo, e o desejo, ou a sexualidade em geral, não parece decorrer do gênero — nos quais, a rigor, nenhuma dessas dimensões de corporeidade significante expressa ou reflete outra. Quando a desorganização e desagregação do campo dos corpos rompe a ficção reguladora da coerência heterossexual, parece que o modelo expres-

sivo perde sua força descritiva. O ideal regulador é então denunciado como norma e ficção que se disfarça de lei do desenvolvimento a regular o campo sexual que se propõe descrever.

A teoria da performatividade de gênero e da organização e desorganização deste nos entremeios do poder é percebida na narrativa de Bárbara, que é, inclusive, casada com uma mulher cis, quando ela fala que

> *Existe aquela moção de que não se nasce mulher, torna-se. E as feministas radicais falam muito que a mulher é mulher a partir do momento que nasce e a sociedade diz que, por ter vagina, é mulher e a partir dali se começa a moldar o fato de ser mulher e, por isso, as mulheres trans não estão inseridas. Eu fui criada enquanto homem... então tem toda essa questão. A conclusão delas, na minha opinião, está completamente errada, elas são extremamente transfóbicas, porém, elas dão uma pista a partir das premissas delas do que é ser mulher.* **Eu não sabia o que era ser mulher até eu começar a viver como mulher, de fato...** *quando eu vivia como homem, eu não era homem, eu nunca fui e entendo isso muito claramente, porém,* **antes de começar a viver como mulher, eu não era mulher, eu era uma ideia do que seria uma mulher**, *a partir do momento que eu comecei a viver e ser tratada como mulher pela sociedade, é que a coisa fechou de fato, a partir do momento que comecei a sofrer assédio na rua, passei a ser diminuída por homens, a partir do momento que eu passei a lidar com tudo isso, questões que eu não entendia antes da transição, aí eu passei de uma ideia para ser de fato uma mulher* (Bárbara, entrevista 5, grifos meus).

A partir dos questionamentos e reflexões propostos por Butler, em especial em sua teoria da performatividade dos gêneros, saliento o exposto por Nascimento (2021, 2021, p. 42), quando a autora afirma que se deve insistir que o

> [...] potencial conceitual e político da categoria gênero reside em operar em uma desessencialização e desnaturalização da identidade da mulher, inclusive na tentativa de romper com a ideia de mulher como única possibilidade de constituição de sujeita dentro do feminismo.

Para além disso, "subverter a performatividade do gênero joga com a relação entre dizer e fazer: performar de maneira incoerente e ininteligível o que se que eu sou, o que eu digo que sou. A subversão acontece quando dizer é 'desfazer'" (Dorlin, 2021, p. 117). E será a partir desse "desfazer" subversivo que a potência de agir dos corpos permitirá a ressignificação dos processos de subjetivação a que estão submetidos, como reflexo de uma ética e de um cuidado de si.

O corpo, então, não mais se reduz a uma "superfície pronta à espera de significação" (Butler, 2017a, p. 70), mas sim é entendido como "um conjunto de fronteiras, individuais e sociais, politicamente significadas e mantidas" (Butler, 2017a, p. 70). Será no interior desse conjunto de fronteiras e de sistemas que o formam que, com o intuito de subverter as normas de gênero, muitos corpos exercerão o que Butler (2017a) denominou como "potência de agir" ou "agência", como mecanismo reflexivo de resistência ao binário heteronormativo, para o entendimento e a construção de si.

3.3 DE REFLEXÕES TEÓRICAS AO ESTABELECIMENTO DAS CATEGORIAS ANALÍTICAS

a. Sujeito, poder e agência

Ao elegermos as categorias de análise sobre as quais a pesquisa estará alicerçada, sempre nos deparamos com o lugar tenso do reconhecimento de sujeitos e de como podem ser pensadas suas agências. Em primeiro lugar, pensar o sujeito nos obriga a dizer de onde partimos com a noção de sujeito e como é nossa compreensão de suas formas de construir-se em relações de e com o poder, com o saber, com os desejos, com o corpo, com o sentir de si.

Considerada a perspectiva butleriana, com a qual já estamos familiarizados e familiarizadas, "o sujeito opera como uma categoria linguística que está sempre em processo de construção no interior das relações de poder" (Furlin, 2013, p. 396). Tal perspectiva se apresenta como um dos marcadores da teoria feminista pós-estruturalista, uma vez que "a constituição do sujeito é pensada como resultado das relações de poder, no interior dos processos de interação social com os sistemas de significação e de representações culturais, nos quais a linguagem é central" (Furlin, 2013, p. 396; Foucault, 2013) e o discurso como "um conjunto regular de fatos linguísticos em determinado nível, e polêmicos e estratégicos em outro" (Foucault, 2013, p. 19).

Assim, as relações de poder são constitutivas do nosso eu e o poder não é somente algo a que nos opomos, e, sim, algo do qual depende a nossa existência" (Furlin, 2013, p. 396), como constituição de nossos processos de subjetivação e como instituinte do nosso modo de ser. Nesse sentido, o poder não é, necessariamente, repressivo. Ele é instituinte do eu, como uma realidade, quer dizer, como fabricante ou produtor de individualidade (Foucault, 2014). Ademais, conforme bem salienta Castro (2016, p. 325, grifo do autor), segundo Foucault, "a individualidade não é algo passivo, dado de antemão, sobre a qual se aplica o poder; é, antes de tudo, uma espécie de *relay*, o indivíduo é ao mesmo tempo receptor e emissor de poder".

Ademais, "não se pode pensar as relações de poder em Foucault sem a sua relação com os campos dos saberes e nem os saberes isentos de poder. O sujeito não se encontra livre dessas relações saber/poder, uma vez que ele é atravessado por elas" (Furlin, 2012, p. 278), ou seja, pelas tecnologias de poder, que são pequenos, múltiplos e reincidentes procedimentos que tornam os indivíduos disciplinados, perante discursos de verdades, inclusive aos provenientes da matriz de sexo-gênero heteronormativa (Furlin, 2012; Foucault, 2018c).

Nesse sentido, conforme Foucault (2018c, p. 278-279),

> [...] em uma sociedade como a nossa, mas no fundo em qualquer sociedade, existem relações de poder múltiplas que atravessam, caracterizam e constituem o corpo social e que essas relações de poder não podem se dissociar, se estabelecer nem funcionar sem uma produção, uma acumulação, uma circulação e um funcionamento do discurso. Não há possibilidade de exercício do poder sem certa economia dos discursos de verdade que funcione segundo essa dupla exigência e a partir dela. Somos submetidos pelo poder à produção da verdade e só podemos exercê-lo através da produção da verdade. Isso vale para qualquer sociedade, mas creio que na nossa as relações entre poder, direito e verdade se organizam de uma maneira especial. [...] Afinal, somos julgados, condenados, classificados, obrigados a desempenhar tarefas e destinados a um certo modo de viver ou morrer em função dos discursos verdadeiros que trazem consigo efeitos específicos de poder.

Para Butler (2017a), portanto, "nenhum indivíduo torna-se sujeito sem antes ter sido sujeitado ou passado por um processo de subjetivação" (Furlin, 2013, p. 396), em especial porque, como bem define Foucault, "la subjetividad es un resultado, un producto, un momento en las coordenadas transversales del discurso" (Albano, 2005, p. 39). Posto isso, "o corpo não é um lugar onde acontece uma construção, é uma destruição em cuja ocasião o sujeito é formado. A formação desse sujeito é, ao mesmo tempo, o enquadramento, a subordinação e a regulação do corpo, e o modo como essa destruição é preservada na normalização" (Butler, 2019a, p. 99).

A sujeição ou *assujettissement* (Foucault, 2014) não se apresenta, portanto, apenas como uma subordinação do corpo ao discurso que acaba fazendo surgir o sujeito, "mas uma garantia e manutenção, uma instalação do sujeito, uma subjetivação" (Butler, 2019a, p. 98). Há que se destacar, aqui, que "o termo 'subjetivação' traz em si um paradoxo: o *assujettissement* denota tanto o devir do sujeito quanto o processo de sujeição — só se habita a figura da autonomia sujeitando-se a um poder, uma sujeição que implica ema dependência radical" (Butler, 2019a, p. 89).

Em sua aula de 21 de novembro de 1973, *O poder psiquiátrico*, Foucault (2006, p. 68) salienta que "o efeito maior do poder disciplinar é o que poderíamos chamar de remanejamento em profundidade entre a singularidade somática, o sujeito e o indivíduo". Conforme Carvalho (2017), comentando a exposição feita por Foucault,

> [...] sujeito e indivíduo comporiam a junção terminal de forças a incidir de modo organizado, sistemático, intencional, positivo e controlado sobre a singularidade somática, isto é, sobre o corpo. O corpo, dessa maneira, é uma plasticidade a ser trabalhada conforme e economia de poder voltada para ele (Carvalho, 2017, p. 31).

Nesse entender, confirmando a plasticidade conferida ao corpo por Foucault (2006), "não há corpo fora do poder, pois a materialidade do corpo — aliás, a própria materialidade — é produzida pelo investimento do poder e numa relação direta com ele" (Butler, 2019a, p. 98), porém, conforme delineia Foucault, em citação feita por Butler (2019a, p. 101), "o sujeito que é produzido através da sujeição não é produzido em sua totalidade instantaneamente". Ou seja, este sujeito que "está em processo de produção, é produzido repetidamente (o que não significa ser produzido de uma forma nova repetidas vezes)" (Butler, 2019a, p. 100).

Segundo Butler (2019a, p. 100), "é, precisamente, a possibilidade de uma repetição, que não consolida essa unidade dissociada, o sujeito, mas que prolifera efeitos que debilitam a força da normalização". Há, assim, na necessidade da repetição dos atos estilizados, o risco de emergir um "discurso inverso contra o próprio regime de normalização pela qual é gerado" (Butler, 2019a, p. 100), como, por exemplo, o surgimento de corpos de mulheres transexuais que desvelam o caráter criativo e artificial do binarismo determinista e biológico-essencialista, uma vez que "a 'unidade' do gênero é o efeito de uma prática reguladora que busca uniformizar a identidade do gênero por via da heterossexualidade compulsória" (Butler, 2017a, p. 67).

Nesse sentido, "o sujeito foucaultiano nunca está totalmente constituído na sujeição, mas nela se constitui repetidamente; e é na possibilidade de uma repetição que se repete contra a sua origem que a sujeição adquire seu poder involuntariamente habilitador" (Butler, 2019a, p. 101). É o próprio aparelho disciplinar que promove, como consequência da sua produção, as condições para a sua própria subversão.

"Tanto em Foucault como em Butler, o sujeito encontra as suas próprias possibilidades de subjetivação, construindo estratégias de resistência ou de subversão aos mandatos sociais que o limitam" (Furlin, 2013, p. 396). Essa possibilidade, em Foucault, que se dá por atos de liberdade, é denominada subjetividade ética (Foucault, 2014b; 2016; 2017) e, em Butler (2017a; 2019b), é definida como agência, "em cuja noção o desejo aparece como um aspecto fundamental" (Furlin, 2013, p. 396). Nesse sentido, expõe Butler (2017a, p. 65) que

> Se a sexualidade é construída culturalmente no interior das relações de poder existentes, então a postulação de uma sexualidade normativa que esteja "antes", "fora" ou "além" do poder constitui uma impossibilidade cultural e um sonho politicamente impraticável, que adia a tarefa concreta e contemporânea de repensar as possibilidades subversivas da sexualidade e da identidade nos próprios termos do poder. Claro que essa tarefa crítica supõe que operar no interior da matriz de poder não é o mesmo que reproduzir acriticamente as relações de dominação. Ela oferece a possibilidade de uma repetição da lei que não representa sua consolidação, mas seu deslocamento.

Ou seja, para Butler, o poder não apenas é algo do qual depende a nossa existência, porque "somos sujeitos formados nas relações de poder e nelas vinculamos e nos preservamos como seres humanos inteligíveis" (Furlin, 2013, p. 396), como, também, é no seu emaranhado e entrecruzamento que "se encontra a possibilidade de potência, pela qual ele ressignifica práticas e experiências" (p. 397).

De acordo com Furlin (2013, p. 397), "o sujeito reflexivo e resistente ao mesmo poder do qual é constituído, é um sujeito que, por si só, não dá conta do seu próprio tornar-se, mas encontra as possibilidades para ressignificar normas, discursos, experiência e práticas sociais", em especial, por ser dotado de performatividade. Para Butler, conforme síntese feita por Furlin (2013, p. 397),

> [...] o sujeito é performativo, ou seja, uma produção ritualizada, uma reiteração ritual de normas, que não o determinam totalmente. Essa incompletude possibilita o processo de ruptura e a inscrição de novos significados e, consequentemente, a mudança de práticas e contextos.

E será esse caráter performativo que tornará possível, ao sujeito, a condição de agência, aqui compreendida como potência e capacidade de ação, frente à ordem hegemônica, "como uma prática de articulação e de ressignificação imanente ao poder de fazer" (Furlin, 2013, p. 397), entre a sujeição e a subordinação, que tem como um dos seus grandes motores o desejo (Butler, 2017a). É o desejo, portanto, "a força inovadora e impulsora da mudança e, também, desestabilizadora por definição, já que não existe nenhum desejo que permaneça sempre o mesmo" (Furlin, 2013, p. 398); foi o desejo, como potência performativa, que moveu as protagonistas participantes a articularem maneiras de reconstruir e de constituírem-se a si mesmas, ou seja, de desestabilizar a sujeição, em meio ao poder que, por muitas vezes, atuou de modo a limitá-las.

Para Foucault, a subjetivação ética, no interior dos domínios do saber e do poder, dá-se em meio a atos de resistência aos códigos de conduta, de ações reflexivas no entorno de um cuidado voltado para si e por meio de práticas de liberdade (Foucault, 2010a; 2018b), "partindo de questões que envolvem os prazeres, na tradição grega, e da experiência em torno da sexualidade dos latinos, no primeiro século da era cristã. [...] Foucault esteve interessado em mostrar o modo como o indivíduo se constitui em sujeito moral" (Furlin, 2012, p. 280-281). O sujeito moral, para reconhecer-se enquanto tal, conforme bem destaca Furlin (2012, p. 280), "[...] precisou questionar a sua conduta sexual, a maneira como encarava os prazeres e as práticas com preocupações éticas, que eram assumidas na relação de si". Essa relação de si para consigo mesmo, formadora de subjetividade, conforme expõe Foucault (2010a), "implica uma ética que se imprime por atos de liberdade e de resistência política, tão necessária nos nossos dias" (Furlin, 2012, p. 281). Este cuidado de si

> [...] implica uma certa maneira de estar atento ao que se pensa e ao que se passa no pensamento. [...] algumas ações, ações que são exercidas de si para consigo, ações pelas quais nos assumimos, nos modificamos, nos purificamos, nos transformamos e nos transfiguramos. Daí, uma série de práticas que são, na sua maioria, exercícios, cujo destino (na história da cultura, da filosofia, da moral, da espiritualidade ocidentais) será bem longo (Foucault, 2010a, p. 12).

Foucault destaca, inclusive, que o agir ético para consigo mesmo, em razão da sua força política disruptiva e modificadora, importa em uma ação que se revela como um "salvar-se a si mesmo". Agir este que se destaca, inclusive, quando algumas protagonistas participantes decidiram pela colocação do silicone industrial, como resistência e enfrentamento ao poder que não as permitia ter acesso ao cirúrgico. De acordo com Foucault (2010a, p. 166),

> Quem se salva é quem está em um estado de alerta, de resistência, de domínio e soberania sobre si, que lhe permite repelir todos os ataques e todos os assaltos. "Salvar-se a si mesmo" quererá igualmente dizer: escapar a uma dominação ou a uma escravidão; escapar a uma coerção pela qual se está ameaçado, e ser restabelecido nos seus direitos, recobrar a liberdade, recobrar a independência. [...] "Salvar-se" significará: assegurar-se a própria felicidade, a tranquilidade, a serenidade, etc. [...] o termo salvação a nada mais remete senão à própria vida. [...] Salvar-se é uma atividade que se desdobra ao longo de toda a vida e cujo único operador é o próprio sujeito.

Tornando-se o sujeito o operador da sua vida, em meio às malhas do poder que o sujeita, ele acaba se tornando o agente que assume parte do poder que recai sobre si, levando-o ao que Foucault chamou de salvação, que é

> [...] uma atividade, atividade permanente do sujeito sobre si mesmo, que encontra sua recompensa em uma certa relação consigo, ao tornar-se inacessível às perturbações exteriores e ao encontrar em si mesmo uma satisfação que de nada mais necessita senão dele próprio. [...] o eu é o agente, o objeto, o instrumento e a finalidade (Foucault, 2010a, p. 167).

Esse poder sobre si mesmo, reflexivo, que transforma o sujeito em agente de si, a partir de uma ética de cuidado, permitiu a Foucault

> [...] perceber uma forma muito diversa de se relacionar com a verdade: ao invés de conceitos como os da neutralidade, da objetividade, da descoberta da verdade interior e da negação de si, que acompanham a vontade de saber ocidental, Foucault encontrou noções tais como coragem, liberdade, risco, estéticas de existência, cuidado de si e dos outros e ética. Isso foi possível somente pela sua abertura a novos modos de pensar (Vieira, 2017, p. 113).

Essa abertura a novos modos de pensar, que admite a reconfiguração dos sujeitos, encontra-se relacionada com o desejo, que se apresenta como "uma questão chave para entender como os sujeitos, homens e mulheres, podem romper com certos 'pressupostos imperativos' e construir-se subjetivamente de forma que não corresponda com os modelos esperados" (Furlin, 2013, p. 399). O poder de agência, então, como resistência política, "surge quando se dá uma descontinuidade entre o poder que constitui o sujeito e o poder que o próprio sujeito assume" (Furlin, 2013, p. 399).

Conforme Furlin (2013, p. 399), "a instituição da agência, que emerge dos desejos do sujeito, está socialmente regulada, já que é no coletivo que se constroem os consensos do que é legítimo ou não, em um determinado contexto sócio-cultural". Soley-Beltran (2009), em sua pesquisa acerca da aplicação sociológica das teorias de Butler, em contextos que versam sobre travestis e transexuais, considera que agência é a soberania do "eu" frente aos outros, visto que os desejos e ações que não se conformam com a norma vigente acabam por se tornar potencialmente subversivos, e "a agência como subversão só existe dentro das práticas reiterativas ou discursivas de poder, que limita os desejos dos sujeitos" (Furlin, 2013, p. 399).

É nesse sentido que, conforme já indicado em tópico anterior, Dorlin (2021), tecendo uma análise acerca do conceito de potência de agir ou de agência, a partir da teoria da performatividade de Butler, salienta que "subverter a performatividade do gênero joga com a relação entre dizer e fazer: performar de maneira incoerente e ininteligível o que se diz que eu sou, o que eu digo que sou. A subversão acontece quando dizer é 'desfazer'" (Dorlin, 2021, p. 117). Ou seja, o sujeito marcado pelo gênero não é a causa, mas sim o efeito de seus discursos e atos; o que permite a Butler (2017a; 2019b) afirmar que, em matéria de gênero, não há um modelo original, um modelo autêntico, um modelo único, um totem, e que o Sujeito, criado como original, tem, na origem da sua criação, a possibilidade do seu próprio fracasso.

Desta feita,

> A crítica da noção de sujeito não é uma negação ou repúdio ao sujeito, mas um modo de interrogar sobre sua construção como algo "dado de antemão", como algo "pré-cultural". Descobrir, aqui, não é negar ou descartar, mas pôr em questão e "abrir" um termo (como, nesse caso, "o sujeito") a uma reutilização e uma redistribuição anteriormente não autorizadas (Braz, 2018, p. 81).

A matriz de sexo-gênero heteronormativa, pela sua reiteração estilizada e reificada, faz parecer que não existe uma pré-discursividade ao sujeito, quando, em verdade, a performatividade de gênero denuncia a sua criação discursiva; a construção de si, a partir de um entendimento ético de si, como narrado pelas protagonistas participantes, expõe a discursividade da referida matriz. Conforme destaca Dorlin (2021, p. 121),

> Se o sujeito é construído em seus atos e por seus atos (os quais ele é obrigado a realizar e repetir); se o sujeito é um ato performativo no sentido de que o que eu digo, o que eu faço, produz um locutor, generificado, que o profere, e um agente, generificado, que o efetua, deve-se inferir que o sujeito não é pré-discursivo, que o sujeito não é preexistente à sua ação. Em outras palavras, nossa potência de agir não tem como condição de possibilidade uma identidade substantiva, um sujeito atuante, "uma estrutura pré-discursiva do eu e de seus atos".

O Sujeito pensado como "original", construído a partir de uma lógica dominante, não é apresentado, portanto, como generificado. Para Dorlin (2021, p. 122),

> [...] o ideal moderno do Sujeito é pensado sob uma forma de indeterminação, de universalidade, que corresponde de fato a um processo de invisibilização das interpelações do Sujeito dominante — como macho, burguês, heterossexual, branco. A disciplina de gênero começa assim com a imposição de um modo de constituição do sujeito que envolve uma tipologia hierárquica de sujeitos sexuais inteligíveis.

Posto dessa forma, "a potência subversiva de agir do feminismo está condicionada à possibilidade de renunciar a esse postulado epistemológico de sujeito coletivo prévio à ação coletiva" (Dorlin, 2021, p. 122-123). É com base nessa premissa que Dorlin (2021, p. 125) salienta que

> A epistemologia da subversão toma a devida nota da relação de poder operante na produção e na definição dos próprios

termos que a compõem. Em outras palavras, trabalha sobre o fato de que esses termos (homens / mulheres, masculino / feminino, heterossexual / homossexual, ativo / passivo etc.) não têm realidade nem pertinência dentro ou fora da relação antagônica que os constitui. Portanto, o foco de qualquer política subversiva não consiste tanto em superar, destruir ou abandonar esses termos, e sim em desafiar, perturbar e transformar a relação que os engendra, ou seja, em subverter o dispositivo de saber e de poder por trás da ontologização dos sexos. A política de subversão, assim, pode levar ou a uma mutação dos sexos, de modo que eles se tornem intercambiáveis, irreconhecíveis e, portanto, inéditos; ou à sua difração e multiplicação.

Subvertidos, perturbados e transformados, pelas mulheres trans, os dispositivos que fundam a ontologia do sexo e do gênero, ocorrem deslocamentos e transições nos corpos, nos saberes-poderes e na própria disposição do poder que incide sobre suas existências.

b. Deslocamentos e transição

É por se anunciarem, nesse caso, teoricamente, como exemplos materializados de subversão do dispositivo de poder-saber da sexualidade humana — que se apresenta, universalmente, de forma binária hetero-centrada — que as mulheres transexuais perpetuam deslocamentos nas normas de gênero, que se iniciam com o entendimento de si e perpassam por processos de subjetivação, de performatividade, de agência reflexiva, da produção de práticas e de saberes situados e da recriação de si. Tais deslocamentos são identificados por Bento (2017a), sob três aspectos: gênero e corpo-sexuado; gênero, sexualidade e corpo-sexuado; e dos olhares.

Com relação ao deslocamento gerado a partir do olhar "gênero e corpo-sexuado", a própria "experiência transexual caracteriza-se pelos deslocamentos", visto que deflagra uma disputa entre o gênero e o corpo sexuado. Neste caso,

> [...] a suposta correspondência entre o nível anatômico e o nível cultural não encontra respaldo. Aqui, nos deparamos com toda a plasticidade dos corpos: seios não lactantes, vaginas não procriativas, clitóris que, mediante a utilização de hormônios, crescem até transformar-se em órgãos sexuais externos; úteros que não procriam, próstatas que não produzem sêmen, vozes que mudam de tonalidade,

> barbas, bigodes e pelos que cobriam rostos e peitos inesperados. A plasticidade se revela. Reconhecer a existência desse deslocamento, no entanto, não significa que todos/as os/as transexuais exijam as mesmas intervenções cirúrgicas. Muitos/as não as querem, reivindicam, exclusivamente, mudanças nos documentos. Nesses casos, a aparência do gênero identificado é obtida com o uso de hormônios, silicone e maquiagem (Bento, 2017a, p. 102-103).

Em sequência, os deslocamentos, conforme identificado por Bento (2017a), são produzidos na ordem demarcada pelo gênero, sexualidade e corpo-sexuado, pois acabam por confrontar o caráter universal e uniforme do saber-poder ocidental, segundo o qual os sexos genitais são dimórfico/binários, correspondem a um gênero que é "natural" e que praticam uma sexualidade heterossexual, tida como "o normal".

Torna-se inconcebível, a partir dessa perspectiva, "que um corpo-sexuado homem se reconstrua como corpo-sexuado mulher e que eleja como objeto de desejo uma mulher, pois uma mulher 'de verdade' já nasce feita, é heterossexual, só assim poderá desempenhar seu principal papel: a maternidade" (Bento, 2017a, p. 103). Nesse caso,

> [...] quando uma pessoa já vive o primeiro deslocamento (corpo e gênero) e escolhe[46] como objeto de desejo uma pessoa que tem o mesmo gênero que o seu, se produz um outro deslocamento. A sexualidade e a identidade de gênero divergem das normas de gênero (Bento, 2017a, p. 104).

Por fim, Bento (2017a) denuncia o deslocamento dos olhares, causado pela aparição de corpos transexuais. Afinal, "as transformações reivindicadas por eles/elas estão localizadas em regiões do corpo que foram objeto de constantes inversões discursivas, principalmente religiosas e científicas" (Bento, 2017a, p. 104). É nesse sentido que Bento (2017a, p.104) vai dizer que "se pode observar sua capacidade ou potencial subversivo, uma vez que deslocam as noções de 'real' (verdade) e 'fictício' (mentira)".

Aquele real, portanto, apresentado pelo saber ocidental universal sobre o corpo, revela-se, então, como uma "natureza" que pode mudar, ou seja, que pode falhar no contexto de uma matriz de corpos inteligíveis.

---

[46] Mantenho, aqui, a escrita conforme consta na obra de Berenice Bento, ainda que tratar como escolha o desejo/ a orientação sexual seja algo bastante conflitante e alvo de muitas discussões, conflitos, disputas e divergências, seja em âmbito acadêmico, movimento social ou a partir do ponto de vista de quem se relaciona com pessoas do mesmo sexo e/ou gênero.

Porém, conforme bem observa Antunes em sua pesquisa sobre travestis idosas, as sujeitas e os sujeitos,

> [...] para serem reconhecidos e legitimados, necessitam de aceitação social. As que não seguirem o modelo inteligível não receberão reconhecimento como expressão "autêntica" de humanidade. As normas de gênero identificam quem deve ser considerado humano e quem não deve (Antunes, 2013, p. 99).

As normas de gênero — para além de estabelecerem papéis socioculturais de lugar aos corpos, no interior da sociedade moderna demarcada pelo binarismo e pela heterossexualidade compulsória —, também, junto ao sexo, possuem um papel de estatuto legal, quando analisados os registros civis de reconhecimento e de enunciação de si, perante os outros e o Estado, enquanto administração pública.

Preciado (2020a), sobre a escolha e alteração do seu nome em seus registros de nascimento e identificação, conta que "uma transição de gênero é uma viagem marcada por múltiplas fronteiras. Talvez para intensificar a experiência da travessia, nunca viajei tanto quanto nos meses da parte mais abrupta da transição e do processo de busca por um nome" (Preciado, 2020a, p. 35).

Conforme bem salientam De Jesus e Alves (2012, p. 3),

> [...] nos registros civis de forma geral (certidões de nascimento, carteiras de identidade, crachás, frequências, contracheques, entre outros), é o sexo biológico e um nome atribuído a ele que constam; sendo, o gênero, uma variável inutilizada, senão confundida com o próprio conceito de sexo.

Com base no que me foi narrado pelas protagonistas participantes, em campo, no que me foi dito quando prestava atendimento jurídico junto ao Transgrupo Marcela Prado e no que consta em literatura sobre o tema, em especial em narrativas autobiográficas que expõem o ponto de vista das pessoas travestis e transexuais, a enunciação do nome, de um novo nome que significa um renascimento, é um dos grandes marcadores na construção de si e que destacam um agir ético e corajoso, com base em uma verdade que liberta (Foucault, 2010c).

Conforme expõe Sousa (2015), em sua dissertação de mestrado, defendida perante o Programa de Pós-Graduação em Direito, na Universidade Federal do Maranhão, na qual tratou sobre a retificação de nome e sexo, em registro civil, por pessoas travestis e transexuais,

> Se para alguns o nome permanece como o ponto de convergência e coerência da(s) identidade (s), pois condensa vivências e histórias que dão contorno à pessoa, para os homens e mulheres transexuais e travestis, o nome, ou melhor, o "nome civil" — regulamentado pelo Direito, e indisponível, com pouquíssimas exceções — é, na verdade, um *locus* de não-reconhecimento, e um instrumento que, quando socialmente apresentado, lhes relembra o seu lugar de abjeção e de ininteligibilidade social (Sousa, 2015, p. 93).

Replicando a importância que parece ter, o nome, no interior do processo de entendimento, reconhecimento e enunciação de si, para mulheres transexuais, Preciado (2017), elencando os princípios que regeriam a sua utópica sociedade contrassexual, prevê, no artigo 2 do contrato contrassexual, que

> Para evitar a reapropriação dos corpos como feminino ou masculino no sistema social, cada novo corpo (quer dizer, cada novo contratante) terá um contranome, um novo nome que escape às marcas de gênero, seja qual for a língua empregada. Em um primeiro momento, e com o fim de desestabilizar o sistema heterocentrado, é possível escolher um nome do sexo oposto ou utilizar alternativamente um nome masculino e um nome feminino. Por exemplo, alguém que se chame Júlio utilizará o correspondente feminino Júlia, e vice-versa. Os Josés Marias poderão utilizar Maria José, e vice-versa (Preciado, 2017, p. 35).

Assim como ficou bastante latente quando da realização e posterior análise da presente pesquisa, Massa (2018) expõe que, na pesquisa por ela realizada em ambientes acadêmicos, o reconhecimento do nome, para pessoas trans, em locais que extrapolam o convívio doméstico-familiar-social, apresentou-se como "uma questão que é de importância fundamental — nestes casos, nomes femininos — que implica, para todas elas, a primeira legitimação, em um âmbito oficial, da identidade de gênero" (Massa, 2018, p. 181). Isso porque

> As reivindicações de identidades que exigem direitos são o desdobramento inevitável de uma ordem de gênero que estabelece que a inteligibilidade dos gêneros está no corpo. Assim, o reconhecimento do nome significa o exercício de

um direito cidadão, mas, também, a conquista de uma tecnologia discursiva fundamental que afirma desejos e desafia normas (Massa, 2018, p. 181).

Em ambiente acadêmico, cabe registrar que a UFSC foi a sexta instituição de ensino superior do Brasil a adotar o uso do nome social, "[...] ação iniciada pela UERJ, que aprovou uma decisão favorável em 2007. A resolução da UFSC foi aprovada por unanimidade em 24 de abril de 2012, quando já havia, pelo menos, quatro alunas trans na instituição" (Massa, 2018, p. 183). Já a Universidade Federal do Paraná apenas autorizou a utilização institucional do nome social em 3 de julho de 2015, por meio da publicação da resolução 29/15[47], após o Conselho de Ensino, Pesquisa e Extensão (Cepe) aprovar, por unanimidade, o uso do nome por meio do qual se autoidentificam, de acordo com a identidade de gênero, estudantes trans.[48]

Não é apenas em ambientes acadêmicos que o uso do antigo nome social e do atual nome retificado em assento de nascimento mostra-se necessário, mas, também, em locais de acesso a saúde e emprego, conforme contam as protagonistas participantes com quem conversei e a literatura produzida sobre o assunto. Prado (2018), por exemplo, narrando suas experiências dentro do Ambulatório Amélio Marques, do Hospital de Clínicas da Universidade Federal de Uberlândia, onde está situado o ambulatório de transexualidades, o Craist (Centro de Referência em Atenção Integral para Saúde Transespecífica), como pesquisador nas áreas de gênero e sexualidades na Psicologia, salienta que

> Desde a entrada na secretaria o uso do nome social é uma regra institucional. Fui descobrindo que usar o nome social não é tão simples assim. Lógico, para o Craist era, mas para usuários e usuárias nem sempre. Lembro até hoje da Janete. Janete era uma dessas mulheres trans jovens lindas. Janete era modelo. Vinha acompanhada da mãe. Com o tempo a gente aprende a fazer a leitura de algumas cenas nos nossos corredores. Quando tem uma usuária trans ou um usuário trans com uma pessoa mais velha ao lado chorando, tenha certeza esta é a mãe ou algum familiar. Vinha Janete e

---

[47] Para acesso à Resolução 29/15, que continua em vigor, consultar: http://www.soc.ufpr.br/portal/wp-content/uploads/2016/07/resolucao_cepe_02072015-1023.pdf. Acesso em: 7 jul. 2021.

[48] Para maiores informações, consultar: https://www.ufpr.br/portalufpr/noticias/conselho-aprova-o-uso--do-nome- social-de-acordo-com-identidade-de-genero-na-ufpr/. Acesso em: 7 jul. 2021.

> D. Maria Lúcia, uma sorrindo, outra suplicando. A coordenadora me entrega a abertura do seguimento, vejo o nome Carlos Eduardo. O que você pensa: é um homem trans. Era Janete. Daí no meio da conversa, eu disse — "Janete, por que você não deu na secretaria seu nome social?". Ela mais que rápido: "Dar eu dei, minha carteirinha do SUS já é com meu nome social, mas minha mãe foi lá e alterou, disse que era mentira, que meu nome era esse. E eu topei e concordei porque eu sei que para ela ainda as coisas estão difíceis, mas ela vai de salto em salto aprendendo" (Prado, 2018, p. 25).

Viviane Vergueiro Simakawa, em sua dissertação de mestrado defendida junto ao Programa Multidisciplinar de Pós-graduação em Cultura e Sociedade, na Universidade Federal da Bahia, conta, em um relato autobiográfico, os problemas enfrentados, relacionados ao uso do nome social, em meados de 2014, quando da sua vista realizada ao Centro de Referência de Imunobiológicos Especiais (CRIE), um centro de vacinação conveniado ao SUS:

> Após constatar que não havia como registrar meu nome social na ficha cadastral, procurei formas de garantir que meu direito a ser chamada como Viviane fosse cumprido, sem obter sucesso, comprovando que a falta de respeito ao nome escolhido pelas pessoas travestis e transexuais se configura como uma violência que acontece diariamente nas suas vidas sociais (Simakawa, 2015, p. 121).

Ainda, nesse mesmo sentido, Helena Vieira (2018), brasileira, travesti, filósofa e professora, e Bia Pagliarini Bagagli (2018), em artigo publicado em coletânea organizada por Heloísa Buarque de Hollanda, enquadram o nome, em questão que se refere às pautas de reivindicação de pessoas travestis e transexuais, como uma política pública que acarreta, em sua ausência, na falta de cidadania e de acesso a serviços essenciais, como o acesso ao sistema de saúde. Segundo a autora,

> O movimento trans tem conseguido, nos últimos anos, avanços em políticas públicas, como o acesso a cuidados de saúde à população trans no SUS e avanços de jurisprudência para o reconhecimento jurídico das identidades trans (retificação do registro civil). Contudo, é preciso avançar muito nessas áreas. [...] Quanto ao reconhecimento jurídico, ainda se espera a aprovação de uma lei de identidade de gênero, como a João W. Nery, que iria desburocratizar e despatologizar o direito à retificação de documentos.

> Ainda hoje, estamos pelejando nos usos dos ditos "nomes sociais". Preconiza-se o tratamento pelo nome pelo qual as pessoas se identificam nas instâncias do cotidiano, ao mesmo tempo em que se exime de fornecer medidas mais concretas de retificação de nome na justiça. Atualmente, é preciso abrir um processo judicial para alterar o nome e, em virtude de uma lei de identidade de gênero, fica a cargo da interpretação (e vontade) do juiz (que pode estar contaminado pelas ideologias transfóbicas) em ceder a retificação, um direito que deveria ser inalienável, já que se trata do direito ao próprio nome. Ainda é frequente que juízes exijam laudos psiquiátricos que atestem a condição de "transexualismo" e até mesmo a realização de cirurgias para que pessoas trans possam ter seus documentos atualizados, o que constitui um grave atentado aos direitos da população trans (Vieira; Bagagli, 2018, p. 348-349).

É com o intuito de subverter e se impor às condicionantes determinadas pelo aparato burocrático do Estado que a contrassexualidade, de Preciado (2017), apresenta-se como um mecanismo de agência de sexo, gênero e existência, que incide na ontologia do próprio ser social.

c. A contrassexualidade: sexo e gênero

A contrassexualidade, conforme proposta por Preciado (2017), que tem como premissas "uma análise crítica da diferença de gênero e de sexo, produto do contrato social heterocentrado, cujas performatividades normativas foram inscritas nos corpos como verdades biológicas (Preciado, 2017, p. 21) e a substituição da Natureza, como o grande contrato social, por um contrato contrassexual, em que "os corpos se reconhecem a si mesmos não como homens ou mulheres, e sim como corpos falantes, e reconhecem os outros corpos como falantes" (Preciado, 2017, p. 21), é definida pelo autor como não sendo a criação de uma nova natureza, "pelo contrário, é mais o fim da Natureza como ordem que legitima a sujeição de certos corpos a outros" (Preciado, 2017, p. 21). É, em realidade, um exercício de ficção política, que deve ser lida como uma proposta filosófica a partir de novos conceitos conferidos a marcadores como o corpo, o sexo, o gênero e a sexualidade.

Sexo e gênero, nesse contexto pensado por Preciado, passam a ser "dispositivos inscritos em um sistema tecnológico complexo" (Preciado, 2017, p. 23), que têm como finalidade, a

> [...] dominação heterossexual que reduz o corpo a zonas erógenas em função de uma distribuição assimétrica de poder entre os gêneros (feminino/masculino), fazendo coincidir certos afectos com determinados órgãos, certas sensações com determinadas reações anatômicas (Preciado, 2017, p. 25).

Em estreita relação à teoria de Donna Haraway (2019), Preciado (2017, p. 23) acrescenta, ainda, que "a natureza humana não é senão um efeito de negociação permanente das fronteiras entre humano e animal, corpo e máquina, mas também entre órgão e plástico".

Como tarefa enunciada,

> [...] a contrassexualidade identifica os espaços errôneos, as falhas da estrutura do texto [...] e reforça o poder dos desvios e derivações com relação ao sistema heterocentrado. [...] O que é preciso fazer é sacudir as tecnologias da escritura do sexo e gênero, assim como suas instituições (Preciado, 2017, p. 27).

Afinal, como bem salienta Preciado (2017, p. 28),

> [...] a tecnologia social heteronormativa (esse conjunto de instituições tanto linguísticas como médicas ou domésticas que produzem constantemente corpos-homem e corpos-mulher) pode ser caracterizada como uma máquina de produção ontológica que funciona mediante a invocação performativa do sujeito como corpo sexuado.

É em razão do seu efeito ontológico, por exemplo, que o nome pelo qual os sujeitos são enunciados e inscritos nas malhas do poder possui tamanha importância no processo de entendimento, reconhecimento e de enunciação de si, para mulheres transexuais. Afinal, o nome é entendido como uma característica do ser, denunciante de um gênero e, consequentemente, de uma estética. Nesse sentido, o uso do nome social e a alteração do nome (prenome), seja por meio de um processo judiciário, seja por requisição administrativa, revelam-se como o efeito de uma prática de um cuidado de si, que tem como premissa a subjetivação a partir de práticas éticas de liberdade e de resistência frente aos sistemas jurídicos (Foucault, 2018a).

É nesse sentido que converge a tese de doutorado da Prof.ª Dr.ª Crishna Mirella de Andrade Correa (2017), junto à Universidade Federal de Santa Catarina, pelo Programa de Pós-Graduação Interdisciplinar em

Ciências Humanas, na qual ela, acerca do uso do nome social por mulheres transexuais, analisa

> [...] os trâmites da resolução de nome social como uma teia de expressões de poder que recai sobre minhas/meus interlocutoras/es, como as falas do direito sobre a natureza do dispositivo de nome social e a prerrogativa da instituição de fazer essas vidas esperarem pelo momento em que poderão utilizar seu nome nos documentos internos e assim, passar a existir para a comunidade universitária. Porém, de certa forma, trabalhamos a existência do dispositivo de nome social como uma estratégia de resistência contra esse poder institucional de fazer esperar, uma vez que se trata de uma alternativa de sobrevivência enquanto os processos de mudança de nome civil estão em curso (Correa, 2017, p. 38).

O uso de nome social ou a retificação judicial ou extrajudicial do assento de nascimento, pelas mulheres transexuais, configuram-se, então, como exemplos de práticas de liberdade, a partir de práticas éticas de si, tendo em vista que, segundo Foucault (2017a), a condição para a existência do próprio poder, é que ele seja exercido sobre pessoas livres, ou seja, não submetidas a relações saturadas nas quais seja impossível o estabelecimento de relações de poder, ao que ele deu o nome de estado de dominação (Foucault, 2017a). "Na falta de liberdade, poder se converte em dominação, e o sujeito, em objeto" (Castro, 2016, p. 247). Segundo Foucault (2017a, p. 260),

> Quando um indivíduo ou um grupo social chega a bloquear um campo de relações de poder, a torná-las imóveis e fixas e a impedir qualquer reversibilidade do movimento — por instrumentos que tanto podem ser econômicos quanto políticos ou militares — estamos diante do se pode chamar de um estado de dominação.

Há um complexo jogo, então, no interior do campo de relações de poder, que possibilita o gozo e a prática de uma liberdade ética que tem como pano de fundo uma reflexividade do/da sujeito/sujeita voltada para si, ao passo que admite-se "condutas, comportamentos e reações pelas quais o sujeito se constitui a si mesmo, dá-se uma forma" (Castro, 2016, p. 247).

Emerge um deslocamento nos jogos da verdade, que antes revelavam uma prática coercitiva e passam, a partir do que é identificado por Foucault, a enunciar práticas de autoformação do sujeito. Segundo o autor, não é possível cuidar de si sem se conhecer. "O cuidado de si é certamente o conhecimento de si, [...] mas é também o conhecimento de um certo número de regras de conduta ou de princípios que são simultaneamente verdades e prescrições. [..] a ética se liga ao jogo da verdade" (Foucault, 2017a, p. 262-263). Sobre esta mudança, Foucault (2017a, p. 259), salienta que

> É o que se poderia chamar de uma prática ascética, dando ao ascetismo um sentido muito geral, ou seja, não o sentido de uma moral da renúncia, mas o de um exercício de si sobre si mesmo através do qual se procura se elaborar, se transformar e atingir um modo de ser.

A ascética, relacionada à ética, reflete formas da subjetivação moral e das práticas de si destinadas a assegurá-las (Foucault, 2018b). No que tange à sexualidade, Foucault (2017a), tecendo considerações sobre como se poderia praticar a liberdade observado o cuidado ético de si, é direto ao expor que esta se dá pela liberação do desejo, uma vez que a liberdade é a condição ontológica da ética. E tratar-se-ia de liberdade, neste caso, e não de liberação, porque, "para Foucault, o que chamamos o 'sujeito' ou a 'natureza humana' não é independente dos processos históricos que lhes dão forma. Por isso, não se trata de liberação, mas de práticas de liberdade, isto é, da forma que podemos dar à subjetividade" (Castro, 2016, p. 247).

A busca e a efetivação, portanto, por mulheres transexuais, da mudança do nome (ou prenome), em seus documentos de registro, reflete-se, por exemplo, como um processo de agência motivado por um cuidado de si, ético e livre, que promove uma reconstrução da subjetividade e que as permite atuar face à abjeção de seus corpos e em promoção às suas identidades.

Enfoque teórico semelhante pode ser conferido, a título de exemplo, à construção dos corpos, como a promovida pelas mulheres transexuais, a partir do uso de hormônios, cirurgias, aplicação de silicones, intervenções estéticas e da mudança de vestimentas, de modo a se aproximar da estética criada no entorno do gênero feminino, de forma a garantir o que foi chamado por elas, em entrevista, como passabilidade.

Conforme salienta Bento (2017a, p. 159),

> Embora Butler afirme que não exista uma essência interior que é posta em evidência através dos atos, não diz nada sobre a especificidade dos processos de construção dos cor-

pos que buscam ajustar-se ao modelo dimórfico, ou ainda, àqueles que jogam com as ambiguidades e os reconstroem com este objetivo, como os *drag kings* e as travestis.

Butler "parte da ideia de que o corpo é modelado por forças políticas com interesses estratégicos em mantê-lo limitado e constituído pelos marcadores sexuais" (Dorlin, 2021, p. 112). O corpo sexuado, efeito das relações de poder e dos discursos dos sistemas de dominação que se encontram atrelados à heterossexualidade compulsória, é construído, também, com base em uma estética atrelada aos gêneros. Nesse sentido, "os atos e os gestos, os desejos articulados e postos em ato criam a ilusão de um núcleo interno e organizador do gênero, ilusão mantida discursivamente com o propósito de regular a sexualidade" (Butler, 2017a, p. 235), inclusive, porque a

> A construção da coerência oculta as descontinuidades do gênero, que grassam nos contextos heterossexuais, bissexuais, gays e lésbicos, nos quais o gênero não decorre necessariamente do sexo, e o desejo, ou a sexualidade em geral, não parece decorrer do gênero — nos quais, a rigor, nenhuma dessas dimensões de corporeidade significante expressa ou reflete outra (Butler, 2017a, p. 234).

Conforme bem expõe Dorlin (2021, p. 112),

> [...] o gênero constitui, assim, o corpo em identidade inteligível no âmbito da matriz heterossexual, produzindo um modo de inteligibilidade de *seu* próprio corpo e, por conseguinte, de *si*: ordenando aos indivíduos que declarem seu sexo, seu gênero, sua sexualidade, a ler sua "verdadeira identidade", seus desejos "soterrados", seu "eu autêntico", pelo prisma desse ideal normativo (grifos da autora)

Assim o sendo,

> [...] os corpos buscam adequação aos padrões de identidade socialmente aceitas. Tal enquadramento tem justificado as mais variadas formas de controle e disciplina que o corpo tem sofrido por mais de dois séculos. A história da criação dos corpos, está ligada a produção de subjetividades (Leite Jr., 2013, p. 67).

Butler, tendo sua tese analisada por Dorlin (2021, p. 113, grifos da autora),

> Retomando as teses de Michel Foucault em *Vigiar e punir*, pensa a "reprodução disciplinar do gênero" como um conjunto de práticas reguladoras, discursivas e físicas, que produz uma "corporeidade significante" de identidade pessoal "viável", da pessoa, como uma *pessoa inteligível, porque um gênero a habita*. Assim, o gênero é pensado como instrumento e também como efeito.

É quando "a desorganização e desagregação do campo dos corpos rompe a ficção reguladora da coerência heterossexual, que parece que o modelo expressivo perde sua força descritiva" (Butler, 2017a, p. 234), e o ideal regulador é, então, denunciado enquanto norma (Butler, 2017a). E, assim o sendo, "se a 'causa' do desejo, do gesto e do ato pode ser localizada no interior do 'eu' do ator, então as regulações políticas e as práticas disciplinares que produzem esse gênero aparentemente coerente são de fato deslocadas, subtraídas à visão" (Butler, 2017a, p. 235).

Se, portanto,

> A verdade interna de um gênero é uma fabricação, e se o gênero verdadeiro é uma fantasia instituída e inscrita sobre a superfície dos corpos, então parece que os gêneros não podem ser verdadeiros nem falsos, mas somente produzidos como efeitos da verdade de um discurso sobre a identidade primária e estável (Butler, 2017a, p. 236).

É com base no ideal imagético criado no entorno dessa identidade primária e no seu caráter discursivo e culturalmente construído que, as mulheres transexuais, dotadas de agência e ação, aqui "representadas como a capacidade de mediação reflexiva" (Butler, 2017a, p. 246), buscam promover (res)significação aos seus corpos, a partir de alterações corporais, por meio do uso de hormônios, da realização de cirurgias e intervenções estéticas, aplicação de silicones, aplique de cabelos, entre outras formas de criação e de reconstrução de si. Todas essas alterações, inclusive, denunciam a plasticidade do corpo (Foucault, 2006) e a possibilidade de aproximação ou adequação à estética externa que se interliga à imagem do gênero feminino.

Fazendo alusão à tese de Preciado (2017), Dorlin (2021, p. 130) ainda salienta que,

> [...] longe de ratificar a naturalidade perdida do corpo e suas capacidades "puras", Preciado mostra, ao contrário, a impossibilidade de traçar limites claros entre o "natural"

e o "artificial", entre o "corpo" e a "máquina" e conclui que cada desenvolvimento tecnológico reinventa uma "nova condição natural".

Ademais, conforme bem expõe Leite Jr. (2013, p. 61), as

> Subjetividades são sempre multicomponenciais. Os elementos que participam nesse processo difundem-se em fluxos que percorrem o meio social. Incorporam-se a diferentes formas de viver que são assumidas pelas pessoas no decorrer da vida. Fluxos de informações, objetos, ideias, valores, afetos e normas que circulam servem como verdadeiras matérias-primas para a construção da subjetividade. A produção do sujeito se opera na encruzilhada de múltiplos componentes de subjetividades.

Inclusive, nesse mesmo sentido, incorporando os citados múltiplos componentes de subjetividades, "a possível proliferação de suplementos penetrantes sinaliza uma 'mutação do corpo biológico' e permite uma 'nova narrativa tecnológica que não pode ser lida como uma transgressão de gênero" (Dorlin, 2021, p. 131). É a partir desse contexto que Haraway (2019), em seu "Manifesto ciborgue", "rompendo com certo feminismo tecnofóbico, percebe a urgência, para o pensamento e a prática feministas, de investir politicamente na técnica" (Dorlin, 2021, p. 131). Haraway (2019), ao mesmo tempo que inaugura uma nova condição corporal, novas potencialidades, autônomas em relação a suas referências orgânicas, perturba as relações de poder heterossexuais existentes.

Essa perturbação nos saberes-poderes que intermedeiam a sexualidade acaba por colocar a "autoidentificação sexual (aqui no sentido preciso da autoidentificação como 'homem' ou 'mulher') no cerne da cultura 'trans': transexual ou transgênero, ou seja, de uma autoidentificação que implica um processo de redesignação médica (cirúrgica e/ou hormonal), ou não" (Dorlin, 2021, p. 139).

Emerge, nesse tópico, a autoidentificação, ou a autodeterminação, tendo em vista que

> Cada pessoa experimenta diferentes graus de potência para afetar ou ser afetado. Os graus de potência pertencentes a uma pessoa, não se manifestam da mesma forma, o tempo todo. Elas podem aumentar ou diminuir de acordo com os encontros vividos por seu corpo. O sujeito, ao constituir-se, não se restringe a experiência gerada; de encontro com

determinado dado. Ele vai além quando produz sentidos singulares para cada experiência. Nenhuma vivência detém um sentido único e imutável tal como se fosse uma espécie de essência (Leite Jr., 2013, p. 61).

Com relação à autodeterminação, que acaba por assumir uma potência política de agência do sujeito (Butler, 2019b), Cavalcanti (2019, p. 34), fazendo uso do seu conceito, leciona que,

> Pautar autodeterminação, na medida em que nos convoca todas a entender os sinuosos meios de produção e agenciamento das verdades, reposiciona as linhas de poder que, até então, creditam ao onisciente profissional psi o estatuto de enunciar as verdades possíveis sobre as pessoas trans. Seguindo o viés da autodeterminação, deslocamos esse aparato ao entender que são complexas as constituições de subjetividade e de narrativas que nos explicitem ao mundo, de modo que é sempre impossível categorizar as vivências trans em uma divisão binária de vivencias verdadeiras ou falsas, a partir do critério eleito pela interpretação do próprio profissional de saúde.

É sob essa perspectiva que se iniciaram as campanhas pela despatologização trans, que tiveram início na Espanha (Bento, 2017b, p. 87) e começaram a se multiplicar, no Brasil, em 2010, com destaque para ações do Conselho Regional de Psicologia de São Paulo[49] (Nascimento, 2021). Nascimento, sobre o assunto, dispõe que

> De posse do conceito de autodeterminação, é preciso que, cada vez mais, contestemos os discursos que nos enquadrem, por um olhar médico, em modelos patologizantes. O conceito de autodeterminação nos coloca como protagonistas de nossas experiências subjetivas, retirando a autoridade que, na sociedade vigente, ainda está tutelada por instituições médicas, jurídicas, religiosas e estatais, que nos limitam em uma condição subalterna, patológica, criminosa e imoral. Quando os corpos trans assumem processos de produções discursivas sobre suas subjetividades, passam a rechaçar o pensamento colonizador e os processos de patologização (Nascimento, 2021, p. 107)

Isso porque travestis e transexuais

---

[49] O manifesto pela despatologização das identidades trans encontra-se disponível em: http://www.crpsp.org.br/portal/midia/fiquedeolho_ver.aspx?id=365. Acesso em: 9 fev. 2022.

> [...] "constroem" seus corpos, por meio de um longo trabalho de "engenharia" física. Para isso, elas se baseiam na cultura e na linguagem. Procuram transformação física e social. Retiram e incorporam elementos sociais. É justamente no corpo que elas manifestam os principais dados simbólicos, daquilo que é considerado masculino e feminino pelas normas de gênero (Leite Jr., 2013, p. 71).

Leite Jr. (2013), em sua pesquisa sobre como se dão os processos de envelhecimento das travestis, destaca fatos e narrativas que são constituintes ou próximos daqueles perpassados por mulheres transexuais, como o início da transformação e produção do corpo, em geral, por volta dos 12 anos de idade; a retirada de pelos, com depilação a laser, e a decisão de não mais cortar os cabelos, até que eles percam um aspecto "masculino"; a utilização de maquiagens, tanto para o embelezamento quanto para o afastamento das características físicas que as aproximariam do "mundo masculino"; o uso de hormônios; a utilização de técnicas para o afinamento e agudamento da voz; a utilização de vestimentas, adereços e acessórios relacionados ao "universo feminino"; o uso de roupas que valorizem partes dos seus corpos como nádegas, quadris, seios, coxas e pernas, aliado aos saltos altos e à procura por bombadeiras para a aplicação de silicone industrial.

Leite Jr. aponta, ainda, que várias são as razões que levam, mulheres travestis, a buscar e a se submeterem à mais variada ordem de procedimentos, cirurgias e busca pela aproximação com o universo feminino, sendo que a principal, assim como aponta ser para as mulheres transexuais, é o desejo. Ainda, segundo o autor,

> Seus corpos são fabricados em função desse desejo. O desejo não é sempre sexual. Graças à transformação de seus corpos, muitas conseguem reconhecimento, afeto, carinho, dinheiro, valorização, bens materiais, ascensão social, resgate dos laços afetivos com a família, amizades, prestígio, *status*, etc. (Leite Jr., 2013, p. 80, grifo do autor).

Esse desejo, muitas vezes, alicerça-se, ainda, na inspiração e, por vezes, na orientação de outras mulheres travestis e/ou transexuais com quem se mantém um contato inicial ou que assumem um protagonismo com grande destaque na mídia, por exemplo. É o caso de Roberta Close, que foi citada, na pesquisa em campo, por Sophie, Sofia, Barbara, Maria Sueli e Vanusa, como alguém em quem elas se inspiraram quando da construção de si, em especial em razão da sua beleza e do status por ela alcançado junto à grande mídia.

O grande fascínio gerado no entorno da figura de Roberta Close, que ficou demonstrado nas entrevistas realizadas com as protagonistas participantes, fruto de um grande destaque nacional, em especial quando foi capa da revista *Playboy* em 1984, emerge porque ela "é interpretada como acontecimento paradigmático dessa nova temporalidade e subjetividade farmacopornográfica" (Veras, 2019, p. 99), período este em que, de acordo com Preciado (2018), o sexo e a sexualidade, a partir da década de 1970, transformam-se no centro da atividade política e econômica a nível mundial. Dada essa centralidade, há a constituição de um corpo transbiológico: "o corpo individual funciona como uma extensão das tecnologias globais de comunicação" (Preciado, 2018, p. 47).

Fazendo uso, portanto, de tecnologias que são reinventadas, aprimoradas e constantemente difundidas, as mulheres transexuais, estrategicamente e de maneira racional (Foucault, 2017a), a partir de saberes localizados (Haraway, 2009), buscam construir uma estética que lhes confira uma autoimagem positiva (Bento, 2017a), nas relações de poder que permeiam a atual sociedade binária heterocentrada.

Desta feita, "pode-se, então, decifrar em termos de 'estratégia', os mecanismos utilizados nas relações de poder" (Castro, 2016, p. 152), como "a racionalidade aplicada para alcançar objetivos" (p. 151), tomando-se, a título de exemplo, a execução de práticas que admita, às mulheres transexuais, gozar de uma inteligibilidade de gênero que lhes garanta a passabilidade.

d. Passabilidade

Simakawa (2015, p. 158) destaca a passabilidade "enquanto uma categoria útil de análise para vivências nas diversidades corporais e de identidades de gênero, tanto como uma exigência cisnormativa, como uma estratégia possível de resistência a cissexismos em determinados contextos". Em continuidade, a psicanalista salienta que o tema apresenta grande importância e constante frequência em conversas entre as comunidades trans e gênero-diversas, em especial "[...]para pensar desde vulnerabilidade e possibilidade de resistência a violências quanto nossas impossibilidades afetivo-sexuais em um cistema [*sic*] que, a grossos e interseccionais modos, nos odeia" (Simakawa, 2015, p. 158-159).

Foi, por exemplo, colocando a passibilidade em destaque que, de acordo com Soley-Beltran (2009, p. 235), "el primer estudio de la transexualidad desde la perspectiva sociológica es la investigación de Garfinkel sobre las prácticas de Agnes para 'pasar' como uma mujer".

Em nota de rodapé, a referida autora destaca que utiliza

> [...] una versión castellana del inglés to pass: pasar. El gerundio passing se refiere al intento de aparecer como aquello que no se es con el propósito de integrarse socialmente. Puede referirse a la integración de género, racial, de clase, etc. En el texto actual lo traduzco como "passar" o "pasar inadvertido/a" (Soley-Beltran, 2009, p. 235).

Em sua pesquisa sobre as práticas de Agnes, Garfinkel (1967, p. 118) as definia como "la labor de conseguir y asegurar su derecho a vivir en el estatus de sexo elegido a la vez que se atiende a la posibilidad de detección y quebranto dentro de las condiciones estructuradas socialmente dentro de las cuales se da esta labor".

Conforme bem expõe Dorlin (2021, p. 142-143),

> A "passabilidade" (ou seja, "passar por") é conhecida no contexto do racismo, sobretudo o do sistema segregacionista dos Estados Unidos e de seu adágio "iguais, mas separados". A expressão é empregada pelas pessoas trans na atualidade. Entretanto, "passar por" um homem ou uma mulher é equivalente a tentar passar por realista, de acordo com as regras e as restrições predefinidas da realidade comumente aceita. Em tal contexto, "passar por" exige submissão às regras e às restrições do heterossexismo, pois desafia os limites da identidade, das representações e das prerrogativas do masculino e do feminino: ser mulher ou ser homem são identidade produzidas no âmbito de um sistema de relações que ratificam uma divisão sexual do trabalho na produção e na reprodução (incluindo a atribuição de mulheres ao trabalho doméstico e, mais geralmente, a funções com baixo valor social agregado), uma socialidade diferenciada (espaços sociais, atividades de socialização, *ethos* socializado) que implica um acesso assimétrico a recursos sociais, tais como a violência.

No interior do contexto apresentado por Dorlin, em que a produção e reprodução de sexo e gênero se reifica de maneira estilizada em corpos marcados pelo binarismo, e que se encontram regulados pela heteronormatividade, às mulheres transexuais, "a estratégia da passabilidade reside no fato de que as pessoas trans são constantemente colocadas à margem da humanidade" (Dorlin, 2021, p. 143), ou seja, são abjetadas (Butler, 2019b), como corpos que não importam, do seio social.

Busca-se, portanto, pela passabilidade, para além de criar e reproduzir uma estética de si que reflita um cuidado ético (Foucault, 2016; 2017a; 2018b), constituir a própria subjetividade, como estratégia, frente aos mecanismos de poder, enquanto resistência reflexiva para a existência digna (Foucault, 2018a; Butler, 2019b), fazendo uso da performatividade dos gêneros (Butler, 2017a; 2019b).

Cavichioli (2021), em sua pesquisa que é centrada na forma com que se sucedeu o assassinato da travesti Dandara Katheryn, expõe que

> "Eu já nasci garota", dizia Dandara à família. "Meu negócio não é mulher", disse a uma pretendenta da escola, fato que revelou sua "homossexualidade" à mãe. A irmã travesti, que compartilhou experiências próximas às de Dandara, buscando sobreviver na pista, convivendo com o vírus e a doença do estigma, sofrendo a exploração sexual e, embora em circunstâncias diversas, vítima da morte antecipada, certa vez perguntou a uma de suas irmãs mais velhas: "Quando um rapaz assim resolve ir para o seu lado, como eu e como a Dandara, não tem jeito não?" A resposta foi a seguinte: "Basta mudar o modo de se vestir, o modo de se comportar. Por exemplo, cabelo loiro, não deixa o cabelo mais grande, não deixa crescer, não pinta, não usa maquiagem, não usa roupa *unissex*. Aí você arruma um emprego, termina seus estudos e aí veste roupa normal, aí você é o mesmo homem (Cavichioli, 2021, p. 104).

O diálogo estabelecido entre Dandara e suas irmãs revela que, além de o gênero ser percebido, as identidades se localizam no entorno de práticas de significação que as tornam inteligíveis, a partir dos marcadores do binarismo e da heterossexualidade compulsória; ou seja, no interior de práticas que, pela sua repetição estilizada, tornam "natural" o significante e induzem à existência de um sexo e gênero "fundadores" (Butler, 2017a). Tanto Dandara quanto outras mulheres travestis e transexuais, a partir da sua existência, denunciam a falha do discurso binário hierárquico e a fragilidade do sistema da heterossexualidade compulsória.

Assim, "como as superfícies corporais são impostas *como* o natural, elas podem tornar-se o lugar de uma *performance* dissonante e desnaturalizada, que revela o *status performativo* do próprio natural" (Butler,

2017a, p. 252). Soley-Beltran, em alusão à matriz heterossexual trazida pela teoria de Butler, salienta que

> Los tópicos de la matriz son estándares normativos de identidad a los cuales nos vemos obligados a conformarnos. Estos estándares definen los límites de la aceptabilidad dentro de la matriz. Los estándares de la identidad de la MH funcionan como un lenguaje en la medida em que se emplean como un conjunto de prácticas atributivas, explicativas y predictivas. Dada la importancia de las superficies visibles en la interacción social, la noción de la estética desempeña un papel importante en la definición y la vigilancia del género. Aunque los transexuales piensan que la identidad reside en un espacio interior y está causada por una fuerza biológica, los datos empíricos establecen la existencia de normas que exigen que la identidad se exprese en el cuerpo (Soley-Beltran, 2009, p. 353).

Vivendo em uma sociedade que exige que a identidade se expresse por meio do corpo e que oferece, até então, o enquadramento médico-legal, em duas formas e nomenclaturas de gênero, masculino/feminino — homem/mulher, "da mesma maneira que a transgressão da norma é severamente punida, a conformidade com essa mesma norma é recompensada" (Kaplan, 2006, p. 461). Letícia Lanz, em sua dissertação de mestrado defendida perante o Programa de Pós-Graduação em Sociologia, da Universidade Federal do Paraná, na qual trata pessoas transgêneras, transgressão e conformidade com as normas de gênero, salienta, em um texto que se confunde com uma autobiografia, que

> "Passar" é a mesma coisa que ser reconhecida, pela sociedade, como alguém em conformidade com as normas de gênero. Não há nenhum exagero em se afirmar que "passar" é a maior de todas as obsessões das pessoas transgêneras. Em inúmeros aspectos, "passar" deve ser considerado como algo fundamental para a população transgênera, da segurança contra ataques de violência transfóbica à satisfação pessoal de ser publicamente reconhecido como alguém que a pessoa sente que é. Trata-se de uma equação simples em que "passar" é igual a ser reconhecida e aceita pela sociedade. Quanto mais "passável", mais habilitada ao convívio dentro do mundo "normal" cisgênero-heteronormativo e menos a chance de ser estigmatizada e violentada como "desviante" de gênero. "Passar" teria, assim, também uma

> função protetora, na medida em que as pessoas transgêneras que não passam convincentemente ficam teoricamente muito mais expostas à violência real e simbólica da população cisgênera (Lanz, 2014, p. 129).

Ainda, em arremate, Lanz (2014, p. 134) destaca que

> Uma pessoa transgênera pode tentar passar como um membro cisgênero qualquer da sociedade e dessa forma evitar ser classificada como transgressora de gênero ou gênero-divergente. "Passar" envolve simular, da forma mais convincente possível, as características sexuais primárias e secundárias da categoria de gênero que se pretende expressar em público. Muitas pessoas transgêneras chegam a desenvolver incríveis habilidades de se montar e de se maquiar, que lhes permitem passar como membros do gênero oposto ao que foram classificadas ao nascer, de forma altamente convincente no dia a dia, ainda que não estejam em regime de reposição hormonal e não tenham feito nenhum tipo de cirurgia. Nesse caso, não só a existência de "traços físicos" andróginos ajuda a pessoa a "passar", mas, sobretudo, a compreensão de que gênero é performance e que, portanto, pode ser perfeitamente imitada.

O passar, resultado da passabilidade, denuncia que "a cada iminência de risco, acionam-se práticas de intervenção normatizadoras e modos de compreensão que tentam recompor a dicotomia sexual como imperativo da natureza" (Machado, 2014, p. 144), o que coloca mulheres travestis e transexuais como alvos do sistema sexo-gênero e do controle disciplinar de corpos (Foucault, 2014; 2018a). Esse controle sobre corpos e subjetividade, exercido face às mulheres transexuais, acaba por impor-lhes a busca por uma performatividade vinculada a uma figura criada no imaginário social, que é a da "mulher de verdade".

De modo a apresentar como os atos de performance de gênero se impõem, sobre corpos transexuais, com diferente intensidade sobre outros corpos que, por algum motivo, destoe do regime da heterossexualidade compulsória, Bento (2017b, p. 59) salienta que

> Para o gay, é possível construir estratégias de aceitação (o que é diferente de reconhecimento), principalmente no que se refere à eliminação de quaisquer performances que o identifiquem com o feminino. Com as pessoas trans, no entanto, é diferente. Seus corpos apresentam diferenças insuportáveis para um contexto marcado pela

> hegemonia dos discursos que definem os sujeitos por suas genitálias. Os corpos trans seriam a própria materialidade da impossibilidade de assimilação. Se o gay tenta não "dar pinta", através de uma limpeza em sua performance de tudo que sugere feminilidade; se a lésbica masculina é, de certa forma, protegida por um contexto social em que a moda unissex privilegia mulheres, ou seja, uma mulher que usa roupas masculinas, tem um cabelo curto e performatiza uma estilística corporal masculina, possivelmente, não correrá grandes riscos; com as pessoas trans, essas possibilidades são impossíveis.

Aqui, eu me arrisco a concordar parcialmente com Bento (2017b), pois, para além de não ser tão simples quanto descrito, para gays e lésbicas, passarem despercebidos e imunes à violência física e moral apenas com o uso de algumas vestimentas e uma maior vigilância sobre a forma de agir — o que, diga-se de passagem, é exaustivo —, afirmar que, para as pessoas trans, essas possibilidades são impossíveis parece retirar o poder de agência, reflexividade e de agir de maneira ética estratégica que essas pessoas praticam, exercitam e executam em seu dia a dia. Para elas — as mulheres travestis e transexuais —, é mais tortuoso, cansativo e conflitante "passar" para existir e sobreviver, mas não impossível. Isso porque tanto mulheres travestis quando mulheres transexuais

> [...] se veem obrigadas a reafirmar a cada instante o seu direito de ocupar o espaço público. Elas sabem que, a qualquer momento, podem tornar-se alvo de agressão verbal e/ou violência física por parte daqueles que se sentem ofendidos pela simples presença nesse espaço (Kulick, 2008, p. 47).

Porém, em que pese a afirmação da autora acima transcrita, Bento (2017b), em conferência realizada como atividade preparatória do IV Congresso Internacional de Estudos sobre a Diversidade Sexual e de Gênero, em 2012, na cidade de Salvador, reconhece a agência (Butler, 2017a) e o agir ético e estratégico (Foucault, 2017a), pelas mulheres trans, quando submetidas a perícias e exames que comprovem a suas "disforias de gênero" e "transtorno de transexualidade", de forma com que sejam autorizadas a se submeterem a cirurgias custeadas pelo Serviço Público de Saúde. Bento (2017b, p. 92-93) salienta que "para ser considerada uma transtornada de gênero, a pessoa transexual aprende a jogar muito bem com os discursos que definem hegemonicamente o que é ser um homem e uma mulher".

Esse "jogo" discursivo com o saber-médico, para a emissão de laudos que autorizem a realização de cirurgias e a alteração do assento de nascimento, com a retificação de prenome e gênero, foi-me apresentado, em campo, durante as entrevistas realizadas com as protagonistas participantes.

A partir das falas das mulheres com quem conversei, percebe-se que, cada uma, à sua maneira, exercia uma reflexão crítica acerca da necessidade de se apresentar um laudo no qual contivesse um CID, e agiam de maneira estratégica frente aos sistemas de saber-poder médicos e jurídicos, com o intuito de realizar alterações em documentos e/ou cirurgias e acompanhamentos médicos pelo SUS. Ou seja, há um exercício ético, reflexivo e estratégico da agência que lhes é comportada. Afinal,

> Agir dentro de uma performatividade que, reforço, não tem relação com atos teatrais que sugerem representações de papéis, senão com os discursos que enunciam práticas e comportamentos, construindo sujeitos a partir dessas práticas e falas, que são prédicas articuladas em contextos de poder. Tornar-se/ser travesti exige toda uma rígida disciplina de cuidados corporais cotidianos que as levam a incorporar, literalmente, os valores dominantes sobre como deve ser o corpo, a roupa, os gestos, as cores e acessórios para cada gênero, num processo de longa e ininterrupta duração (Pelúcio, 2009, p. 230).

Nesse trecho, embora Pelúcio (2009) se refira, explicitamente, apenas às mulheres travestis, o mesmo contexto se aplica às mulheres que se autoidentificam como transexuais, uma vez que os processos de subjetivação, reconhecimento e reconstrução de si são muito semelhantes. Em continuidade, demonstrando como se mostram rígidos, penosos e constantes os processos enfrentados pelas mulheres travestis e transexuais, salienta, ainda, Pelúcio (2009, p. 232), que

> Gênero e estigma encontram na dor o seu vínculo. O primeiro, precisa ser posto em camadas sobre o corpo, numa reiteração diária e sem fim. É esse processo que faz recair sobre elas o estigma, desabilitando-as "para a aceitação social plena", nos termos de Goffman (1988:07). E aqui têm lugar as dores físicas e simbólicas. Isso porque seus corpos parecem escapar às duras normas que prescrevem como cada sexo deve corresponder a um gênero respectivo, instituindo identidades binárias como naturais, e não ideais regulatórios.

"Os processos sociais que constituem esses sujeitos como abjetos são marcados por discursos que tomam o corpo como alvo privilegiado dos mecanismos e das relações de poder e, assim, instituem verdades sobre o que são esses sujeitos" (Pelúcio, 2009, p. 235), afinal, conforme bem salienta Butler (2017a), são as marcas de gênero que qualificam os corpos como humanos e há uma força da moral na construção dos sujeitos (Butler, 2017b). Com relação a essa última, "mesmo que a moral forneça um conjunto de regras que produz um sujeito em sua inteligibilidade, ele não deixa de ser um conjunto de normas e regras que um sujeito deve negociar de maneira vital e reflexiva" (Butler, 2017b, p. 21).

Com relação aos processos judiciais a que eram, até a edição do já citado Provimento 73/2018, pelo CNJ, submetidas e submetidos mulheres e homens trans que representei enquanto advogado, para a retificação de seus nomes e gênero, em suas certidões de nascimento, trago, aqui, partes de manifestações de membros e membras do Poder Judiciário e do Ministério Público que atuavam nas respectivas demandas[50]. Faço essas menções, com o intuito de que se tornem visíveis as condições com que eram tratadas as pessoas transexuais, inclusive, algumas das protagonistas participantes que retrataram, em entrevista, como se deu o processo para a alteração de seus documentos de identificação.

Primeiramente, segue trecho de manifestação do/da representante do Ministério Público, por meio da qual entende que, para que uma pessoa transexual exerça o direito de ser chamada pelo seu nome, deve produzir prova de que é, por ele, reconhecida, bem como deve ter um laudo médico/psicológico/psiquiátrico atestando a sua disforia de gênero:

> Sendo assim, **deve o requerente trazer aos autos laudos psiquiátrico e psicológico que atestem ser o mesmo portador de disforia de gênero**, os quais poderão ser elaborados pelos profissionais que já o atendem ou por perito nomeado por este Juízo. Sendo assim, ante a falta de requisito à retificação de sexo, define-se esta manifestação pelo prosseguimento do feito apenas em relação ao pedido de alteração de nome, devendo a requerente **indicar quais a provas que pretende produzir para demonstrar que é socialmente conhecida pelo nome** [...] (grifos meus).

---

[50] Como todos os processos de retificação de nome e gênero, junto ao Poder Judiciário, tramitam em segredo de justiça, não faço, nas referidas citações, qualquer referência aos seus números, vara em que tramitaram ou à parte que estava litigando.

Em sequência, segue trecho de sentença em que se reconheceu a transexualidade como uma neurodiscordância, que causa sofrimento, sem qualquer embasamento técnico-científico:

> Vê-se, portanto, que o constrangimento oriundo de um nome que não condiz com a identidade de gênero não é exclusivo de transexuais. No entanto, no caso de pessoas que apresentam neurodiscordância de gênero as repercussões são muito maiores. O descompasso entre a realidade social do indivíduo e o nome que o representa lhe nega a identidade, fomenta um sentimento de exclusão social e, em última análise, lhe impede de viver com dignidade.

Nesse trecho de sentença judicial, na qual foi deferida apenas a retificação do nome, e não do gênero, a/o magistrada/magistrado assim julgou, por entender que o gênero constrói a identidade biológico do ser humano e que alterá-lo, em registro de nascimento, poderia induzir em erro terceiros de boa-fé:

> Contudo, o mesmo não se pode dizer em relação à modificação do gênero no registro civil, pois apesar de ser reconhecida socialmente como mulher, com o nome [...], a autora não realizou a cirurgia de transgenitalização, alegando dificuldades financeiras para tanto. Dessa forma, filio-me ao entendimento de que **a alteração do gênero no registro civil depende da realização da cirurgia, haja vista que com os caracteres sexuais masculinos não se pode modificar o registro para feminino.** Considerando, pois, que **a identidade biológica da parte autora é a masculina**, porquanto ainda não submetido à cirurgia, **o gênero constante em seu registro deverá ser mantido, a fim, inclusive, de não induzir terceiros de boa-fé em erro** (grifos meus).

Já nesse trecho de manifestação do/da representante do Ministério Público, em segundo grau, manifestou-se o entendimento no sentido de que, para que o gênero seja retificado em certidão de nascimento, a cirurgia de redesignação sexual deve ter sido realizada; caso contrário, o pedido não deve ser provido, sob pena de induzir em erro terceiros de boa-fé:

> No entanto, em que pese às referidas preocupações, inobstante o argumentado pelo apelante, tem-se que sua pretensão recursal não merece guarida, uma vez que não há como se proceder a alteração de gênero no registro civil

> sem a intervenção cirúrgica. Isso porque, como se sabe, não há regulamentação legal acerca da possibilidade de alteração de registro civil para a espécie versada nos autos, sendo assim o mais coerente no caso é que o registro civil espelhe a realidade como ela é, **a fim, também, de induzir terceiros de boa-fé em erro,** conforme o entendimento jurisprudencial [...] Assim, não se pode dizer que o apelante, embora com aparência feminina, seja do sexo feminino, se ainda não se submeteu à cirurgia para alteração de sexo (grifos meus).

Por último, nesse pequeno trecho de acórdão (decisão proferida em segundo grau, quando do julgamento do recurso de apelação), a transexualidade é tratada por "transexualismo", ou seja, como enfermidade. Esse foi um dos motivos pelos quais a apelação foi julgada totalmente procedente. Ou seja, aqui reside a estratégia de aceitar a condição de "doente", para que sejam exercidos direitos básicos: "Prefacialmente, há que se registrar que o **transexualismo** é **erigido** à **condição de enfermidade**" (grifos meus).

Preciado (2020a, p. 29), narrando o seu próprio processo de entendimento e construção de si, quando da retificação de seus documentos pessoais, expõe que

> Desfiz a máscara de feminilidade que a sociedade havia colado em meu rosto até que meus documentos de identidade se tornassem ridículos, obsoletos. Depois, sem escapatória, aceitei identificar-me como transexual e "doente mental" para que o sistema médico-legal pudesse me reconhecer como corpo humano vivo. Paguei no corpo o nome que carrego.

De acordo com o exposto por Preciado (2020a), ele "pagou no corpo o nome que carrega", uma vez que há uma criação imagética cultural acerca do que é um homem e do que é uma mulher. Por ser cultural, essa criação imagética-figurativa, pelos discursos de saber-poder, sobre a existência pré-discursiva de corpos e identidades que se amoldem, perfeitamente, ao elo narrado entre corpo, sexo, gênero, orientação sexual, prazer e desejo, é intangível e tem o potencial de gerar, em mulheres transexuais, o que Butler chamou por melancolia de gênero (Butler, 2017a; 2019a; Foucault, 2018a).

De acordo com Leite Jr. (2011, p. 215),

> A busca por uma feminilidade "verdadeira", associada ao conceito de "mulher", "travesti" ou "mulher transexual" está ligada a um jogo por legitimidade e distinção social. Mas talvez, o mais importante a ressaltar, seja que a tal pessoa "psicótica", "perversa" e principalmente a "mulher verdadeira" idealizadas nos saberes médicos não existe nem nas travestis, nem nas transexuais, nem nas "mulheres reais", seja nos consultórios ou nas ruas, tanto da Europa ou estados Unidos quanto do Brasil, ou em qualquer lugar do planeta.

A instituição da ideia no entorno da "mulher real" ou "mulher de verdade" encontra-se embasada em discursos de poder-saber, tanto médicos quanto legais, sociais e culturais.

Discursos que

> [...] têm, no limite, um poder de vida e de morte. [...] Discursos que podem matar, discursos de verdade e discursos — vocês são prova e testemunha disso — que fazem rir. E os discursos de verdade que fazem rir e que têm o poder institucional de matar são, no fim das contas, numa sociedade como a nossa, discursos que merecem um pouco de atenção (Foucault, 2010d, p. 7).

Com relação ao "fazer rir" dos discursos de verdade e poder que se reificam sobre o sexo e o gênero, basta assistir ao vídeo do assassinato de Dandara para ouvir gritos, risos e aplausos, enquanto ela tinha, de maneira cruel e brutal, extirpada a sua dignidade, honra e vida, quando se gozou do poder institucional de matar. Esse matar é precedido por momentos de desconhecimento sobre si mesmo, os quais, nas palavras de Butler (2017b, p. 32),

> [...] tendem a surgir no contexto das relações com os outros, sugerindo que essas relações apelam a formas primárias de relacionalidade que nem sempre podem ser tematizadas de maneira explícita e reflexiva. Se somos formados no contexto de relações que para nós se tornam parcialmente irrecuperáveis, então essa opacidade parece estar embutida na formação e é consequência da nossa condição de seres formados em relações de dependência.

Essas relações de dependência, que se apresentam como condição para a formação dos seres, estão imbuídas de poder (Foucault, 2018a), ou seja, são formadas no interior de uma noção de jogos de força. Essa noção é

> [...] onipresente, não por tudo englobar em uma unidade, mas por vir de todos os lugares. Ela não depende de uma intencionalidade consciente para funcionar, não resulta de decisões e escolhas de um sujeito individual. Se ele *(o poder)* vem de todos os lugares, é fácil perceber também que a noção mesma de resistência é um movimento interno ao poder. O próprio poder só pode existir em função de uma multiplicidade de pontos de resistência (Safatle, 2017, p. 188).

Na análise feita por Safatle (2017) à teoria da performatividade de Butler (2017a), ele entende que talvez tenha sido essa concepção de poder que "levou Butler a afirmar que 'gênero' não deve ser compreendido como uma identidade estável" (Safatle, 2017, p. 189). Sendo assim,

> [...] assumir um gênero não é algo que, uma vez feito, estabiliza-se. Ao contrário, estamos diante de uma inscrição que deve ser continuamente repetida e reafirmada, como se estivesse, a qualquer momento, a ponto de produzir efeitos inesperados, sair dos trilhos (Safatle, 2017, p. 189).

Afinal, "o corpo está sempre sitiado, sofrendo a destruição pelos próprios termos da história. E a história é a criação de valores e significados por uma prática significante que exige a sujeição corporal" (Butler, 2017a, p. 225).

É pelo corpo estar sujeitado que as singularidades acabam surgindo dos fracassos das normas que impõem o como um gênero dado da natureza, e essa sujeição "consiste precisamente nessa dependência fundamental em relação a um discurso que nunca escolhemos, mas que, paradoxalmente, inicia e sustenta a nossa agência" (Butler, 2019a, p. 2). Preciado, nesse sentido, conta que "a travessia exigia ao mesmo tempo flexibilidade e determinação; a travessia exigia perdas, mas as perdas me forçavam a inventar a liberdade (Preciado, 2020a, p. 36).

Partindo dessas reflexões, com o intuito de propor uma resposta ao objetivo 1[51], farei uso das categorias analíticas que se referem ao entendimento de si e ao nome, que me permitiram tecer uma reflexão sobre as estratégias, por elas adotadas, quando da administração de tensões criadas, sobre seus corpos, em diferentes espaços de sociabilidade.

---

[51] Como primeiro objetivo específico, busquei compreender como se deu e se o processo de entendimento de si configura e/ou configurou dificuldades, conflitos, rupturas e isolamentos sociais às protagonistas participantes com quem conversei; farei uso das categorias que se referem ao entendimento de si e ao nome.

Para conversar com o objetivo 2[52], farei uso da passabilidade como categoria analítica, uma vez que ela permite compreender quais são os objetivos almejados, pelas mulheres trans, quando da realização de procedimentos cirúrgicos, estéticos, comportamentais, frente à matriz de inteligibilidade de corpos cisgêneros heterocentrados.

Por fim, de forma a buscar compreender e responder ao objetivo 3[53], a passabilidade, como categoria analítica, mostrou-se um meio capaz de expor reflexões acerca do sentimento que foi, pelas protagonistas participantes, narrado, no que se refere às tensões criadas no entorno de ideal-imagético criado como um corpo ideal e sobre o que seria a "mulher de verdade".

---

[52] Como segundo objetivo específico, propus-me a identificar se as protagonistas participantes com quem conversei buscam a designação formal e pública de suas identidades e existência como mulheres trans, com a fixação e homogeneização generificada das suas identidades, nos eixos estruturantes da matriz de sexo e gênero, ou outras formas de identificação e de reconhecimento de si pelos outros.

[53] Como terceiro objetivo específico, procurei compreender se o processo de (re)construção de si, conforme narrado pelas protagonistas participantes, conferiu-lhes o sentimento de liberdade e de inserção sociojurídica ao contexto social em que vivem.

4

(RE)CONSTRUÇÃO E ENTENDIMENTO DE SI, AGÊNCIA, PASSABILIDADE E MELANCOLIA

Perpassadas as questões histórico-teórico-metodológicas que embasam a presente obra, passo, então, neste capítulo, à proposição de uma resposta e à detida análise dos objetivos que me propus a perseguir, quando da formulação das problemáticas que os orientaram.

Ele se divide em quatro subcapítulos, nos quais busco, primeiramente, compreender como se deu e se o processo de entendimento e de construção de si configura e/ou configurou dificuldades, conflitos, rupturas e isolamentos sociais às protagonistas participantes com quem conversei. Com o intuito de propor uma resposta a esse objetivo, farei uso das categorias analíticas que se referem ao entendimento de si e ao nome, que me permitiram tecer uma reflexão sobre as estratégias, por elas adotadas, quando da administração de tensões criadas, sobre seus corpos, em diferentes espaços de sociabilidade.

Em sequência, analisando os conteúdos das tensões surgidas quando da enunciação, a outras pessoas, pelas protagonistas participantes, como mulheres trans, em seus espaços de convivência — em especial a partir da retificação de seus nomes, do uso do nome social e da (re)construção de seus corpos —, propus-me a responder se elas buscam/buscaram, a partir de então, a designação formal e pública de suas existências, no interior dos eixos estruturantes da matriz binária de sexo e gênero, ou por meio de outras formas, nomenclaturas ou designações que as retratasse, a partir do entendimento que passarem a ter sobre si mesmas. Para tanto, desenvolvo a análise do que, a mim, foi apresentado em campo, a partir da passabilidade, que tomo como categoria analítica.

Da passabilidade, sigo à análise do campo, com o intuito de responder ao último objetivo desta pesquisa, qual seja, o de compreender se o processo de (re)construção de si, conforme narrado pelas protagonistas participantes, conferiu-lhes o sentimento de liberdade e de inserção sociojurídica ao contexto social em que vivem. Partindo do que a mim foi narrado, farei uso, como categoria analítica, da melancolia de gênero, que se apresentou como um resultado da intersecção entre as experiências subjetivas perpassadas por elas, em especial no entendimento de si, com as vividas em espaços sociofamiliar-institucionais, em que se encontram inseridas, as entrevistadas.

4.1 ENTENDIMENTO DE SI E PROCESSOS DE SUBJETIVAÇÃO: O/A OUTRO/OUTRA E AS ESTRATÉGIAS PARA A (RE)CONSTRUÇÃO DE SI

Este subcapítulo tem como finalidade responder ao primeiro objetivo específico, qual seja, compreender como se deu e se o processo de entendimento e de construção de si, configura e/ou configurou dificuldades, conflitos, rupturas e isolamentos sociais, às protagonistas participantes que, por mim, foram entrevistadas, e apresentar quais foram as estratégias, por elas utilizadas, frente aos processos de subjetivação que lhes impunha, a manutenção de seus corpos, no interior da matriz de sexo-gênero binária e heterocentrada. Para tanto, farei uso das categorias analíticas que se apresentaram em campo, acerca do entendimento de si e do nome.

O entendimento de si, a partir do que me foi relatado, foi muito marcado, para as protagonistas participantes, pela relação com "o outro", ou, nesse caso, melhor dizendo, com "a(s) outra(s)" (Butler, 2017a; Soley-Beltran, 2009). Mulheres famosas que se apresentavam em programas de televisão e que estampavam capas de revistas; a figura da mãe, como aquele ser que carrega uma figura de uma "mulher ideal e perfeita"; o olhar sobre o corpo e as roupas das amigas, vizinhas e primas, quando crianças; o primeiro contato visual com travestis que estavam se prostituindo em lugares próximos às suas residências; o interesse na figura masculina conectado à imagem de uma mulher que, ao lado dele, estaria ou deveria estar; todos estes foram marcadores, apresentados em campo, que refletem a forma com que se deu, para as protagonistas participantes, o entendimento sobre si, como mulheres trans.

As dimensões, portanto, com que serão analisadas as narrativas das protagonistas participantes, são as que refletem suas relações junto aos seus núcleos familiares primários; a partir do contato visual ou direto com outras mulheres travestis e transexuais; pelo desejo por outras figuras masculinas; e pela figura da mãe ou de outras mulheres, como tipos ideais do que é "ser mulher de verdade".

Com relação ao entendimento de si, junto aos núcleos familiares primários (pai, mãe, tios, tias, primos, primas, avós, avôs), Sofia (entrevista 4) narra que, embora tenha passado a se identificar com o universo das feminilidades e com "coisas de mulher" aos 7 ou 8 anos, assumiu-se, perante a sua família, como um homem gay, em sua adolescência, e assim viveu, até os seus 35 anos, idade em que se graduou no curso de Direito. Ela conta que assim agiu porque sua família nunca a aceitou e sempre a expuseram a situações vexatórias e constrangedoras, pelo fato de sempre ter apresentado trejeitos femininos[54]. Segundo ela, *"sempre foi feminina, sempre foi mulherzinha"*. Por isso, *"era chamado[55] de piá retardado, de piá que só fica lendo, estamos na praia e você não tira a camisa, então eu me isolava como forma de defesa"* (Sofia, entrevista 4), não apenas não se enquadrava nos ditames da masculinidade hegemônica (Connell, 2013) como desafiava tudo o que delimitou "o sexo correto", com base em um discurso médico-legal que promoveu a identificação dos corpos errados (Foucault, 2010b).

No seu dia a dia, quando adolescente, ela conta que sempre admirou e se inspirou muito na figura da modelo internacional Gisele Bündchen, por ser uma mulher *"belíssima; e, como ela mesma sempre foi extremamente magra e alta, era muito 'rebolativa' quando era gay"*. Nos espaços em que convivia, fosse na sua casa, na escola ou na rua, as pessoas faziam *"bullying"* com ela, tecendo-lhe vários xingamentos, fazendo alusão ao nome da modelo que tanto admirava; era a biopolítica, como tecnologia de poder, que se impunha a partir de um poder capilarizado, ou seja, de baixo para cima, ocupando todas as esferas da sua vida (Foucault, 2018c).

Sofia (entrevista 4) ainda conta que, o fato de sua "transição" ter se iniciado tardiamente, *"acabou com a minha vida, porque eu me anulei como pessoa, durante vinte, trinta anos [...] minha transição foi muito tardia, porque eu já queria fazer a transição naquela época, de adolescente"*. E a vontade de que se iniciasse, sua transição, durante sua puberdade, fica exposta quando ela narra que

> *A primeira vez que vi uma pessoa trans, talvez eu ainda fosse criança, eu lembro que **eu estava com uma prima minha**, ela apontou para uma pessoa trans e disse que aquilo ali era um*

---

[54] Em entrevista, Sofia disse não querer falar muito sobre o assunto, porque a levava a memórias com as quais tem dificuldade de lidar, motivo pelo qual não insisti na busca por tais fatos e lembranças.

[55] Mantive a fala das protagonistas participantes, sem realizar a flexão de gênero, de forma a respeitar as suas falas e ao período de suas vidas, sobre o qual estavam narrando.

> *homem, foi isso, quando eu olhei eu achei esquisito [...]* **devia ter uns 10 anos por aí.** *[...]. Estranho de diferente, exótico [...] não me despertou admiração, nem ódio [...] uma coisa neutra mesma.* **Existiu, na** *época* **era a Roberta Close, né?** *Eu a admirava demais, linda, famosa [...] eu queria ser igual a ela, acho que todas as pessoas trans do Brasil queriam ser a* **Roberta Close** (Sofia, entrevista 3, grifos meus).

A identificação inicial de Sofia (entrevista 4) sobre si mesma, como mulher trans, aponta ter se iniciado a partir do olhar para outras mulheres trans, em especial, sob a notória figura de Roberta Close. Quando Sofia admirava Gisele Bündchen, por exemplo, ela já era adolescente, e o que mais lhe chamava atenção era o fato de a modelo ser uma mulher forte, alta, magra, que esbanja beleza e poder, mas, como ela mesma disse, foi na figura de Roberta Close, quando criança, que a inspiração e o desejo de se (re)construir, como mulher, surgiu. Ou seja, o desejo de ser surgiu a partir do olhar para a outra, na outra, centrada na figura daquela mulher que ultrapassou barreiras e chegou aonde poucas teriam a chance de chegar.

Aspecto semelhante é narrado por Isabel (entrevista 2), quando diz que seu processo de identificação e contato com "o universo trans", deu-se no período compreendido entre 2010 e 2015, quando assistia a shows de *drag queens* em casas noturnas na cidade de Curitiba e a partir da aproximação com uma travesti que morava perto de sua casa. Sobre isso, ela narra que

> *Foi ali, entre 2010 e 2015 [...] e daí tinham os shows [...] eu não me via como uma drag queen, que queria só se montar ou se vestir ali. Foi quando eu vi que realmente na minha rua, quando eu morava com os meus pais, tinha uma travesti, e ela chegou para mim e falou para mim assim: Você vai ser travesti! Ela sempre conversava com a minha mãe, daí um dia ela chegou perto de mim e falou assim: Você vai ser travesti. E aí eu fiquei me perguntando o que era uma travesti* (Isabel, entrevista 2).

Quando teve o primeiro contato com essa travesti que reconhece como sendo "sua grande inspiração", Isabel (entrevista 2) estava com 13 para 14 anos. A partir de então, com a ajuda daquela que era sua vizinha, começou a aplicar hormônios femininos, escondida de sua família. Ela conta que ninguém notava as suas idas à casa da sua nova amiga, porque *"eu sempre fui uma criança muito tranquila e era muito difícil eu sair, e aí, ela era minha vizinha, então assim, para eu ir à casa dela, era só abrir o meu portão e entrar na casa dela"*.

Isabel (entrevista 2), em sua narrativa, destaca que o entendimento sobre si e seu processo de subjetivação também se deu a partir do seu olhar para as outras, sendo, no caso dela, a partir da identificação com a figura da travesti que residia ao lado da sua casa e da desidentificação com as *drag queens* que assistia fazendo shows em casas noturnas de Curitiba, como a *Cat's* e a *Manhatan*, bem como pelo seu gosto por bonecas, quando criança, o que era motivo de discórdia com seu pai.

Maria Sueli (entrevista 6) narra que, já com 12 ou 13 anos, falou abertamente para todos e todas à sua volta que *"queria ser mulher"*, e que tinha a Roberta Close como grande inspiração. Ela rememora e conecta o seu desejo ao fato de que *"desde sempre eu fui uma criança delicada, estudiosa, eu participava de tudo na escola, ela liderança nas questões do dia a dia, então todo mundo me queria bem, e todo mundo já se ligava [...] então, desde criancinha eu dançava, me vestia [...] então, assim, né?"*.

Já Vanusa (entrevista 7) conta que o início do processo de entendimento de si como mulher transexual partiu de um primeiro contato com outras mulheres travestis e transexuais, ainda que, na década de 1980, *"se pelasse de medo das travestis"*. Ela narra que, embora *"morresse de medo das travestis que conhecia ou olhava de longe"*,

> [...] ao mesmo tempo, ficava deslumbrada com a coragem daquelas mulheres; diferente da romantização que a sociedade coloca em cima das travestis, por causa de corpos, por causa de beleza. Diferente disso, eu admirava pela garra, pela força de enfrentar aquilo (Vanusa, entrevista 7).

Foi admirando a garra e força de travestis que enfrentavam as noites e muita violência para sobreviver que Vanusa (entrevista 7) acabou mudando o seu conceito, previamente dado, sobre quem eram as travestis, ainda que ela confesse que

> Depois quando comecei a conviver, realmente, eu vi que fazia muito sentido esse receio que eu tinha, porque elas eram terríveis, tanto que, quando eu era casada, que eu saia com o meu ex-marido, era muito recorrente uma bicha invocar comigo, porque elas não aceitavam [...] o meu ex era um homem bonito, eu tinha um cabelo compridão, e eu era uma ninfeta e elas não aceitavam aquilo! É uma memória que tenho muito viva, desse meu primeiro contato (Vanusa, entrevista 7).

Analisando a narrativa de Vanusa, denota-se que o processo de subjetivação das travestis é geograficamente demarcado e que, portanto, possui características que são próprias ao contexto nacional, como, por exemplo, a busca por uma feminilidade forjada em um contexto europeu. É por isso que, por exemplo, Vanusa conta que foi presenciando várias "meninas" voltando da Europa, com muito dinheiro, que acabavam se tornando celebridades na noite Curitiba, que ela desmistifica o "monstro" criado no entorno da identidade travesti.

Para além, ela também é certeira ao afirmar que a Vanusa só passa a existir

> *[...] definitivamente quando surgiu a Roberta Close, nos anos de 85. Lembro que com 18 anos, eu queria tanto fazer a tal da cirurgia, mas era um sonho muito distante, aí depois fui entendendo, me vendo mesmo...nesse pertencimento e acabei deixando essa questão da disforia mais de lado* (Vanusa, entrevista 7).

Esse desejo, muitas vezes, alicerça-se na inspiração e, por vezes, na orientação de outras mulheres travestis e/ou transexuais com quem se mantém um contato inicial ou que assumem um protagonismo com grande destaque na mídia, por exemplo, ou seja, a partir do/da outro/outra (Butler, 2017a). É o caso de Roberta Close, que foi citada, na pesquisa em campo, por Sophie, Sofia, Barbara, Maria Sueli e Vanusa, como alguém em quem elas se inspiraram quando da construção de si, em especial, em razão da sua beleza e do status por ela alcançado junto à grande mídia.

O grande fascínio gerado no entorno da figura de Roberta Close, que ficou demonstrado nas entrevistas realizadas com as protagonistas participantes, fruto de um grande destaque nacional, em especial quando foi capa da revista *Playboy*, em 1984, emerge porque ela "é interpretada como acontecimento paradigmático dessa nova temporalidade e subjetividade farmacopornográfica" (Veras, 2019, p. 99). período este em que, de acordo com Preciado (2018), o sexo e a sexualidade, a partir da década de 1970, transformam-se no centro da atividade política e econômica a nível mundial.

Bárbara (entrevista 5) narra que, até seus 21 anos, pensava ser um "menino bissexual", mas que, desde que era criança, com seus 6 ou 7 anos, já pegava os esmaltes da sua mãe escondida e ia pintar as unhas no banheiro de casa. Ela conta que "ia para o banho, pintava tudo, deixava o chuveiro ligado e depois tirava tudo". Certa vez, lembra de ter pegado os sapatos da sua mãe e os calçado, quando estava sozinha em casa. Bárbara cita, ainda, em sua entrevista, que a figura de Roberta Close, na televisão, foi algo que guarda em sua memória, mas não disse se inspirar nela. Ela conta que sentia desejo, quando criança, de não ter um "pintinho", mas, sim, uma vagina, porém, ela também sentia que deveria afastar aqueles pensamentos, por entendê-los como "errados". Em sequência, ela expõe que teve uma grande dificuldade em se entender como mulher trans, ou melhor, apenas como mulher, que é como gosta de ser tratada, por sentir desejo sexual e afetivo por outras mulheres. Para ela, até os seus 21 anos, era incompreensível que pudessem coexistir, em seu interior, o desejo em se tornar uma mulher que se sentia atraída, física e afetivamente, por outras mulheres.

A narrativa de Bárbara (entrevista 5) destaca a complexidade que surge quando são desordenados os sustentáculos da matriz de sexo-gênero heterocentrada, que impõe uma compatibilidade, para fins procriativos, entre sexo, gênero, desejo e prazer (Foucault, 2010), conforme expõe Foucault (2018a), em sua ciência da sexualidade, ou da *scientia sexualis*.

Situação parecida é narrada por Vanusa (entrevista 7), quando, questionada sobre a forma com que se deu entendimento sobre si, fala que tem

> *[...] essa memória de infância muita viva dentro da minha cabeça, de não ter tido experiências [...] namorada, relacionamentos, eu nunca consegui me imaginar tendo relações sexuais com uma mulher, pelo contrário, eu tinha uma certa repulsa* (Vanusa, entrevista 7).

Já Maria (entrevista 1) conta que a sua identificação inicial, com o que, para ela, converge com o universo das feminilidades, deu-se por gostar de ouvir as "fofocas entre suas tias e sua mãe", que chamou de "assuntos de mulher" e em brincadeiras de crianças com seus irmãos e primos. Ela conta que gostava muito de brincar de casinha, que "adorava brincar de cozinhar panelinha, ficava nos fundos de casa brincando, pegava potinhos e ficava brincando de cozinhar". Ela fala, ainda, sob muitos risos,

> *Outras vezes, quando eu me reunia com meus primos, na minha época de adolescente, eu tinha, além dos meus irmãos, eu tinha um casal de primos, que era da mesma idade. Então, quando a gente se reunia, a gente brincava de marido e mulher [...] meu irmão mais velho era marido da minha prima e eu era esposa do meu primo, e aí eu e ela ficávamos brincando de arrumar a casa, de vender Avon (risos), tínhamos uns catálogos de Avon, de Tappuware, e a gente ia na casa uma da outra vender [...] catava florzinha no mato para decorar a casinha [...]* (Maria, entrevista 1).

Porém, Maria (entrevista 1), narrando a forma com que se deu o seu entendimento sobre si, não apenas fala da sua identificação com o universo das "feminilidades" ou com as "coisas de mulher", como também destaca o seu desejo por homens, que começou a aflorar quando estava com 11 anos. Ela conta que

> [...] do nada virou uma chave, onde despertou um desejo sexual pelos homens, aí onde a coisa começou a ficar mais perigosa, mais forte, que eu tava na janela da minha casa, onde eu morava, e na hora do almoço eu ficava olhando [...] tinha um colégio do lado de onde eu morava e eu ficava olhando os pais trazerem as crianças para a escola e num dia eu tava na janela olhando e passou um rapaz e onde me despertou um desejo sexual por ele, não sei da onde (risos), e que eu fiquei com vontade de beijar aquele homem [...] (risos) (Maria, entrevista 1).

Partindo de um inicial entendimento sobre si em âmbito doméstico familiar, após um primeiro contato com outras mulheres trans e travestis, as protagonistas participantes narram as formas que encontraram para iniciar a (re)construção de seus corpos e imagem, que coincidem, muitas vezes, com o próprio entendimento que possuem sobre si. Isso acontece pois, algumas delas, até iniciarem qualquer processo que permitisse o início de uma (re)construção de seus corpos e imagens, viam-se como meninos bissexuais, gays ou pessoas andróginas, embora sentissem desejos e curiosidades sobre o "universo feminino" ou o "universo das feminilidades".

A partir de suas falas, denota-se que, fazendo uso de tecnologias que são reinventadas, aprimoradas e constantemente difundidas, em especial no "boca a boca" das ruas, as mulheres transexuais, estrategicamente (Foucault, 2017a), a partir de saberes localizados (Haraway, 2009), buscam construir uma estética que lhes confira uma autoimagem positiva (Bento, 2017a), nas relações de poder que permeiam a atual sociedade binária heterocentrada. A (re)construção de seus corpos, a partir de saberes localizados que são passados e repassados de uma a uma, reflete uma das dimensões da agência que por elas é acionada como um processo crítico de autorreflexividade e contraconduta (Foucault, 2010; 2014; 2018a; 2018b) e que ressignifica os processos de assujeitamento a que seus corpos foram submetidos desde o nascimento. Os processos de entendimento e de (re) construção de si, em especial no seio do núcleo familiar originário, é onde esse processo apresenta sofrer maior resistência e, consequentemente, requerer uma maior ação estratégica.

Há, nas narrativas das protagonistas participantes, a materialização de uma potência de agir, que fica ainda mais latente quando elas descrevem as estratégias utilizadas, no seio do núcleo familiar e no ambiente escolar, para iniciar a "travessia" para o universo das feminilidades, que requereu, de todas, processos reflexivos e de resistência frente aos marcadores binários de sexo e gênero.

Isabel (entrevista 2), por exemplo, narra que aplicava hormônios femininos, escondida, na casa da sua vizinha, que era uma travesti por quem guarda um imenso carinho e admiração. Ela conta que, quando seu corpo começou a mudar, morava com seu pai, mãe e três irmãos. Quem começou a notar as diferenças no seu corpo foi sua mãe, pois era ela quem lhe entregava a toalha, para se secar, após o banho. Por isso, ela começou a manter a porta do banheiro fechada, embora nunca tivesse feito isso antes.

Em sequência, Isabel (entrevista 2) lembra que, quando estava no terceiro ano do ensino médio, deixou o cabelo crescer, passou a usar maquiagem e a usar roupas femininas, e que, nesse período, por trabalhar e sustentar boa parte da família, ouvia do seu pai que *"você pode ser quem você quiser, eu só não vou poder e não quero investir nesses seus desejos, não vou negar e nem te recusar, mas você quer um vestido, então você vai trabalhar e vai comprar, quer um salto, você trabalha e compra, maquiagem [...]"*.

Um pouco mais adiante, em sua entrevista, Isabel (entrevista 2) conta um pouco mais sobre sua relação com seu pai, mãe e irmãos, quando a sua transformação corporal e comportamental começou a se tornar cada vez mais aparente. Ela lembra, com um ar de tristeza, que foi, durante uma época, *"rejeitada pelo meu pai e teve uma época que eu estava sustentando minha mãe, meu pai e meus irmãos, porque nenhum deles estava trabalhando, só eu trabalhava e eu sustentava todos eles, ou seja, eu trabalhava, estudava [...]"*. Porém, como, por um período, só ela estava trabalhando em sua casa, acabou *"pagando, água, luz, comida e, de verdade, aquilo para mim foi gostoso, porque eu falei: Agora vocês vão ter que me engolir"*!

O emprego formal, assumido por Isabel, e o fato de contribuir financeiramente em sua casa, foram fatores, talvez, decisivos, que a permitiram ter um convívio familiar diferente do experienciado por outras protagonistas participantes, como, por exemplo, Maria (entrevista 1). Ela conta que, quando estava com 12 ou 13 anos, por não trabalhar, guardava os trocados e pequenas mesadas que ganhava de seus pais, tias, avós, para, então, comprar roupas e acessórios que a deixassem "mais feminina". Aliás, sobre sua formatura no ensino médio, Isabel (entrevista 2) conta, com ar de orgulho e felicidade, que *"foi exatamente como eu queria, com vestido roxo, longo, com cabelo, penteado e a maquiagem que eu queria [...]"*.

Maria (entrevista 1) conta que se vestia *"escondidinha quando ia para a rua"*, ou apenas para ficar dentro do seu quarto. Ela fala que, quando se vestia com as peças e adereços femininos que comprava, sentia uma *"satisfação pessoal em estar podendo vivenciar aquela identidade"*, que, segundo ela, era muito forte no seu interior. Por isso, para Maria (entrevista 1), ficava cada vez mais latente o desejo de *"acessar as pessoas para obter informações, de como elas tinham botado peito, como que elas tinham ficado com o corpo feminino, porque já estava em fase de transição"* (Maria, entrevista 1).

Maria (entrevista 1) confidencia que, quando estava com aproximadamente 13 anos, ao sair de casa, pegava sua *"mochilinha"*, onde ela diz que estava *"guardada a Maria"* e *"ia até esses locais e, lá, vivenciava isso publicamente"*, longe de sua casa. Quando Maria fala "esses locais'", ela se refere a lugares onde travestis, lésbicas e gays costumavam se encontrar na região central de Curitiba, como o Passeio Público ou em casas noturnas, como a *Cat's Club*. Maria, portanto, a partir do contato com outras mulheres, buscava, estrategicamente, informações que a permitissem transformar seu corpo, de acordo com seu desejo. A partir disso, exercia o potencial de uma agência reflexiva que lhe permitiria viver cuidando de si, ressignificando o assujeitamento que, até então, conformara seu corpo, identidade e existência, afinal, conforme já exposto, a sujeição ou *assujettissement* (Foucault, 2014) não se apresenta apenas como uma subordinação do corpo ao discurso que acaba fazendo surgir o sujeito, "mas uma garantia e manutenção, uma instalação do sujeito, uma subjetivação" (Butler, 2019a, p. 98). A subjetividade de Maria estava em trânsito, em construção, para além da identidade que lhe haviam imposta ao nascer.

Questionada se ela já chegava *"de Maria"* aos locais por ela indicados, ela conta que *"não, com a Maria dentro da mochila"*. Ela fala que apenas quando chegava no centro, *"buscava um canto de muro, atrás de qualquer coisa"*, onde *"pudesse tirar e botar, aquela outra figura dentro da mala [...] (risos) e poder ser livre"*. Ela narra que assim se sentia porque *"tinha muito medo de que as pessoas percebessem qualquer coisa dentro de casa"*. E o medo sentido por Maria (entrevista 1) acabou se concretizando quando sua mãe, limpando seu quarto, encontrou a mochila que guardava a "Maria", em que havia *"espuma que eu fazia perna, quadril (risos), tinha calcinha, tinha roupas, sainha, calça feminina, sapato de salto, maquiagem, acessórios de bijuterias, então eu tinha toda a montaria ali dentro e minha mãe achou essa mochila"*.

Maria (entrevista 1), relembrando esse fato, disse que sua mãe começou a falar que ela era doente, que precisava de ajuda, que seria levada a um psicólogo e mais algumas outras coisas das quais ela não se recordava. Ela conta que seu pai, de início, apenas observou a reação da sua mãe, que disse que cortaria os cabelos de Maria, que já estavam mais longos. Ela narra que foi nesse momento que seu pai agiu de maneira mais abrupta, segurando-a pelos braços, enquanto sua mãe cortava os seus cabelos. Por isso, ela diz que *"comecei a gritar que nem uma louca, como se tivessem me matando... e estavam, de alguma forma [...] tentando arrancar eu de mim mesma né?"*. Esse sentimento de morte conversa com o que Preciado (2017) expõe quando trata sobre a contrassexualidade, ao passo que esta tem como premissas uma análise crítica da diferença de gênero e de sexo, produto do contrato social heterocentrado, cujas performatividades normativas foram inscritas nos corpos como verdades biológicas e que se encontram para além da sua materialidade.

Nesse momento da entrevista, Maria (entrevista 1) cessa sua fala por alguns segundos e diz: *"estou até me arrepiando em falar disso, fazia tempo que eu não contava essa história [...]"*. Na sequência, ela conta:

> *[...] aí eu comecei a gritar que não era para fazer aquilo e que se eles fizessem eu preferia morrer do que a minha mãe cortar o meu cabelo, e aí foi aonde o meu pai me deu uma segurada pelas costas [...] Ah não! Antes disso, quando minha mãe veio com a tesoura, porque ela não estava muito a fim de me ouvir, e eu gritando que queria morrer [...] morrer, morrer [...] Aí, quando ela veio com a tesoura, eu dei com a mão na mão dela, que a tesoura voou longe e, daí, meu pai me segurou pelas costas assim, aí começou a dizer: "calma, calma não é bem assim, vamos começar, não sei o que [...]". Aí eu comecei a chorar e um monte de coisa, foi onde os ânimos se acalmaram um pouco, a gente sentou e eu não consegui explicar o que realmente estava passando, por medo ou por não saber expressar mesmo o que eu estava sentindo ou queria [...] E, aí, simplesmente eles deram uma cartada final, por eu ser menor de idade, e me diziam: **eu não fiz filho homem para virar mulherzinha**, não admito que filho meu use sapato, maquiagem, roupa feminina [...] filho*

> *homem, para mim, é homem, filha mulher eu já tenho a tua irmã, ele dizia. Não me lembro como foi o restante da conversa, mas eles disseram que iam me levar para um psicólogo, para fazer um tratamento [...] que isso era um problema de cabeça, que eu precisava de ajuda e que eu teria que cortar o meu cabelo e viver do jeito que eles queriam, né?* (Maria, entrevista 1, grifos meus).

Conferindo um desfecho ao trágico incidente, Maria (entrevista 1) contou que, no dia seguinte, foi levada a um salão e teve seu cabelo cortado, mas que, antes disso, sua mãe *"tacou fogo em toda a Maria, na frente de casa"*. Nesse episódio, a sexualidade se apresenta como um dispositivo de poder que destrói, mas que admite, no interior do seu próprio mecanismo, que contém fissuras, a ressignificação e a nova constituição de outras possibilidades de sexualidade (Foucault, 2014; 2018a; 2018b; 2018c), e que denuncia, inclusive, a performatividade do gênero (Butler, 2017a; 2019b).

Maria lembra que saiu de casa e que, quando voltou, viu *"algumas peças que eram minhas, estavam ali, ainda inteiras [...] ela tacou fogo em tudo"*. Só que, sob risos, ela fala

> *[...] mas eu não obedeci, né? (risos). Eu continuei da minha maneira, com as minhas roupas unissex, como dizia-se na época, só que de cabelinho curtinho [...] e cada vez que eu podia, ia lá e comprava novas coisas quando eu podia, foi até onde eu consegui montar a Maria de novo.*

Conforme narrou Maria (entrevista 1), performar sua existência de uma maneira mais "andrógina" foi uma estratégia de resistência reflexiva para o cuidado de si (Foucault, 2010c, 2018a). O mesmo é, também, relatado por Isabel (entrevista 2), quando conta que no início do seu entendimento e (re)construção de si,

> *[...] começou a usar muita coisa unissex, cacharrel [...], por exemplo, era unissex, foi uma época que assim, no verão eu estava de cacharrel [...] porque era uma das poucas peças unissex para o feminino que eu conseguia usar e aí eu comecei a trabalhar.*

Sophie (entrevista 3) também narra que, no início da sua transição de corpo e comportamento, fez uso estratégico de roupas que chamou de unissex, até passar a fazer uso de vestimentas exclusivamente femininas.

Essas estratégias adotadas pelas protagonistas participantes, quando do entendimento de si, em especial, a partir do olhar do outro e para o outro, demonstram por que "Butler concibe el sujeto como un ente socialmente constituido en el discurso" (Soley-Beltran, 2009, p. 42), discurso este que se encontra embasado em um saber-poder que categoriza, individualiza, fabrica e regula indivíduos que são subjetivados por uma norma que tenta ser esterilizante, normalizadora e normatizante, a partir de sua reificação citacional (Butler, 2017a; Foucault, 2014, 2018a; 2018c).

Partindo das práticas narradas pelas protagonistas participantes, quando do entendimento de si como mulheres transexuais, que revelam a mutabilidade dos padrões estéticos normativos impostos sobre os gêneros, em especial a partir da heterossexualidade compulsória e do sistema sexo-gênero binário, a busca por meios de construção de si, frente aos saberes-poderes que regulam tanto a sociedade quanto o discurso médico-legal, aduzem à reflexividade ética e estratégica perante o poder (Foucault, 2014b, 2016, 2017) e a potência que ressignifica práticas e experiências, ou seja, a agência dessas mulheres (Butler, 2017a; 2019b). Ademais, a ascética, vislumbrada na fala das protagonistas participantes, quando relacionada à ética, reflete formas da subjetivação moral e das práticas de si destinadas a assegurá-las (Foucault, 2018b).

A estratégia, por exemplo, de esconder os primeiros *"acessórios e roupas"* femininas, assim como foi contada por Maria (entrevista 1), também é narrada por Isabel (entrevista 2), quando diz que guardava três calcinhas que *"roubou de suas primas"* enroladas em meias, dentro de uma cômoda que tinha em seu quarto, e que esse foi o primeiro *"adorno feminino"* que passou a usar, após as primeiras aplicações de hormônio. Isabel fala, ainda, que, depois de ter *"roubado"* essas três calcinhas de suas primas, sua vizinha ofereceu suas próprias calcinhas como presente, para que não precisasse mais *"roubar"* de ninguém, mas ela conta que preferiu continuar *"pegando"* as calcinhas das primas, por sentir o que chamou de *"nojinho"* de usar as calcinhas da sua nova amiga.

Já Barbara (entrevista 5), em que pese tenha enfrentado um sentimento de autoincriminação até seus 21 anos, conta que encontrou uma estratégia para suprir o seu desejo de fazer uso de adornos, roupas e maquiagens que remetessem ao feminino sem que sentisse culpa por isso: ela conheceu o universo dos *cosplayers*[56].

---

[56] De acordo com o portal InfoEscola, "O termo Cosplay, proveniente do japonês Kosupure é uma abreviação de costume roleplay. A tradução para o português se refere a fantasiar-se ou disfarça-se de um personagem. Os participantes e adeptos a esta modalidade, são chamados de cosplayers. A ideia principal é interpretar o artista e se vestir como ele, imitando também a maneira de se comportar e seus trejeitos. De certa forma o Cosplay é a homenagem de um fã a seu personagem". Mais informações disponíveis em: https://www.infoescola.com/cultura/cosplay/. Acesso em: 17 fev. 2022.

Ela narra que, quando foi, pela primeira vez, a uma balada, foi usando uma peruca. Ela conta que, por ser autista, o ambiente, em si, da balada 1001, não lhe foi muito agradável, mas, que *"a coisa mais legal dessa noite, para mim, foi esse momento no hotel, me vestindo... foi mágico, eu fiquei encantada de poder ver aquilo"*.

Ela disse que essa foi a primeira vez que se sentiu como "Bárbara", mas que, antes disso, embora pensasse na possibilidade de ser uma mulher trans, enxergava tal fato como algo impossível, por se achar *"masculina demais"*, por ter uma *"voz de homem"*, por se sentir *"feia"* e por medo de não conseguir emprego caso iniciasse algum tipo de transição corporal. Em sequência, ela narra que, em 2007,

> [...] uma amiga minha cis, que tinha um corpo grande, como o meu, ela tinha um cosplay de uma personagem feminina que eu gostava e eu pensei: "ah, é uma fantasia, uma brincadeira, fantasia pode...", e eu perguntei se ela não me emprestaria o cosplay dela para eu fazer umas fotos (Barbara, entrevista 5, grifo meu).

Sendo assim, algumas foram as estratégias utilizadas pelas protagonistas participantes, de forma a se entender e promover a (re)reconstrução de si, nos entremeios do dispositivo de poder da sexualidade, instaurando uma nova performatividade das suas identidades de gênero. Dentre elas, o nome afigura-se como um dos mais significantes meios de entendimento e de enunciação de si perante e para os outros.

4.2 NOME E ENUNCIAÇÃO DE SI

As recentes decisões do poder judiciário que acabaram culminando na edição do Provimento 73/2018 pelo Conselho Nacional de Justiça (CNJ)[56][57], o qual estabelece procedimento extrajudicial de retificação de prenome e gênero de pessoas trans, diretamente em cartório, além de decorrerem de forte apelo por parte de coletivos civis, entidades do terceiros setor e do grandioso número de demandas individuais pleiteando a alteração do assento de nascimento, independentemente da realização de cirurgias, processos de hormonização e da apresentação de laudos psicológicos e psiquiátricos, são reflexos de posições internacionais, como a

---

[57] Para conhecimento da integralidade do Provimento 73/2018, do CNJ, este se encontra disponível em: https://www.cnj.jus.br/wp-content/uploads/2018/06/434a36c27d5SS882610eS33b8505d0f0.pdf. Acesso em: 24 jul. 2021.

opinião consultiva n.º 24 da Corte Interamericana de Direitos Humanos (CIDH)[58], com fundamentos para que os processos migrassem da esfera do Poder Judiciário, para os cartórios extrajudiciais.

Até a promulgação do referido Provimento, antes de terem seus nomes retificados por meio de decisão judicial, as mulheres com quem conversei, adotaram o que elas chamam de "nome social", em substituição ao que lhes foi atribuído quando do nascimento.

Com exceção de Vanusa, todas as protagonistas participantes que foram entrevistas para a conclusão do campo da presente pesquisa, encontram-se com os seus nomes de registro retificados em suas certidões de nascimento, após determinação judicial expedida em processos que tramitaram junto ao Poder Judiciário do Estado do Paraná. Apenas Vanusa, portanto, gozou do contido no referido Provimento 73/2018 pelo Conselho Nacional de Justiça (CNJ).

A alteração do nome de registro, em suas certidões de nascimento, pelas protagonistas participantes, por intermédio de sentenças proferidas pelo Poder Judiciário, mostrou-se como um divisor de águas que demarcou uma nova forma de enunciação e de entendimento de si. Isso porque, antes da alteração em registro, muitas sentiram resistência, seja pela família, círculo de amizades, ambiente escolar e em ambiente de trabalho, em chamá-las pelo nome que adotaram.

No que se refere à retificação do nome e gênero, em certidão de nascimento, a análise será feita sob perspectivas que denotam, em especial, os impasses e tensões que surgem no seio familiar, quando do contato com o Poder Judiciário, com o ambiente escolar e na busca por um emprego formal. O nome apresentou-se, pelo campo, como um divisor de águas nas vidas das mulheres com quem conversei e como um dos mecanismos de agência e resistência mais efetivos frente ao processo de subjetivação, em meio às malhas do poder.

Maria (entrevista 1) narra que, quando decidiu fazer uso do seu atual nome, a sua família ignorava a sua vontade. Ela conta que, antes de

---

[58] Para conhecimento da integralidade da Opinião Consultiva n. 24, da Corte Interamericana de Direitos Humanos (CIDH), de 24 de novembro de 2017, que foi solicitada pela República da Costa Rica e que versa sobre "IDENTIDAD DE GÉNERO, E IGUALDAD Y NO DISCRIMINACIÓN A PAREJAS DEL MISMO SEXO: OBLIGACIONES ESTATALES EN RELACIÓN CON EL CAMBIO DE NOMBRE, LA IDENTIDAD DE GÉNERO, Y LOS DERECHOS DERIVADOS DE UN VÍNCULO ENTRE PAREJAS DEL MISMO SEXO (INTERPRETACIÓN Y ALCANCE DE LOS ARTÍCULOS 1.1, 3, 7, 11.2, 13, 17, 18 Y 24, EN RELACIÓN CON EL ARTÍCULO 1 DE LA CONVENCIÓN AMERICANA SOBRE DERECHOS HUMANOS)", esta se encontra disponível em: https://www.corteidh.or.cr/docs/opiniones/seriea_24_esp.pdf. Acesso em: 24 jul. 2021.

sua família saber qual era o nome que havia adotado, a partir de então, como sendo seu, falou da sua decisão para poucas pessoas do seu núcleo de amizades. Em casa, ela conta, sob risos, não saber,

> [...] porque cargas d'água, escrevia com carvão num forno de assar pão que tinha no quintal o nome Maria [...] para ver, talvez. Um dia, minha mãe perguntou quem estava escrevendo aquele nome, que ela chegou a pensar que poderia ser uma namorada minha [...] (risos) (Maria, entrevista 1).

Ela conta que essa foi a primeira vez que alguém da sua casa olhou o nome Maria, que, por sinal, estava escrito, "bem grande", no referido forno de assar. Depois disso, ela conta que começou a cobrar ser tratada como Maria, por todos que moravam em sua casa, momento em que "já estava empoderada de Maria, hormonizada até o cérebro". Ela disse que, como a sua "mudança" já era visível, o fato de a chamarem pelo nome de batismo era motivo de muita angústia, dor e sofrimento, motivo pelo qual simplesmente não respondia quando não era chamada por "Maria". *"Eu os deixava falar para o vento, aí eles começaram a perguntar por que que eu não respondia: 'você não estava ouvindo eu te chamar?' Eu dizia: 'não, não ouvi o meu nome Maria'"*! (Maria, entrevista 1).

Inclusive, foi o desrespeito com o uso de seu nome que fez com que Maria se afastasse de, praticamente, todos os seus familiares. Ela conta:

> [...] fui me afastando dos meus parentes, tios, primos, avós [...] porque eles não conseguiam evoluir com essa questão do nome, lembro de uma conversa com uma tia minha, fui visitar a minha avó e essa tia me chamou pelo nome, fiquei brava, discuti com ela [...] e ela disse: ah, eu não consigo te chamar por esse nome, e ela quis insinuar que eles nunca perceberam essa mudança, foi quando eu disse que sempre fui assim.

Maria, em continuidade, fala do seu sentimento quando do ingresso de ação para retificação de seu nome e gênero, em sua certidão de nascimento, a qual teve, no seu início, uma sentença improcedente, que foi reformada, na sequência, em grau recursal. Ela diz que, frente às decisões iniciais do Poder Judiciário, amparadas por manifestações por representantes do Ministério Público,

> Olha, é um sentimento de impotência né? Porque como eu falei para você, da vontade de desistir, como eu fiz com a minha família [...] Quando eles disseram: "Ah, não tem jeito, eu troquei suas fraldas e sei o que você tem no meio das pernas". Então, o que

> vale é isso, para a justiça [...] era o que valia, o que tinha no meu documento de nascimento. E, aí, você ficar dependendo de que caia na mão de uma pessoa que (silêncio) [...] porque caiu na mão de outros juízes, de outras pessoas que leram o meu processo e foram completamente preconceituosos (Maria, entrevista 1).

Ela conta, ainda, que, por curiosidade, leu partes do seu processo judicial e que, quando fazia isso, ela lia

> [...] os juízes dizendo que era um absurdo um homem querer usar nome feminino e essas coisas todas e que não me dariam este direito né? Então isso é muito triste, você tem um sentimento de tristeza profunda, mas ao mesmo tempo é aquilo: vida que segue e o que que vai fazer? Estava fora do meu alcance de poder decidir qualquer coisa, mas o sentimento é esse mesmo, de você ficar refém de uma terceira pessoa, né? Para respaldar aquilo que você vive, que você sente, né? É muito triste, ainda bem que hoje não temos mais isso (Maria, entrevista 1).

Porém, após a retificação de seus documentos pessoais, Maria (entrevista 1) conta que a atitude dos outros para com ela passou a ser outra, como em situações vivenciadas em lojas, comércios, instituições que fazem uso de cadastros de clientes. Ela narra, por exemplo, que, quando é atendida em locais que realizam cadastros de clientes não interligados com o sistema da Receita Federal,

> [...] as pessoas te tratam conforme a percepção dela, então se ela te ver como uma mulher, ela vai te tratar igual e ficar surpresa se ela descobrir que você é uma mulher trans [...] E quando ela pega um documento feminino, você vê a reação das pessoas de surpresa, tipo, sabe? (Maria, entrevista 1).

Ela conta, por exemplo que, tempos atrás, foi a uma

> [...] farmácia aqui onde eu moro e a menina foi perguntar se eu queria botar o CPF na nota de uma compra. E, aí, por acaso, eu vi na tela do computador o nome antigo, porque eu tinha um cadastro nesta farmácia que é uma rede. [...] Aí eu tirei o documento, porque, às vezes, se você só falar, as pessoas ainda duvidam [...].

Ela contou, aos risos, que já não pede mais, que exige que seus dados cadastrais sejam alterados; e que, quando sua ordem é atendida, após alguma resistência, fala, em tom de deboche, *"'Ah, você conseguiu mudar!' (risos)"*.

Em arremate, Maria (entrevista 1) reforça que *"particularmente, para mim, **a mudança de nome me trouxe a satisfação de poder provar quem eu sou**, né? Que eu tenho um nome e **que eu pertenço a um gênero, independente de como a pessoa vai ver esse gênero** [...]"* (grifos meus). É como se Maria estivesse perguntando a todos e todas à sua volta: "E eu não sou uma mulher?" (Sojourner Truth).

Ou seja, já pela narrativa de Maria (entrevista 1), denota-se que a alteração, em registros de nascimento do nome e gênero, afigura-se como o exercício de um mecanismo de agência (Butler, 2017a), de cuidado de si (Foucault, 2010c; 2016) e de liberdade (Foucault, 2010c), frente a processos de subjetivação (Foucault, 2018a).

Enunciar-se, aos e perante os outros, a partir do entendimento que se passa a ter de si mesma, reflete-se como um ato de ressignificação e de autocriação, em meio ao poder e, dele, fazendo uso, que confere maiores possibilidades e a abertura de portas que, antes, mostravam-se fechadas para tais mulheres.

De maneira a reforçar a importância que o nome apresenta ter, tanto para a autopercepção quanto para a enunciação de si de maneira ética, às mulheres transexuais com quem conversei para a conclusão desta pesquisa, faço alusão à narrativa de Martendal (2018) sobre o assunto, em artigo publicado no qual discorreu sobre os conflitos que enfrentou, com relação ao nome, quando da sua matrícula para o curso de Serviços Sociais na Universidade Federal de Santa Catarina (UFSC). A autora, com relação ao uso da expressão "nome social", salienta que

> Antes de tudo, gostaria de deixar claro que não concordo com este termo "nome social". Para mim, meu nome não é social; é meu nome, ponto. Ninguém tem "nome social". As pessoas, quando nascem, recebem seu nome de acordo com seu sexo. Mas algumas pessoas se identificam como transexuais (quando seu sexo não condiz com sua identidade de gênero) e isso deveria ser consertado imediatamente para evitar constrangimentos no convívio social (Martendal, 2018, p. 171).

Martendal narra que, no decorrer das aulas,

> Tentei explicar à professora que sou uma transexual e que meu nome na chamada deveria aparecer Laura Martendal, e não meu nome civil, e que eles deveriam atentar a este detalhe para não me constranger. Ela disse que meu caso

> era o primeiro dentro do curso de Serviço Social e que este fato seria comunicado a todos os professores e ela faria o possível para que eu não passasse por situações constrangedoras com relação ao meu nome (Martendal, 2018, p. 172).

Ela conta, ainda, em arremate à sua narrativa, que as situações constrangedoras que enfrentava no seu dia a dia dentro da UFSC só tomaram um novo rumo quando foi aprovada Resolução Normativa de natureza administrativa, autorizando a utilização de nome social, por pessoas travestis e transexuais. Conforme seu relato,

> No dia 24 de abril de 20212, a Resolução Normativa 18/2012 seria votada. Então fui para o NIGS. Chegando lá, encontrei a professora Miriam, que me orientou a participar da sessão, que seria importante eu estar lá representando as transexuais, mostrar para eles que existimos realmente. [...] A votação foi rápida e a Resolução n 18, que trata do uso do "nome social" de transexuais dentro da UFSC, foi aprovada por unanimidade pelos presentes que faziam parte da assembleia ordinária do Conselho Universitário. Para mim, essa resolução foi muito importante. Naquele momento, passou um filme pela minha cabeça. Como militante da causa trans, tive a sensação de me sentir mais cidadã (Martendal, 2018, p. 175).

Também em artigo no qual discorre sobre como se deu sua pesquisa desenvolvida junto à UFSC, Massa (2018), já no início do relato acerca da metodologia adotada e do desenvolvimento com que se deu seu campo de pesquisa em torno das pessoas trans estudantes na referida universidade, entre 2011 e 2013, enfatiza que, para uma das interlocutoras, a quem chamou de Sandra, a possibilidade de adoção do nome social, no âmbito universitário, foi o que a fez sentir-se reconhecida, acolhida e não predestinada a viver às margens da sociedade.

Sandra diz que sua vida mudou completamente quando seu nome social, entendido como aquele adotado pela pessoa, pelo qual se identifica e é identificada na comunidade, passou a ser utilizado no seio acadêmico para representá-la e apresentá-la. Porém, por se referir a um "nome social", motivo pelo qual é objeto de crítica por Martendal (2018), ele, de acordo com o regimento por meio do qual foi aprovado, somente tem autorizada a sua utilização em registros e documentos internos e em atos da vida acadêmica, como a chamada em sala de aula, exceto em diplomas e certificados de validade oficial-institucional-estatal.

Ou seja, acaba se tornando um meio de sobrevivência em determinados ambientes e para a realização de certas práticas, mas não confere a total legalidade e eficácia representativa em prol de quem dele faz uso, o que vem a se modificar apenas quando da autorização, seja judicial ou legal-administrativa, para a alteração dos registros oficiais em assentos de nascimento e setores públicos e administrativos que regem, burocraticamente, a vida em sociedade, inclusive no que se refere a acesso ao emprego formal.

Quanto a isso, por exemplo, Isabel (entrevista 2) narra que a retificação de seu nome conferiu-lhe uma maior possibilidade de ganhos financeiros e de ser registrada, em carteira, para trabalhar em alguma empresa. Ela conta que, desde que seu nome foi alterado por decisão judicial, sua vida *"mudou muito, só não digo que não mudou na minha vida familiar porque na minha vida familiar já estava bem estabilizada, mas teve uma grande diferença na questão financeira, porque eu consegui emprego, na questão social"*.

Isabel (entrevista 2) conta que, depois de 2014, ano em que saiu de onde trabalhava, ficou desempregada por quase dois anos, *"porque as pessoas iam numa entrevista, tinha o nome masculino e quando eu chegava lá com toda a competência que eu tinha, cursos, diploma [...] tinha uma pessoa que não condizia com aquele nome"*. Ela conta que isso, a que chama de despreparo do *"pessoal de RH"*, sempre a feriu muito, pois, embora não tenha chegado a passar necessidades para sobreviver, *"comecei a não ter mais o que eu tinha que era poder ir num salão, comprar algo para mim [...]. Eu cheguei a não poder comprar nem xampu"*.

Isabel (entrevista 2), ainda, narra, que a alteração de seus documentos de registro foi tão significativa que "possui" uma nova data de nascimento: a data em que foi proferida decisão determinando a retificação do seu registro de nascimento. Inclusive, sobre isso, ela conta que *"quando eu consegui a retificação do meu nome, eu mandei currículo um dia e no outro dia estavam me chamando para a entrevista e no outro dia já estavam querendo me contratar"*. O cuidado de si, pelo exercício da sua agência, garantiu a Isabel (entrevista 2), quando da retificação do seu nome e gênero, a liberdade frente a situações que a impediam de realizar sonhos e de suprir suas necessidades mais básicas. Ela fala, ainda, com emoção nas palavras, que *"a partir dessa realização, a minha vida, sinceramente, mudou da água para vinho na questão social, eu tenho prazer em chegar nos lugares e apresentar a minha identificação"*, e que

> *[...] quando eu tinha que ir numa consulta, ou algum lugar, órgão público, eu tinha que chegar bem baixinho para a pessoa e pedir "por favor, me chama assim", e às vezes não era respeitada, "não, a gente chama pelo nome que está no documento" e você ter que engolir aquilo. Quando eu nasci de novo [...], isso acabou* (Isabel, entrevista 2, grifos meus).

Sophie (entrevista 3) narra como a tratativa pelos outros para com ela mudou após a retificação de seus registros de identidade, em especial em instituições financeiras. Ela contou, com muito bom humor, que, em uma oportunidade, tentou realizar um financiamento para a compra de um imóvel residencial, pelo seu nome social. Ela disse que, mesmo pedindo para ser tratada pelo seu nome social durante o atendimento, ainda que nos "papéis" constasse seu antigo nome de registro, isso era-lhe negado. Porém, fazendo alusão à sentença que lhe foi procedente, *"no dia que saiu e eu peguei o mandado e fui no banco [...], nossa, me trataram como se eu fosse uma rainha, me pediram pra sentar na cadeirinha e serviram até café (risos)!"*.

Sofia (entrevista 4), em sua narrativa, conta como foi a experiência de realizar algo que ela considerava como "muito difícil de ser feita", pois, para ela, *"retificar o prenome era uma coisa inimaginável, muito complicada, eu sabia que tinha que entrar com processo judicial, que muitas vezes esse processo era indeferido, era pedido muitas coisas [...]"*. Inclusive, acerca do nome, Sofia salienta que *"uma das coisas mais constrangedoras para uma pessoa trans é você ter um nome que não é o gênero que você se identifica, é muito constrangedor"*.

Sofia narra uma das situações constrangedoras que sofreu durante a realização de uma audiência, atuando enquanto advogada, quando da apresentação da sua carteira de habilitação sem o nome retificado:

> *Eu fui fazer uma audiência, eu acho que era no cível, com várias testemunhas, advogados, conciliador e num sei mais o que, e ele pediu que todo mundo entregasse o documento, ele pegou a minha OAB, olhava no nome e olhava para mim, olhava para o nome e olhava para mim, até que uma hora ele fez um sinal de que não estava entendendo, mas depois acho que ele percebeu que eu era uma pessoa trans, não me chamou pelo nome em momento algum mas escreveu na ata, obviamente, o nome que estava ali na minha OAB, então isso não deixa de ser um constrangimento.* **O constrangimento para uma pessoa trans, basta ela abrir a porta né?** *Porque* **são raras as que tem passabilidade né?** *E mesmo as que têm, sempre tem algo*

> *que entrega... **o nome, claro, ameniza** e é **fundamental**, mas não impede que você enfrente o constrangimento diário, a nossa existência já é um constrangimento* (Sofia, entrevista 4, grifos meus).

Sobre o trâmite do seu processo judicial, Isabel (entrevista 2), em que pese hoje se dizer realizada e mais bem inserida social e profissionalmente, narra ter vivido dias de muita dor e sofrimento enquanto ele tramitava. Ela relembra que *"a minha identidade não era compatível com a minha imagem e isso trazia, para algumas pessoas, desconforto [...] não preconceito, para outras, pré-conceito e para outras preconceito e repúdio mesmo"*. Foi, também por isso, que ingressou ação, perante o Poder Judiciário, para retificar seu assento de nascimento. Sobre o trâmite do processo, ela narra, com um tom de decepção, que *"o processo, para mim, foi meio frustrante, sendo bem sincera, por algumas decisões de juízes totalmente despreparados, quando você está buscando o seu direito!"*. Porém, quando sua ação foi finalizada, com total procedência, ela rememora que *"quando saiu a sentença, eu senti a morte e a vida nesse dia, porque eu estava matando algo que me doía muito, me incomodava muito e estava nascendo realmente a pessoa que precisava nascer, então hoje eu tenho duas datas de nascimento"*.

Falando sobre o processo judicial e o laudo que precisava acompanhá-lo, Isabel (entrevista 2) conta que, durante as sessões com a psicóloga que emitiria o referido documento, *"na época, eu me senti humilhada, mas eu aceitei porque eu entendi que era a única condição que tinha para seguir naquilo que eu precisava. Aquela coisa assim, eu não queria, mas era a condição para conseguir algo que eu queria naquele momento"*.

Sophie (entrevista 3), em seu relato, demonstra como, a partir das próprias condições em que são realizadas as emissões de laudos, o que nele consta, não é objeto de conhecimento aprofundado por quem os emite. Segundo a protagonista participante:

> *[...] o laudo particular, ele me explicou, o psicólogo fez um laudo diferente do Cepat porque ele não sabia muito bem em que se basear, ele pesquisou na internet, depois que a gente terminou o processo dele descrever a questão do laudo, ele falou para mim que iria descrever o nível de disforia de gênero, mas que não era para eu me preocupar, que isso era uma obrigação do sistema, para que eu não me preocupasse, que eu não era doente... e lá no laudo dele tinha 10 de disforia! (risos), falei: Pronto, sou tão viada que vim de outro plano! (risos)* (Sophie, entrevista 3).

Já, Sofia, salienta que, para ela,

> Demonstrar para o judiciário, ou a sociedade, que sou uma pessoa doente, para poder retificar meu prenome, para mim isso não era problema nenhum. O problema pode acontecer que a partir do momento que você é patologizado, cria-se uma legitimidade para as pessoas tentarem ser curados da patologia, mas é outra história (Sofia, entrevista 4).

Barbara (entrevista 5), em seu relato, salienta que *"foram 2 anos para conseguir o laudo que não valeria de nada [...] as consultas, eu chegava lá e o psiquiatra olhava para mim e falava: E aí, você ainda está trans? Eu falava: Tô! (risos) Ele dizia: Ok e acabava a consulta! Não levava nem 10 minutos essa consulta"*.

O laudo médico/psicológico/psiquiátrico que era emitido em nome das protagonistas participantes, contendo um CID que as qualificava como doentes e as enquadrava em um sistema internacional e universal de códigos de condutas de gênero, se equipara ao exame psiquiátrico, citado por Foucault (2010d) em sua aula do dia 8 de janeiro de 1973, o qual

> Permite constituir um duplo psicológico-ético do delito. Isto é, deslegalizar a infração tal como é formulada pelo código, para fazer aparecer por trás dela seu duplo, que com ela se parece como um irmão, ou uma irmã, não sei, e que faz dela não mais, justamente, uma infração no sentido legal do termo, mas uma irregularidade em relação a certo número de regras que podem ser fisiológicas, psicológicas, morais, etc. (Foucault, 2010d, p. 15).

Nesses casos, portanto,

> Que o exame psiquiátrico constitua um suporte de conhecimento igual a zero é verdade, mas não tem importância. O essencial do seu papel é legitimar, na forma do conhecimento científico, a extensão do poder de punir a outra coisa que não a infração. O essencial é que ele permite situar a sanção punitiva do poder judiciário num *corpus* geral de técnicas bem pensadas de transformação dos indivíduos (Foucault, 2010d, p. 17).

Refletindo sobre o processo necessário à confecção do laudo entregue às protagonistas participantes, aliado ao fato de que, nele, constavam informações que pretendiam, de maneira científica, "dizer" e afirmar o que "elas são/eram", Foucault (2010d, p. 28) é certeiro quando diz que

> O exame contemporâneo substituiu a exclusão recíproca entre o discurso médico e o discurso judiciário por um jogo que poderíamos chamar de jogo da dupla qualificação médica e judiciária. Essa prática, essa técnica da dupla qualificação organiza o que poderíamos chamar de domínio da "perversidade", uma noção curiosíssima que começa a aparecer na segunda metade do século XIX e que vai dominar todo o campo da dupla determinação e autorizar o aparecimento, no discurso dos peritos, e de peritos que são cientistas, de toda uma série de termos ou elementos manifestamente caducos, ridículos ou pueris.

Bárbara (entrevista 5), relembrando o processo judicial enfrentado, no qual buscava a retificação de seu prenome e gênero, narra: *"nunca vou esquecer a sentença da juíza, dizendo que permitir a alteração do nome, sem ter feito a cirurgia, induziria as pessoas ao erro"*. Sobre o sentimento de, à época, depender de uma autorização do Poder Judiciário para ser reconhecida, pelos outros, por quem ela é, ela disse que

> *Olha [...] eu acho revoltante eu ter que provar para o Estado que eu sou quem eu sou. Lembro que tive que sair durante o meu horário de trabalho para resolver essa questão, não foi nada agradável passar por toda a burocracia [...] Eu não entendia o porquê que eu precisava de tudo isso, porque não era difícil de perceber [...] Eu já estava toda hormonizada, com seio, e eu ia fazer isso só para mentir ao governo? Não, né? Então, para mim, foi bem desagradável ter que passar por isso* (Barbara, entrevista 5).

Porém, quando questionada sobre seu sentimento, ao saber que seu processo havia sido julgado totalmente procedente, em segunda instância, Barbara (entrevista 5) falou que *"é até meio difícil de descrever, mas eu lembro que fiquei muito feliz, emocionada, eu me sentia, finalmente, livre. Pelo menos com essa questão do nome eu não teria mais problemas e não sofreria mais com isso, não tinha ideia do que me esperava, mas [...]"*.

Quando Barbara (entrevista 5) falou o *"mas"*, logo a questionei sobre o que havia acontecido, para além dos problemas com seu cadastro em lojas de departamentos. Ela conta sobre um problema enfrentado, no dia da sua vacinação contra a Covid-19, por uma inconsistência no sistema do SUS, da seguinte forma:

> *Chegou o dia de eu me vacinar, sabendo que eu tinha sido ignorada e sabendo que o meu nome estava incorreto no sistema, eu*

> *levei comigo no dia o mandato de averbação e toda a minha documentação retificada. Eu troquei toda a minha documentação no começo de 2017, passaram 4 anos e esse fantasma ainda me perseguia. Não deu outra: cheguei lá e eles me falaram que não poderiam me vacinar, porque o nome no sistema estava incorreto. Enquanto eles estavam tentando resolver, eu ouvi as atendentes falarem: "Ah, é que o caso dele é completamente diferente, eu nunca vi um caso como o dele". Eu fiquei só escutando aquilo [...] o resultado foi que, naquele dia, ninguém estava levando mais do que 5 minutos para receber a vacina, eu fiquei uma meia hora no Posto de Saúde lotado, com um monte de gente e em plena pandemia, até que eles pudessem resolver a questão e eu receber a vacina* (Barbara, entrevista 5).

Apesar de algumas preocupações e exposições terem persistido, Barbara (entrevista 5) narra que a alteração de seu nome lhe trouxe menos estresse e que caso hoje precisasse procurar um emprego, acha que *"seria mais fácil pelo fato de já estar retificada, seria muito mais fácil do que naquela época, pois a quantidade de constrangimento que eu precisava lidar antes do processo, era imensurável"*. Em arremate, ela assinala que, *"uma vez que eu troquei a documentação, eu conseguia simplesmente entregar os meus documentos sem me preocupar, antes eu entregava já justificando. Hoje em dia, isso não acontece mais, e é um alívio muito grande não passar mais por isso"*.

Falando sobre o acesso ao emprego e ao sistema de saúde, Maria Sueli, que é a única protagonista participante que realizou o processo transexualizador (o que foi contado, por ela, sem que fosse questionada sobre isso), narra que

> ***Na questão social, de trabalho, de tudo, o mais importante para mim foi a mudança do nome, foi o principal, eu acho que se não tivesse conseguido a cirurgia de transgenitalização, mas tivesse conseguido o nome, eu já teria chegado aqui onde eu cheguei tranquilamente, a cirurgia foi para mim, mas, o nome, foi por uma questão muito maior...*** *posso imaginar assim, porque tudo depende do nome, onde você vai, você é chamada pelo nome, você é tratada pelo nome, quando as pessoas se deparavam com o meu outro nome, eu entrava numas situações realmente vexatórias, constrangedoras, de sofrimento profundo mesmo. Então, desde sempre,* ***o meu sonho principal sempre foi a mudança de nome mesmo,*** *só que até então, a gente via pouquíssimos casos de pessoas que ganhavam na justiça, né?* (Maria Sueli, entrevista 6, grifos meus).

Por fim, Vanusa, que foi a única protagonista participante que realizou a alteração de seus registros em cartório extrajudicial, narra os percalços sofridos até que a retificação fosse concluída. Ela narra que *"decidir pela troca não chegou nem a ser uma decisão, foi uma necessidade, porque só a gente sabe o quão constrangedor é. A gente vive nessa sociedade binária, que só entende do nome feminino e do masculino associado à expressão"*. E é na busca pela identificação com esta *"expressão"* de gênero, conforme salientado por Vanusa (entrevista 7), que a passabilidade surge como uma estratégia de sobrevivência e existência no interior de uma sociedade marcada pelo sistema de sexo-gênero binário heteronormativo.

4.3 ESTÉTICA DO GÊNERO E PASSABILIDADE: REFLEXIVIDADE E AGIR ÉTICO COMO ESTRATÉGIA DE SOBREVIVÊNCIA

Neste subcapítulo, busco responder ao objetivo de compreender se as protagonistas participantes com quem conversei buscam a designação formal e pública de suas identidades e existência, como mulheres trans, com a fixação e homogeneização generificada das suas identidades, nos eixos estruturantes da matriz de sexo e gênero, ou outras formas de identificação e de reconhecimento de si, pelos outros. Para tanto, farei uso da passabilidade como categoria analítica.

Quanto à passabilidade, esta foi analisada a partir de perspectivas que a definem como estratégias utilizadas, pelas protagonistas participantes, para a sobrevivência e existência digna, em espaços públicos, bem como a partir de uma concorrência que se vê existir, entre as mulheres trans, de se alcançar um ideal de feminilidade criado pela cultura.

Ainda que admita que a passabilidade é almejada, em especial, com o intuito de sobreviver, Maria (entrevista 1), em sua narrativa, tece críticas ao movimento que percebe emergir no atual contexto "instagramável de redes sociais", no seguinte sentido,

> *Hoje essa nova geração [...] as pessoas buscam isso, a perfeição de algo que não existe, né? Então as pessoas almejam e infelizmente o que tem fornecido isso para a pessoa é o privado [...] o privado vira a pessoa do avesso e transforma ela numa Linda Mulher...e aí a busca delas é essa, né?* **A disputa entre pares, de quem pode mais, consegue alcançar uma beleza mais que a outra e a passabilidade.** *Só que no final das contas quando você abre as redes sociais, você vê que elas estão*

> virando um exército de pessoas trans [...], *porque elas ficam todas iguais (risos), aquilo que sempre falei, que a gente não é feito em série* [...] *elas estão se tornando através dessas cirurgias em busca da beleza e da feminilidade, elas só mudam a cor do cabelo e o tamanho do peito* (Maria, entrevista 1, grifos meus).

Maria (entrevista 1) expõe como a passabilidade, por muitas almejada para fins de sobrevivência, passou a ser ponto de tensão e competição entre mulheres trans, e que ela se tornou, também, perseguida, com o intuito de se alcançar uma feminilidade criada pela cultura, que encontra, na beleza, uma de suas fontes.

Isabel (entrevista 2), sobre o assunto, além de salientar que "tentava passar despercebida, se ninguém me percebesse estava ótimo, esse era o meu lema do dia", em tom crítico e em sentido paralelo ao exposto por Maria, narra que

> *[...] o que que eu vou dizer em questão de passabilidade? Porque é muito relativo, sendo bem sincera,* **eu me sinto super passável***, super, super, super.* **Por questão de entonação vocal, pelo tamanho, por questões de comportamento social indiretamente** *[...], mas eu acho que essa questão de passabilidade é muito relativa porque* **as pessoas ligam muito a travesti/transexual quando** *é* **muito bonita***, que nossa, você parece uma mulher, quer dizer então que mulher não pode ser feia, não pode ser gorda, não pode ser alta, não pode ter uma voz grossa,* **então assim***, é* **muito ilusório isso, sabe?** *Essa questão também tem um lado negativo,* **porque daí você começa a se comparar com outras meninas***, "ai porque eu sou mais feminina", "ai porque eu sou mais delicada", "ai porque o meu pézinho é 37 e o seu é 40"* (Isabel, entrevista 2, grifos meus).

Sophie (entrevista 3), embora sem nunca ter ouvido falar do termo, afirmou que "não importa se você é mais ou menos feminina, talvez até tenha uma aceitação maior, mas eu já sofri tanto preconceito quanto qualquer outra mulher trans". Já Sofia (entrevista 4), ao afirmar que as mulheres trans que possuem maior passabilidade sofrem menos constrangimento, disse, quando perguntada sobre o que ela entendia pelo referido termo, que, para ela, passabilidade

> É você se passar pelo gênero ao qual você se identifica né? Então se você é um homem que se identifica enquanto mulher, você tem que ter a passabilidade de passar como feminina, só que a gente nunca passa... a pessoa trans nunca

passa, não adianta falar que passa porque nunca passa. Tem pessoas que tem uma passabilidade maior, outras com a passabilidade menor (Sofia, entrevista 4).

Bárbara (entrevista 5) que, em entrevista, narrou perseguir, "de certa forma", uma passabilidade, diz que o faz porque

> *Passabilidade é parecer cis e em uma sociedade extremamente transfóbica, **parecer cis** é **uma questão de segurança e conforto**. Porque mesmo que ninguém te agrida diretamente, as pessoas te tratam de maneira diferente e isso é problemático. **A passabilidade** é **uma questão bastante pertinente para quem lida com disforia, se você tem uma disforia de gênero muito forte, como no meu caso, eu gostaria de apagar todas as características que eu considero masculinas no meu corpo para que possa alcançar a tão almejada passabilidade**, então, para mim, a passabilidade em si é **parecer cis**. Definitivamente é isso, agora, porque alguém quer a passabilidade? No meu caso, tenho dois motivos. O primeiro é que **eu lido com uma disforia muito forte, que causa desconforto**, então eu acredito que eu me sentiria confortável na minha própria pelo se o meu corpo fosse diferente e em segundo, é **uma questão de segurança na convivência**, eu não acho que corro tanto perigo assim por ser branca, tenho um emprego estável, aquela média de idade para travestis, de 30 anos, **não se aplica para todas, se aplica** à **travesti negra, periférica que está se prostituindo na rua, exposta a todos os tipos de riscos**. Eu sou privilegiada e esse privilégio é uma coisa que tenho que usar em prol da comunidade, inclusive. Quando eu falo na questão de segurança, é mais na questão de evitar dissabores, eu não acho que vou ser assassinada na rua, mas ainda assim, terei que lidar com várias situações desagradáveis (Barbara, entrevista 5, grifos meus).*

Vanusa, aliando sua fala e experiência de vida aos marcadores de gênero criados pela cultura salienta que *"uma mulher não pode ter voz grossa que ela já causa estranheza às pessoas, mulher tem que necessariamente ter uma voz fina! Então, eu num espaço desse, o simples fato de eu não ter uma voz fina, já caiu por terra a minha passabilidade"*. Para além, Vanusa destaca que, para os homens trans, a passabilidade é mais fácil de ser alcançada, tendo em vista que

> *[...] um homem trans, com 6 meses de hormonioterapia, já consegue uma passabilidade assustadora; ele consegue uma mudança da sua expressão de gênero muito, muito grande. Enquanto nós*

> *levamos até 2 anos para começar a perder características [...] exceto essa nova geração, que já está vindo com a possibilidade de começar mais cedo a transição, pelo apoio familiar, do empoderamento que a família coloca na transição [...]. Nós temos essa dificuldade na transição do gênero, na questão hormonal mesmo, mas a transição social também é muito difícil, que é eu romper aquela barreira de quem me viu um menino, ou um homem gay [...] me ver hoje com uma expressão de gênero totalmente feminina, com um corpo expressando a minha feminilidade* (Vanusa, entrevista 7).

Isabel (entrevista 2), em sua narrativa, falou sobre o preconceito existente no seio da própria comunidade, quando questionada acerca da passabilidade. Maria (entrevista 1) salientou que, atualmente, vê, no entorno da passabilidade, surgir uma disputa, entre as mulheres trans, na busca por uma feminilidade cada vez "maior". Percebe-se, pela fala, tanto destas quanto das demais protagonistas participantes, que, inclusive, essa disputa por uma expressão de gênero cada vez mais feminina acaba por gerar, entre algumas mulheres trans, uma maior cobrança sobre a performance de gênero, com a consequente exclusão de outras, que não acompanham ou não almejam a busca por uma expressão e existência cada vez mais próximas de mulheres cis. Parece-me que a passabilidade, além de refletir uma política de resistência, apresenta conflitos e conteúdos que são tensos, no existir das mulheres trans, afinal, como já bem salientou Foucault (2006, p. 68) "o efeito maior do poder disciplinar é o que poderíamos chamar de remanejamento em profundidade entre a singularidade somática, o sujeito e o indivíduo".

Esses conflitos decorrem de um poder disciplinar normalizador (Foucault, 2006) que se insurge sobre e contra corpos e existências, por vezes, conforme foi expresso por algumas protagonistas participantes em suas narrativas, não gera apenas a abjeção (Butler, 2017a; 2019a) de algumas mulheres trans ou travestis da sua própria comunidade, como, também, o afastamento de algumas das mulheres que sentem "mais passáveis" que outras, com o intuito de não serem confundidas ou de se destacarem de corpos que ainda não são totalmente assimiláveis pelo sistema sexo-gênero da heteronormatividade.

Maria narra fatos que presenciou enquanto atuava como presidenta de uma ONG voltada ao atendimento e acolhimento de homens e mulheres transexuais e travestis, que retratam o afastamento, de movimentos sociais e coletivos, de mulheres que acabam se entendendo ou se tornando "bem passáveis" ou após a realização da cirurgia de transgenitalização. Ela conta que "algumas das pessoas cirurgiadas não querem mais participar de nada, mudam nome e algumas pessoas querem viver a parte...esquecer a sua história, a sua trajetória".

Ela destaca, ainda, que esse afastamento, que me parece ser proveniente de uma reflexividade sobre si, era mais comum "das cirurgiadas", embora também ocorresse pelas travestis. Ela narra que

> *Sim, das cirurgiadas [...] e teve poucos casos de travestis que elas se declaravam travestis, mas elas viviam bem na passabilidade da cisgeneridade [...] então elas se identificavam como travestis, mas viviam dentro da cisgeneridade, porque a família do marido, namorado, não sabiam que eram travestis, porque eram muito femininas, mas foram poucos casos* (Maria, entrevista 1).

> *Fábio: Você acha que muitas dessas pessoas, principalmente com quem você teve contato, tinham a ideia de não fazer mais parte do T?*

> *Maria: Sim, sim [...] quase 100% das pessoas que eu conheci que fizeram cirurgia tinham esse pensamento pós-cirurgia [...] onde eu tinha muito medo às vezes de falar, quando eu falava que eu queria fazer a cirurgia, mas que eu jamais me esconderia atrás de uma resignação* (Maria, entrevista 1).

Isabel, em sua narrativa, destaca o afastamento sentido e percebido das mulheres "cirurgiadas", quando falava sobre o seu próprio sonho de se submeter à cirurgia de redesignação/readequação sexual, no seguinte sentido:

> *[...] tem muitas meninas que se acham superiores porque são operadas, e é triste [...], porque a pessoa acha que é melhor do que você porque ela tem uma vagina, mas sinceramente, eu não troco tudo o que tenho hoje por uma vagina, do tipo: "você pode fazer hoje a sua cirurgia, mas você tem que abrir mão da sua família, das suas conquistas", eu não abriria mão* (Isabel, entrevista 2).

Sofia (entrevista 4), sobre uma possível concorrência pela vaidade e performatização do ideal-imagético criado no entorno das feminilidades, dentro da comunidade de mulheres trans, afirma que *"as pessoas só se engrandecem né? Por exemplo, mulher trans chamando outras de gay [...] tratando no masculino né? Coisas desmerecendo, para colocar a pessoa para baixo, é o que mais tem né?"*.

Maria Sueli (entrevista 6), a única das entrevistadas que afirmou ser *"cirurgiada"*, ou seja, que realizou a transgenitalização, disse, sobre o resultado da cirurgia, que *"a minha vagina é linda, ela é perfeita [...] não vejo ninguém assim, quando vejo vídeo pornô, eu acho a minha tão lindinha, perfeita [...] tudo o que eu quis! (risos)"*, e que o fato de ter uma *"neovagina"* (termo utilizado por quase todas as entrevistadas), a coloca em um patamar de maior privilégio que outras mulheres travestis e transexuais.

Como muitas mulheres trans não possuem condições financeiras ou não conseguem um atendimento pelo SUS, de forma a atingir um ideal-imagético corporal que se alia à almejada performance do gênero feminino, acabam buscando realizar alguns de seus sonhos com as bombadeiras; há, aqui, a busca por saberes sujeitados (Foucault, 2010b)[59]. Há, portanto, na busca tanto pelos métodos tradicionais quanto pelos métodos menos indicados, por parte das protagonistas participantes, uma estratégia reflexiva de resistência e existência (Foucault, 2010a), a partir da utilização e prática de saberes situados e de recriações de si, pela tecnologia (Haraway, 2009; 2019; Preciado, 2017, 2018).

Como narra Maria (entrevista 1), a busca por bombadeiras, pelas mulheres trans, tem como finalidade a modificação corporal, em especial quando não se tem as condições necessárias para a aplicação do silicone cirúrgico. Ela salienta que, *"a questão do silicone industrial ele ainda é clandestino, você vai correr o risco e buscar por conta própria com as bombadeiras"*.

Maria (entrevista 1) conta que ela mesma fez uso de silicone industrial, aplicado por bombadeira (ela fala que, atualmente, há apenas uma atuando na cidade de Curitiba), mesmo ciente dos riscos que correria. Ou seja, houve um momento de reflexão no agir, na busca pela correlação entre seu corpo e imagem à sua identidade de gênero. Ela fala que, pelo SUS, a aplicação de silicone cirúrgico fica restrita aos casos em que a pessoa pretende levar a cabo o processo transexualizador (aqui, ela parece se referir à realização da cirurgia de redesignação sexual, o que vai ao encontro do previsto na Portaria 2803/2013[60], além das dificuldades

---

[59] Importante salientar, neste tópico, que, o CPATT, por exemplo, só inicia suas atividades em 2014 e com número limitado para atendimento, tendo em vista que ainda estava em seu início de implementação, e muitas das narrativas aqui trazidas referem-se a períodos anteriores ao citado ano.

[60] Na Portaria 2803/2013, em seu artigo 2º, inciso I, está previsto que: "Art. 2º São diretrizes de assistência ao usuário(a) com demanda para realização do Processo Transexualizador no SUS:
I - integralidade da atenção a transexuais e travestis, não restringindo ou centralizando a meta terapêutica às cirurgias de transgenitalização e demais intervenções somáticas (grifos meus). A portaria se encontra disponível em: https://bvsms.saude.gov.br/bvs/saudelegis/gm/2013/prt2803_1S_11_2013.html. Acesso em: 18 fev. 2022.

de acesso aos hospitais que fornecem esse serviço, que são apenas cinco, em todo o território nacional[61]), e que, por isso, não buscou a colocação da prótese de silicone por meio dele. Nas suas palavras,

> *Você tem nessa mudança na portaria do processo transexualizador a inclusão do serviço especializado fazer a colocação de prótese, fazer outras cirurgias secundárias [...] nos homens e mulheres trans, mas é só pelo processo transexualizador em ambulatórios específicos* (Maria, entrevista 1).

Maria narra, ainda, que as aplicações, cirurgias e procedimentos estéticos aos quais se submeteu, os fez, *"porque realmente eu achava que precisava [...] que nem eu falei, da aplicação do silicone industrial na quantidade que eu coloquei: eu não me arrependo, mas, hoje, por exemplo, se eu fosse avaliar o hoje, eu colocaria menos"*.

Maria (entrevista 1) conta que, hoje, estimula outras "meninas" a não aplicar, ou a aplicar menos silicone industrial, porque sofreu com a rejeição do produto em seu corpo e pelo fato de que ele acaba "descendo" para partes onde ele não deveria estar, como é o caso do silicone que ela aplicou nos quadris, que acabou tendo parte dele indo parar na sola do seu pé. Com muito bom humor e sob muitas risadas, ela fala que ainda precisa realizar algumas cirurgias e intervenções plásticas, porque trabalha com prostituição, e, por isso,

> *[...] como que eu vou anunciar com 35 com cara de 100 [...]. Não tem como né (risos)? E, não adianta: a gravidade vai denunciando a sua idade! E, aí, quanto mais velha você fica, menos cliente você vai tendo [...]. Nessa profissão, não vale a experiência* (Maria, entrevista 1).

Sofia (entrevista 4), sobre a experiência com silicone cirúrgico, silicone industrial e bombadeiras, narra que, nas mamas, coloca silicone cirúrgico, *"o certinho"*, mas, *"no corpo, teve que ser o silicone industrial mesmo, não teve escapatória, é uma coisa que faz muito mal"*. Ela salienta que o silicone aplicado por bombadeiras *"é comprado de litro, é um líquido viscoso, usado para lubrificar peças de avião [...] Vem uma agulha de grosso calibre que é enfiada na sua pele, para mim não doeu tanto, você sente uma pressão, mas é suportável"*. Porém, ela conta que o grande problema do silicone industrial é que ele não permanece no lugar onde foi aplicado. No caso dela,

---

[61] A lista com os centros de referência com atendimento ambulatorial e hospitalar (cirúrgico-hospitalares), os ambulatórios do SUS e os Ambulatórios das redes de saúde estaduais, que possuem atendimento especializado para pessoas transgêneras, está disponível no site: https://antrabrasil.org/2020/07/27/como-acessar-o-sus--para- questoes-de-transicao/. Acesso em: 18 fev. 2022.

> *[...] eu apliquei na bunda e no quadril e ele desceu, o do quadril desceu para as pernas, até o joelho [...], ele se infiltra e seu organismo precisa compensar de alguma maneira, então onde tinha carne, vasos, músculos [...] hoje, não tem mais, tem silicone no lugar.*

Sofia (entrevista 4) ainda conta que o contato com a bombadeira, *"que tem uma em cada cidade do Brasil"*, dá-se da seguinte forma: *"É, alguém que indica, te passa o telefone [...] elas vão até a sua casa ou você até a casa delas, chega e elas já estão te esperando com as agulhas e os litros, com as coisas para amarrar, esmalte para colocar no algodão e tapar os furos"*. Ela narra, ainda, os motivos pelos quais a colocação do silicone cirúrgico, em outras partes do corpo, que não os seios, não é realizada pelo SUS: *"Não adianta estar previsto na lei se nós aqui não temos médicos capacitados para fazer essa cirurgia"*.

Bárbara (entrevista 5), em sua narrativa, conta que, em 2015, colocou silicone cirúrgico nos seios, mas que, em razão do desespero que sentia, chegou "a considerar a colocar o industrial, mas não fiz. Isabel (entrevista 2) e Sophie (entrevista 3) contaram que, até hoje, fizeram apenas uso de silicone cirúrgico para a reconstrução dos seus corpos, em especial, por medo dos problemas que podem ser causados após a aplicação do silicone industrial.

Maria Sueli (entrevista 6) narrou que decidiu fazer uso do silicone industrial por precisar fazer algo, o mais rápido possível, para ficar *"parecida com mulher"*. Sem dinheiro, *"o silicone industrial foi o que apareceu como a forma mais fácil de eu ficar mais parecida com mulher, que era com o seio grande. Não adiantava ter um cabelo bonito, eu sempre gostei da minha face, enfim, mas assim, eu precisava ter peito"*. Ela conta que sabia quem era a bombadeira com quem Maria colocava o silicone, *"aí, em Curitiba, eu coloquei uma vez, duas vezes, três vezes, na quarta vez, acho que fiquei muito ansiosa, eu tinha 20 anos [...]"*. Maria Sueli, assim como as outras protagonistas participantes, buscavam, a partir da estética de seus corpos e de tecnologias e saberes neles aplicados (Preciado, 2017; 2018; Haraway, 2009, 2019), performatizar o gênero feminino (Butler, 2017a), gozando da plasticidade, tanto teórica quanto prática, conferida ao corpo (Foucault, 2006).

Ela narra, ainda, os resultados sentidos na pele após a aplicação do silicone industrial[62]:

---

[62] A narrativa é longa, mas decidi mantê-la, integralmente, por se tratar de uma informação que serve, para além de responder aos objetivos desta pesquisa, como um alerta a quem a ela tiver acesso.

Em 2000, 2001, um dos buracos que ela (a bombadeira) furou, ele não cicatrizou na quarta vez. Quando cicatrizou, a pele, naquele lugar, ficou bem fininha. Com o passar dos anos, ela se rompeu, ela criou tipo um lombinho e começou a vazar e o meu peito esquerdo começou a ficar roxo, e o estranho foi que o direito também começou a ficar roxo sem ter nenhum buraco, nem nada [...] Então, a infecção veio e ela pegou e passou para o outro, eu não conseguia tirar o silicone, foi terrível [...] Aí, em 2012, quando entrei na Secretaria de Educação, eu contei para a minha chefe, a [...], aí me ajudaram a correr atrás de médico, mexemos com o Ministério Público de Curitiba, e aí conseguimos com que o SAS fizesse, não sei como foi, se fizeram um ofício [...] só que daí com um médico oncologista pelo SAS, ele fez a mastectomia total, tirou tudo com músculo, pele, bico [...], tudo, então, a gente é reto sem o silicone no peito né? O meu peito ficou para trás, com dois buracos para dentro, terrível, mas fazer o que? Era a minha vida e essa infecção poderia chegar no pulmão, aí já era. A reconstrução precisou ser paga porque demoraria anos para conseguir pelo SAS, por eu não ser paciente com câncer, por não ser mulher cis; tinha toda essa situação que o SAS não era obrigado a fazer. E, eu fiz a reconstrução, só que me causou tanto medo. Essa reconstrução não foi simples, demorou 2 anos inteiros. Eu tive que fazer um lado primeiro, o esquerdo e depois o direito, o médico disse que era uma cirurgia grande, invasiva e perigosa. Se fizesse tudo de uma vez, eu poderia morrer durante a cirurgia, então ele preferiu por fazer um lado bem feito e depois fazer o outro. Então, na cirurgia, ele colocou uma bolsa, que todo mês ele enchia com soro fisiológico, até ficar do tamanho do peito que eu queria com a prótese, então ele fez de um lado e depois de pronto fez a mesma coisa do outro lado, isso demorou mais de um ano, só isso. Foi uma cirurgia para o lado esquerdo, uma para o direito e ainda mais uma para a reconstrução da mama, para colocar a prótese normal. Para fazer a mastectomia, foi um lado de cada vez também. Eu ainda precisaria fazer uma sexta cirurgia, mas não fiz, traumatizei, fiquei com medo (risos), porque a estética é feia, olhando de roupa é um peito normal, então eu não tenho bico, fiz uma tatuagem que foi o que deu para fazer. Só que, como a prótese esticou a pele e em algum lugar no meu corpo ainda tinha silicone industrial, começou a surgir silicone industrial não sei de onde, então vazou, e agora foi para baixo da minha axila, não sei de onde veio, então agora estou com dois papos de silicone que vou ter que tirar bem embaixo da axila e tirar a cicatriz que ficou gigantesca! Tenho mais essas cirurgias ainda, mas ainda não tive coragem (risos) (Maria Sueli, entrevista 6).

Sendo assim, a busca pela perfeita atuação social, partindo de uma estética imposta aos gêneros; pela não discriminação dos outros e pelo alcance de meios que as permitam viver com uma segurança e equilíbrio que não se destinam aos corpos que não importam, tem o potencial de fazer com que homens e mulheres transexuais e travestis convivam com um sentimento que é chamado, por Butler (2017a; 2019), de melancolia de gênero.

4.4 MELANCOLIA DE GÊNERO

De forma a responder ao último objetivo específico desta pesquisa, procurei compreender se o processo de (re)construção de si, conforme narrado pelas protagonistas participantes, conferiu a elas o sentimento de liberdade e de inserção sociojurídica ao contexto social em que vivem, principalmente, face ao ideal criado no entorno da figura de uma "mulher de verdade". Para tanto, fiz uso, como categoria de análise, da melancolia de gênero, partindo de uma construção teórica e reflexiva desta, sob a perspectiva do sofrimento causado aos corpos, quando se tentar atingir um ideal imagético de gênero que é inexistente, mas, também, da potência criativa e de resistência, que acaba por surgir do seu sentir.

O corpo, conforme consta das teorias de Butler (2017a; 2019b), Foucault (2018a), Haraway (2009; 2019), Preciado (2017; 2018) e Laqueur (2001), foi demarcado com especial atenção às genitálias. Este poder que nelas se concentra e que as acaba regulando a partir de um biopoder heterocentrado normatizador e normalizador, é percebido, por exemplo, na fala de Sofia (entrevista 4), quando ela desabafa que

> [...] o homem quer constituir família como qualquer outra pessoa e o que vai mudar em mim ter uma vagina? Vou continuar sendo trans, vou continuar tendo a minha aparência, a minha voz. Ele não vai querer me apresentar para a família dele, para os amigos, pode me comer escondido.

Essa inteligibilidade heteronormativa, como algo proveniente do "natural," é expresso e reafirmado pela narrativa de Maria Sueli (entrevista 6), quando ela, questionada sobre o que entendia como sendo gênero, fala que

> [...] eu defino gênero como a pessoa que eu sou, então eu me sinto mulher, o meu gênero feminino e sexo, **eu acho tão natural**,

*(risos), **porque eu acho que o onde está o meu tesão, pelo órgão genital masculino e não pelo feminino, isso eu acho que definira o sexo para mim*** (grifos meus).

Ainda sobre a indissociabilidade entre o sexo, o gênero, a orientação sexual, o prazer e o desejo, Maria Sueli (entrevista 6) afirma que, para ela, *"olhe só, como o meu gênero feminino gosta do gênero masculino [...] não é só o sexo [...] o gênero e o sexo não são totalmente separados, é uma coisa de louco, só vivendo mesmo [...]"*. Ela fala, ainda, que é por conta dessa "não separação", que não gosta de ser anunciada, vista, entendida como uma mulher trans, mas apenas mulher.

Conforme expõe Safatle (2017, p.189),

> Um discurso que, de certa forma, está dentro de mim sem ser completamente idêntico ao que entendo por minha identidade. No entanto, não é apenas a exterioridade que define a sujeição, mas principalmente a conformação de si a algo que tem a forma da vontade de um Outro. A este respeito, a hipótese de Judith Butler consistirá em mostrar como a força de submissão dos sujeitos, seja a identidades de gênero pensadas em uma matriz estável e insuperável, seja à própria forma geral da identidade, é indissociável dos usos da melancolia.

Essa indissociabilidade, conforme citada por Safatle (2017), fazendo alusão a Butler, está presente na narrativa de Sofia, quando ela, instada a responder se, para ela, a sua existência era entendida como um processo de resistência diária, fala que

> É uma resiliência, uma resistência...eu tô para te dizer que eu odeio quando as pessoas usam o termo «opção», porque isso não existe, né? Você opta pela cor do seu cabelo... mas, optar... me desculpe, eu não quero ofender ninguém, mas as pessoas pertencentes à sigla LGBTQIA+ ***são pessoas que estão fadadas ao sofrimento, sabe?*** Deve ter exceção, mas ***a nossa existência*** é ***uma existência de dor e sofrimento, e para as pessoas trans isso*** é ***muito pior, insuportável, eu penso, todo os dias da minha vida, em dar um tiro na minha cara...*** porque é muito difícil a nossa vida, então como eu falei: "por que que eu optaria por uma vida de sofrimento?" Jamais. Se alguém falasse assim, lá no além: "você quer ser o que? Homem, mulher, cis, ou uma pessoa fodida LGBTQIA+...?" ***Eu ia dizer que obviamente que gostaria de ser uma pessoa que a minha existência seja mais simples*** (Sofia, entrevista 4).

E não é demais falar em indissociável, ao passo que, conforme bem expõe Preciado (2020a, p. 27),

> [...] com algumas exceções, nem o discurso científico nem a lei reconhecem a possibilidade de que um corpo possa ser inscrito na sociedade dos humanos sem aceitar a diferença sexual. A transexualidade e a intersexualidade são descritas como patologias marginais e não como sintomas da inadequação do regime político-visual da diferenças sexual à complexidade da vida.

E, assim o é, porque

> Um processo de redesignação de gênero numa sociedade dominada pelo axioma científico-mercantil do binarismo sexual, onde os espaços sociais, trabalhistas, afetivos, econômicos, gestacionais são segmentados em termos de masculinidade ou feminilidade, de heterossexualidade ou homossexualidade, significa cruzar aquela que talvez seja, junto com a da raça, a mais violenta das fronteiras políticas inventadas pela humanidade. Atravessar é ao mesmo tempo saltar um muro vertical infinito e caminhar sobre uma linha traçada no ar. Se o regime hétero-patriarcal da diferença sexual é a religião científica do Ocidente, então mudar de sexo só pode ser um ato herético (Preciado, 2020a, p. 33).

A heterossexualidade deixa, então, de ser uma prática sexual, para se tornar um regime político, ao passo que é por meio dela, da institucionalização da família nuclear e dos discursos sobre a reprodução da espécie, que se fundam os corpos, sob um discurso binário de inteligibilidade (Laqueur, 2001).

Nesse sentido, a partir do discurso binário heteronormativo, "o poder age produzindo em nós melancolia e é desta forma que ele nos submete" (Safatle, 2017, p. 190). Não apenas submete, como, também, violenta. Em realidade,

> Esta é sua verdadeira violência, muito mais do que os mecanismos clássicos de coerção, pois violência de uma regulação social que internaliza uma clivagem, mas clivagem cuja única função é levar o eu a acusar a si mesmo em sua própria vulnerabilidade. Desta forma, a melancolia aparece como uma das múltiplas formas, mas a mais paralisante, de aceitar ser habitado por um discurso que, ao mesmo tempo, não é meu, mas me constitui. O poder nunca conseguiria

se impor sob a forma da sujeição se não se apropriasse de um princípio de abertura que constitui todo e qualquer sujeito (Safatle, 2017, p. 190).

Porém, entender o poder como parte constituinte do ser, apresenta um paradoxo sobre o qual Butler se debruça a partir da sua obra Problemas de Gênero (2017a):

> Primeiramente, as mulheres precisam adentrar o espaço político da representação e nele, ser constrangidas a uma categoria identitária unívoca; em seguida, é preciso se valer dessa categoria identitária para reivindicar direitos, que já serão limitados por estarem destinados a atender apenas aqueles sujeitos submetidos à representação cabível na categoria mulher (Rodrigues, 2021, p. 52).

Quando perguntada sobre o que é ser e o que é viver como mulher, Maria Sueli narra que

> *Aiaiai, essa pergunta é bem [...] (risos), o feminino, o delicado, eu vejo no homem força, vejo as características hormonais masculinas [...]. Não que não veja força na mulher, ela tem uma força diferente da do homem, ela é uma força feminina também, eu consigo separar as duas coisas assim, sabe? Eu gosto dessa aparência do que é ser mulher, por exemplo, quando se fala transgênero, existe a pessoa que fica entre os gêneros, né? Por exemplo, ela não consegue se identificar com nenhum dos gêneros... e para mim, **essa diferenciação entre a mulher e o homem, acho ela tão bonita!** Eu não consigo misturar elas, porque eu acho bonito o homem e acho bonita a mulher [...] nos estereótipos mesmo!* É **um gosto meu, por exemplo, não acho bonito homem de cabelo comprido [...],** não meche com o meu feminino, como tesão, minha libido não se interessa (Maria Sueli, entrevista 6).

A incidência de um poder heteronormativo, que atravessa nossos corpos, e que acaba por gerar uma melancolia no entorno da matriz sexo-gênero, mostra-se presente na narrativa de Sophie (entrevista 3), quando ela salienta que, para se relacionar com homens, *"precisaria parecer o máximo possível com uma mulher"*, embora afirme estar feliz, consigo mesma, atualmente. Mas, ela destaca que, *"para que eu possa me sentir completamente feliz e realizada, eu preciso passar por essa cirurgia ainda"*, referindo-se à cirurgia de transgenitalização.

Essas limitações e imposições de representação, identificação e de entendimento de si demonstram que "não haveria forma mais eficaz de transformar a subversão em ânsia por enquadramento e a transgressão em busca de conformidade com as normas de gênero" (Lanz, 2014, p. 133). Sucede daí, então, que

> Descobrir-se, assumir-se e aceitar-se como pessoa transgênera é como sentir o chão se abrir debaixo dos nossos pés, depois da expulsão do "paraíso social da normalidade", que nos expõe a todos os tipos de represálias sociais, políticas, econômicas e culturais. Uma pessoa assumir publicamente a sua transgeneridade ainda equivale, nos dias de hoje, a cometer uma grave transgressão ao dispositivo binário de gênero, despertando a ira, o desprezo, a intolerância e a exclusão sumária do convívio e do desfrute da sociedade heteronormal-machista-cisgênera em que vivemos. Não é de se estranhar, portanto, que a maior parte da população transgênera passe a vida inteira "armarizada", isto é, vivendo "no armário", sofrendo caladas, divididas e machucadas, sem jamais revelar ao mundo as suas identidades "gênero-divergentes" (Lanz, 2014, p. 137-138).

Uma possível solução apresentada à narrativa de Lanz (2014) encontra-se em Butler (2019a), no sentido de que, se,

> [...] à primeira vista, a melancolia parece uma forma de contenção, uma forma de internalizar um apego que é barrado do mundo, ela também estabelece as condições psíquicas para considerar "o mundo" em si como contingentemente organizado por determinados tipos de forclusão (Butler, 2019a, p. 152),

ou seja, por atos de negação que fundam e formam o sujeito.

As angústias expostas por Lanz (2014), ao refletir sobre a busca pelo atingimento de um ideal sobre o sexo e o gênero, são sentidas na narrativa de Sophie (entrevista 3), quando ela fala que sua meta é *"buscar a ser igual a todo mundo, [...], mas existe um probleminha aí, porque, às vezes, a gente mesmo não se aceita, por alguma questão de imagem, por não ser tão parecida quando o ideal seria parecer, para que você consiga passar despercebida"*.

Isabel (entrevista 2), que participou de um concurso de Miss Trans, do qual, inclusive, fui convidado para ser jurado, narra, com tom crítico, que nele, não se buscava coroar a mulher trans mais bonita, mas a que era, ao mesmo tempo, *"mais próxima da realidade feminina"*. E ela fala que, "*realmente, a ganhadora era super passável, muito bonita, não tinha nem cirurgia plástica, silicone, nada. Era, realmente, muito bonita, mas não tinha conteúdo*".

Sofia (entrevista 4), falando sobre o interesse de algumas mulheres trans passarem como cis ou de virem a se afirmar enquanto tal, fala que *"me desculpa, as pessoas trans podem até se espumarem na minha frente, mas me desculpa, a gente é o que a gente é? A gente sabe muito bem o que é uma mulher, a pele, o cabelo [...]. Tudo em uma mulher, coisa que a gente nunca vai ser"*. Tal fala remonta ao ideal imagético criado culturalmente sobre o que é ser mulher e todas as complexidades que essa identificação carrega consigo. Complexidades estas que, inclusive, encontram-se presentes no discurso embasada no biologismo dos corpos, conforme destaca Sofia (entrevista 4), ao narrar que

> *Eu sei que sou macho, mas o que eu faço com a minha masculinidade, digamos assim, é outra história. Eu não posso negar que eu nasci macho, Fábio. Agora, o que é gênero? Eu gosto de me vestir assim e ter comportamentos femininos, é o que mais me aproxima, pensando no binarismo, do feminino. Sou uma pessoa trans* (Sofia, entrevista 4).

Uma das protagonistas participantes, que me solicitou sigilo sobre essa parte da entrevista, mas não pediu que eu não fizesse uso da sua fala, disse, expressamente, que, em razão de toda a pressão que sente para ser "passável" e que vem dos imperativos dos ideais criados sobre o que é ser uma "mulher de verdade",

> *Essa questão vou pedir para deixar em confidencialidade, porque não quero ser linchada! Hoje em dia é meio criminoso falar isso no meio trans, com toda a pauta do orgulho trans, defende-se que tem que ter orgulho em ser trans e com certeza tenho todo o orgulho do mundo em ser trans, é uma luta estar aqui, é algo que briguei por isso, **mas eu gostaria mais ainda de ser cis** [...], por não ter que passar por isso, só que hoje em dia não pode falar abertamente sobre isso, se não já chove discurso de aceitação e, certas coisas, não tem aceitação.*

Sophie (entrevista 3), ao falar sobre seus desejos de ser quem é, embora faça menção ao discurso biologista da separação dos corpos, para se autoidentificar, afirma ser "uma mulher de verdade". Ela narra

> *[...] que eu nunca vou ser uma mulher cis completa, porque o meu gene é XY, o meu cariótipo genético, né? Embora eu tenha*

> *traços bastantes femininos, sempre vai ter alguém para me lembrar que eu nasci homem, né? Para mim, isso faz parte da minha vida, é uma aceitação [...], nasci menino e hoje sou uma mulher de verdade* (Sophie, entrevista 3).

Falando sobre a busca pelo atingimento de um ideal criado sobre a figura de "uma mulher de verdade", Maria (entrevista 1), quando questionada sobre assunto, narra que

> *[...] as pessoas buscam isso, a perfeição de algo que não existe, né? Então as pessoas almejam e infelizmente o que tem fornecido isso para a pessoa é o privado [...] o privado vira a pessoa do avesso e transforma ela numa Linda Mulher [...] E, aí, a busca delas é essa, né?.*

Ela mesma confessa que, no início da sua transição, tinha a *"ideia de ser a mulherzinha perfeita"*, mas que essa concepção mudou quando, depois de chegar dos programas que fazia com a prostituição, via *"seu mundo perfeito ruir"*, *"a moralidade no entorno da concepção da mulher perfeita desapareceu"* e ela, hoje, não busca mais em ser uma pessoa "cis", pois, *"eu não posso esquecer a minha origem, eu não consigo desvincular a minha história hoje para me afirmar somente igual a uma pessoa cisgênero, né?"*.

Ainda, sobre o sentimento inicial de *"se tornar uma pessoa cis"*, Maria (entrevista 1) narra que, hoje, olhando para outras mulheres que conhece e que realizaram a cirurgia de transgenitalização, *"elas descobrirem que a vida não é cor de rosa pós cirurgia, que a vida continua sendo azul e rosa que é o símbolo da bandeira trans"*, afinal, nas palavras dela, *"ela tem uma vagina construída, mas fica por debaixo da roupa, né? Como ela tinha um pênis antes e também ficava por baixo da roupa"*.

Das falas das protagonistas participantes, denota-se que é, portanto, da agência como potencial criativo de resistência e existência que surge, das entranhas do próprio poder que constrange as identidades, sexualidades e humanidades, a melancolia como ressignificação, que permite e promove a desconstrução e a reconstrução de si, sem que se faça necessária ou almejada uma enunciação das suas transgeneridades. Elas buscam, portanto, apenas existir.

5
CONSIDERAÇÕES FINAIS

A escrita deste livro, de alguma forma, levou-me à melhor época da minha vida, da qual eu sinto muita saudade e com a qual vivo uma intensa relação nostálgica: aos meus 15 e 16 anos. Com essa idade, pelo que eu me lembre, dois anos após o início da democratização e a facilitação do acesso à internet, descobri, nas antigas salas de amigos virtuais e de bate-papos, que eu não estava sozinho no mundo. Vi que havia muita, mas muita gente igual a mim por aí; e eu fui atrás dessas pessoas. Um dos primeiros lugares que eu passei a frequentar e que me acolheu de uma maneira indescritível foram as feiras de Mercado Mundo Mix, também conhecidas como MMM, lugar onde os descolados e deslocados se encontravam e se acolhiam mutuamente. O subversivo; o não enquadrado e não enquadrável; o, por vezes, não identificado; a montação; a difusão *mainstream* da música eletrônica (*techno, house, tech-house, drum and bass, eurodisco, deephouse, disco divas, progressive house*); a exaltação à figura sacramentada do ou da DJ (*disc-jockey*); a figura do *underground*; e a própria confusão entre comunidades que, até então, pareciam inconciliáveis, como *punks*, *drag queens*, skatistas, roqueiros, anarquistas, *clubbers*, gays, lésbicas, travestis, patricinhas e mauricinhos, era o que dava o tom dessa feira itinerante que ganhou o meu coração à primeira vista.

Lá dentro, o mundo era colorido, divertido, diferente, seguro e muito liberal (nos costumes!). Adolescente, com aproximadamente 15 anos, vi-me em meio a uma comunidade, ou tribo, como era chamada, de *clubbers*[63] — adjetivo conferido aos frequentadores de clubes notur-

---

[63] Tribo urbana criada em meados dos anos 1980/90, atrelada à cultura da música eletrônica, cuja criatividade ilimitada e o uso de cores fortes e fluorescentes fazia alusão ao movimento, até então, conhecido como GLS, e tratado por muitos e muitas como um retorno a um universo infanto-juvenil psicodélico, em resposta ou como refúgio às mazelas causadas pela disseminação do HIV/Aids (o movimento de pessoas vivendo utiliza a escrita minúscula da doença para a valorização das pessoas em detrimento dela), pelo mundo, a partir de 1984. Sobre o tema e mais informações acerca do surgimento e difusão do movimento *clubber* pelo Brasil, acessar o artigo da autoria de Laís Fontenelle Pereira, intitulado "A cena Clubber e Raver", disponível em: https://www.maxwell.vrac.puc-rio.br/4747/4747_7.PDF. Acesso em: 14 out. 2021. Erika Palomino também realiza uma completa investigação narrativa e autobiográfica do surgimento do universo dos clubes noturnos de música eletrônica, na cidade de São Paulo, em seu livro *Babado forte: moda, música e noite*, que foi publicado pela editora Mandarim, 1991, mas que se encontra, atualmente, esgotado.

nos *undergrounds*, dos quais surgiram as músicas *Techno* e *house*. Calças boca de sino, pulseiras neons e muito coloridas, colares espalhafatosos, camisetas com mensagens revolucionárias, misturas de estampas e cores, pulseiras e jaquetas com *spikes* brilhantes, coturnos, referências à psicodelia, a alucinógenos, cabelos multicores, uso de perucas e muita música eletrônica, foi esse cenário, quase que infantil, imaginário e surreal, que me abraçou no início dos anos 2000. Comecei a conhecer *drag queens*, travestis, veados, sapatões, bissexuais e a frequentar os lugares aonde elas e eles iam, afinal, *"[...] o que um indivíduo é, ou poderia ser, deriva do lugar que ocupam os seus iguais na estrutura social e, um desses grupos, é o agregado formado pelos companheiros de sofrimento do indivíduo"* (Goffman, 2017, p. 123). Eu havia encontrado pessoas que compartilhavam de algumas dores, desejos (Butler, 2017) e prazeres (Foucault, 2018).

Identidade falsa no bolso, pouco dinheiro, cabelos coloridos, camisetas justas e neons, várias pulseiras e colares, prego (colocado por mim mesmo, sozinho, na "raça") na orelha, e vontade de ganhar a noite: era o que eu procurava em todas as minhas sextas e sábados, quando estava com 16 anos. Frequentei muitos inferninhos[64] que essa cidade (Curitiba) já teve e conheci muita gente que me inspirou a ser uma versão melhor, mais liberta e mais provocadora de mim. Também comecei a namorar e a ficar com muitos rapazes, às vezes algumas meninas, e transformei lugares como a Cat's Club[65] em minha segunda — ou primeira — casa.

As minhas idas à Cat's Club, por vezes, de quinta-feira a sábado, dizem muito sobre esta obra, pois foi lá onde comecei a ter realmente contato com mulheres trans. Embora não entendesse muito bem as peculiaridades que envolviam o "mundo" T, como era conhecido, ou das mulheres trans (travestis e transexuais), eu sei que a transgressão que me era apresentada, pela figura delas, deixava-me consternado, curioso e, por vezes, receoso, afinal, a presença delas era marcante; desde o tom

---

[64] Nas minhas palavras e com base em tudo o que ouvi, até a presente data, inferninho era e é o termo utilizado para designar lugares onde a música é ensurdecedora, os corpos se amontoam, a liberdade (para muitos e muitas tida como libertinagem) impera, seja para beijos, transas, uso de drogas lícitas e ilícitas e que são frequentados por corpos múltiplos.

[65] Para mais informações sobre a história e a importância da boate Cat's Club, em especial para a cena eletrônica nacional e a população LGBTIA+, na cidade de Curitiba, que inaugurou em 1999 e funcionou até o dia 28 de julho de 2018, acessar a matéria disponível em: https://revistaladoa.com.br/2018/07/noticias/cats-club-promove- grande-festa-de-despedida-apos-19-anos-de-existencia/. Acesso em: 21 jun. 2021.

de voz alto, muito "carão", muita produção e muitos bafões[66] (ou *baphon*). Uma coisa é certa: não tinha como não ser ou não ficar feliz dentro daquele lugar, seja em seu início, que inaugurou uma era da cena eletrônica e *clubber* em Curitiba, seja quando já estava próximo a fechar, momento em que passou a ser frequentando por corpos que não eram bem-vindos em outras boates, baladas ou *clubs* da cidade. Eu estive lá, desde o seu início, em 1999, com minha identidade falsa, até o seu último dia de funcionamento, em 28 de julho de 2018.

Em 2002, com 17 anos, ingresso na então Faculdade de Direito de Curitiba, para cursar Direito. A existência de grandes motivos e aspirações para essa escolha eu não posso descrever, porque não os enxergava. Minha intenção era ingressar em um curso superior que me permitisse, no futuro, conseguir me sustentar e que tivesse, como um dos seus panos de fundo, o embate. Talvez, o universo, a vida, algum ser sobrenatural, estivesse organizando, em outros planos, o meu reencontro com mulheres trans, pouco tempo depois de eu me descobrir vivendo com HIV/Aids.

E, hoje, vejo como os rumos da vida são estranhos, engraçados, assustadores, não sei: o que eu sei é que o cartão que eu utilizava à época, com meu nome, telefone e identificação de advogado, foi parar nas mãos de Carla Amaral, então presidenta da ONG Transgrupo Marcela Prado. Ela não sabe quem a entregou e eu não sei como lá foi parar. A ligação feita a mim, para uma entrevista, foi ao acaso (palavras de Carla Amaral!); o convite foi aceito sem muitas expectativas; o trabalho a ser realizado era para prestar atendimento jurídico a pessoas vivendo com HIV/Aids — o que acabou mexendo muito comigo, à época — e, por fim, aqui estou, terminando uma obra acadêmica-literária, falando com aquelas que me ajudaram a me atender como humano, como profissional, como sujeito.

Todo esse contato, aliado às minhas memórias anteriores, foi o que me permitiu chegar a questionamentos como os expostos no início deste livro. Seria possível pensar em corpos, sujeitos, sujeitas e identidades para além destes marcadores binários de sexo e gênero? E onde se encontram e como se estabelecem e sobrevivem os corpos, sujeitos e sujeitas que transgridem, rearticulam e que demonstram a fragilidade dessas díades que

---

[66] Bafão ou *baphon*, em uma definição própria, é uma gíria do universo LGBTI que significa confusão, gritaria, barraco; e não possui, necessariamente, uma conotação negativa de briga ou violência (p. ex.: A festa foi um bafo ou um bafão; significa que a festa foi muito boa. Um escândalo!). Para saber mais sobre gírias do universo LGBTI, acessar: https://www.juicysantos.com.br/indivisibilidade/lgbtt/dicionario-gay-traduzido--para-heteros/. Acesso em: 23 jul. 2021.

são reificadas de maneira tão estilizada (Butler, 2017a), em nosso dia a dia, que as acabamos aceitando como efeitos "naturais" de uma existência em sociedade? A pessoa transexual busca transgredir o binarismo, reafirmá-lo ou, nele se inserir, por meio de táticas que refletem uma ética e estratégias no cuidado de si (Foucault, 2010c), a partir da sua autodeterminação? A pessoa transexual quer ser vista enquanto tal ou ela busca, tão somente, existir em meio a uma sociedade normalizada e normatizada a partir das díades que envolvem as categorias de sexo e gênero?

Nesse ponto da pesquisa, eu ouso tecer algumas respostas. Antes, deixe-me explicar porque eu afirmo que apenas "ouso", quando deveria, talvez, estar afirmando que tenho as respostas concretas: esta obra tem, como pano de fundo, a análise de existências para além dos binários heterocentrados; o manejo da teoria feminista, sob uma perspectiva pós--estruturalista; o uso de teorias críticas ao cientificismo universalizante, eurocentrado, heterocentrado, branco, judaico-cristão. Ou seja, utilizar-me desse arsenal teórico e afirmar que tenho respostas concretas sobre questões atinentes à existência de pessoas e que se referem ao entendimento e construção de si, sobre o outro, seria, no mínimo, antiético da minha parte e tudo o que aqui foi escrito de nada valeria.

Por isso, ouso afirmar que, sim, é possível pensar em corpos, sujeitos, sujeitas, sujeites, identidades, para além dos marcadores binários de sexo e gênero. Inclusive, entendo, hoje, que a transição dentro do próprio binário materializa esse pensar além. Afinal, as mulheres entrevistadas para a conclusão deste trabalho dizem de onde vêm, quem são, os problemas enfrentados quando do entendimento de si e todas as estratégias e ações adotadas para as suas reconstruções. O que seriam tais reconstruções que não resistências reflexivas e éticas de cuidado de si, face às normas do sistema sexo-gênero binário? Afinal, elas foram nomeadas e identificadas, ao nascer, como homens. Sendo assim, nas entrelinhas do poder capilarizado, elas enfrentam, persistem, resistem e surgem. Talvez seja por isso que muitas delas não pretendem ser identificadas em seus registros como transexuais, mulheres trans, terceiro gênero, ou seja lá qual for o nome: a resistência que elas afirmaram ter e suportar, para existir no seio de uma sociedade binária heterocentrada, requer um esforço e cuidado diários. Nada mais palatável, portanto, que busquem pela passabilidade, a partir de uma ética que seja voltada para o cuidado de si mesmas. Compreensível, inclusive, que sofram da chamada melancolia de gênero e que dela façam uso, estrategicamente, como mecanismo de sobrevivência.

Eu mesmo só fui me entender enquanto pessoa cis quando passei a conviver com pessoas trans (travestis e transexuais). Até então, eu me identificava enquanto o corpo "normal"; logo, se há o normal, existe o anormal, o monstro, o abjeto. E é para fugir desses estereótipos, e do que eles carregam contra a existência delas, que a luta por existência aparenta ser deveras exaustiva. Imaginemos, então, o que sente uma pessoa que precisa ter a sua subjetividade definida e identificada por outro? Pois bem, foi o que presenciei enquanto advogado de muitas pessoas trans, em processos judiciais para a retificação de prenome e gênero. Algumas narraram o sentimento quando tiveram negado, em primeiro grau, um direito que, como eu já afirmei, soa-me como minimamente básico; algo que não deveria sequer ser discutido.

Como todos os processos judiciais ingressados para a retificação de assento de nascimento de pessoas trans tramitam em segredo de justiça, não citei o número e nem identifiquei a parte que eu puder representar como advogado em suas demandas. Porém, trouxe, no decorrer do texto, frases e afirmações que foram citadas por representantes do Poder Judiciário em algumas das mais de 20 ou 30 ações em que eu atuei. Fiz isso, inclusive, para expor as razões pelas quais muitas mulheres trans, hoje, sentem que foram desrespeitadas pelo Sistema de Justiça. Aliás, eu mesmo confesso que perdi o "amor" e o "brilho" pela atividade da advocacia após ler decisões, frases e afirmações como as que aqui transcrevi.

Notei, no decorrer das entrevistas, que muitas das protagonistas participantes sequer conseguem imaginar uma sociedade que não seja marcada pelo binarismo de gênero; e não que isso as desmereça ou desqualifique, muito pelo contrário. Essas falas apenas demonstram como o sistema sexo-gênero binário e heteronormativo está tão inscrito em nossa cultura que se confunde com natureza (Butler, 2017a; 2019b; Haraway, 2009; 2019; Preciado, 2017; 2018), o que acaba por colocá-las em um constante processo de luta estratégica por existência e resistência (Foucault, 2010a; 2010d; 2018a).

Confesso que, inicialmente, esta — digamos — incapacidade de imaginar uma outra forma de se afirmar perante a sociedade e o aparato burocrático do Estado, para além dos binários, soou-me estranha. Talvez, após tantas leituras anárquicas, não identitárias, pós-identitárias, eu tenha acabado criando um ideal sobre aquilo que elas me falariam em entrevista; acho, também, que o meu histórico de presença, junto a movimentos sociais, levou-me a pressupostos que não apareceram quando da realização do campo.

Isso intrigou-me muito. Cheguei a pensar que, durante as entrevistas, estava fazendo as perguntas erradas, que estava estudando e pesquisando sem foco e objetivo, porque eu tinha quase certeza que ouviria, delas, frases como: "quero que conste em minha certidão de nascimento que sou trans, que sou travesti, que não tenho gênero", "quero que se refiram a mim, sempre, como mulher transexual, como mulher trans". Em verdade, eu estava olhando para elas e as ouvindo com a soberba e arrogância de quem tem a certeza sobre o que o outro é, vai falar, vai fazer.

Busquei, então, despir-me de todas as minhas preconcepções, do meu pré-conceito e do meu pré-entendimento sobre elas; foi quando a passabilidade e a melancolia mostraram-se como possíveis respostas ao que elas estavam me apresentando: elas representam, por apenas existir, uma potente resistência, que coloca em xeque tudo o que nos foi contado como verdade, até hoje, sobre o sexo, o corpo e a sexualidade. Buscar a anunciação de si como mulher, que foi o que as protagonistas participantes me apresentaram durante as entrevistas, não significa ceder ao poder, mas uma conversa estratégica com ele; esse desejo, revela em si mesmo, um enfrentamento à matriz de inteligibilidade de sexo-gênero heterocentrada, aliado a uma ética para existir.

E, ainda que isso significasse ceder ao poder, para existir em sociedade: qual seria o grande problema? Aliás, como entender "ceder ao poder", o fato de colocar-se em perigo, transitando pelas ruas; buscando aplicação de silicone industrial, para a (re)construção de seus corpos; passar parte da vida sendo alvo de piadas, xingamentos, violências das mais variadas; sofrer com a expulsão dos bancos escolares e com a exclusão em empregabilidade e em acesso à saúde? Sinceramente? A coragem dessas mulheres merece aplausos; temos muito o que aprender com elas. Eu, pelo menos, tenho. Que Marias, Isabéis, Sophies, Sofias, Bárbaras, Marias Suelis e Vanusas, ocupem cada vez mais espaços e nos inundem de saberes, reflexões e questionamentos.

Aprendi, com esse processo, que, da mesma forma com que falamos que não existe o homem ou a mulher "de verdade", também não há a mulher transexual, a pessoa transgênero/transgênera, a travesti de verdade; as subjetividades são multifacetadas e o sexo, o gênero, o desejo, o prazer, a identidade de gênero, a orientação sexual, são conceitos, pontos de partida, categorias analíticas que não se esgotam. Assim como são os seres, elas sempre denotam a multidimensionalidade com que podem ser analisadas as várias áreas da nossa existência.

Que a leitura, então, desta obra nos permita refletir, questionar e olhar para o outro/a outra com mais atenção, desapego às crenças limitantes e com olhar questionador para tudo o que nos foi contado, até hoje, pois, afinal, algo é natural? A mim, parece que não.

REFERÊNCIAS

ALBANO, Sergio. **Michel Foucault:** glosario de aplicaciones. Buenos Aires: Quadrata, 2005.

ANTRA. **Dossiê:** assassinatos e violência contra travestis e transexuais no Brasil, em 2018. Disponível em: https://antrabrasil.files.wordpress.com/2019/01/dossie-dos-assassinatos-e- violencia-contra-pessoas-trans-em-2018.pdf. Acesso em: 24 jul. 2021.

AUSTIN, John Langshaw. **Quando dizer é fazer:** palavras e ação. Porto Alegre: Artes Médicas, 1990.

BAGAGLI, Beatriz Pagliarini. **"Cisgênero" nos discursos feministas:** uma palavra "tão defendida; tão atacada; tão pouco entendida". Campinas: Unicamp/IEL/Setor de publicações, 2015.

BAUER, Martin W.; GASKELL, George. **Pesquisa qualitativa com texto:** imagem e som: um manual prático. 13. ed. Petrópolis: Vozes, 2015.

BEAUVOIR, Simone de. **O segundo sexo:** fatos e mitos. Vol. 1. Tradução de Sérgio Milliet. 5. ed. Rio de Janeiro: Nova Fronteira, 2019a.

BEAUVOIR, Simone de. **O segundo sexo:** a experiência vivida. Vol. 2. Tradução de Sérgio Milliet. 5. ed. Rio de Janeiro: Nova Fronteira, 2019b.

BENJAMIN, Harry. **The Transsexual Phenomenon.** [S. l.]: The Julian Press, INC. Publishers, 1966.

BENTO, Berenice. **A reinvenção do corpo:** sexualidade e gênero na experiência transexual. 3. ed. Salvador: Editora Devires, 2017a.

BENTO, Berenice. **Transviad@s:** gênero, sexualidade e direitos humanos. Salvador: EDUFBA, 2017b.

BENTO, Berenice; PELÚCIO, Larissa. Despatologização do gênero: a politização das identidades abjetas. **Revista Estudos Feministas**, [S. l.], v. 20, n. 2, p. 569-581, 2012. DOI: 10.1590/S0104-026X2012000200017. Disponível em: https://periodicos.ufsc.br/index.php/ref/article/view/S0104-026X2012000200017. Acesso em: 18 dez. 2024.

BONASSI, Brune Camillo. **Cisnorma:** acordos societários sobre o sexo binário e cisgênero. 2017. Dissertação (Mestrado em Psicologia) – Centro de Filosofia e Ciências Humanas, Universidade Federal de Santa Catarina, Florianópolis, 2017.

BONETTI, Alinne; FLEISCHER, Soraya *et al.* (org.). **Entre saias justas e jogos de cintura:** gênero e etnografia na antropologia brasileira recente. Porto Alegre: Editora Mulheres, 2006.

BOZON, Michel. Observer línobservable: la description et lánalyse de láctivité sexuelle. *In:* BAJOS, Nathalie; BOZON, Michel; GIAMI, Michel. **Sexualité et sida:** Recherches en sciences sociales. Paris: ANRS, 1995. p. 39-56.

BOURCIER, Sam. **Homo Inc.orporated:** o triângulo e o unicórnio que peida. Trad. Marcia Bechara. São Paulo: N-1 edições; Crocodilo Edições, 2020.

BRAZ, Camilo. Sujeito impróprios e imprevistos: tensões entre Antropologia, Gênero, Sexualidade e Regulamentação de pesquisas com seres humanos. *In:* GROSSI, Miriam Pilar *et al.* (org.). **Trabalho de campo, ética e subjetividade.** Tubarão: Copiart; Tribo da Ilha, 2018. p. 75-86.

BUFFON, Gabriela; MACHADO, Marília Ribas; FEUERSCHÜTTE, Simone Ghisi; OLIVEIRA, Hudson do Vale de. Experimentando o método qualitativo: um exercício de vivência etnográfica. **Linhas Críticas,** [*S. l.*], v. 29, p. e47013, 2023. DOI: 10.26512/lc29202347013. Disponível em: https://periodicos.unb.br/index.php/linhascriticas/article/view/47013. Acesso em: 18 dez. 2024.

BUTLER, Judith. **A vida psíquica do poder:** teorias da sujeição. Belo Horizonte: Autêntica Editora, 2019a.

BUTLER, Judith. **Corpos em aliança e a política das ruas:** notas para uma teoria performativa de assembleia. Rio de Janeiro: Civilização Brasileira, 2018.

BUTLER, Judith. **Corpos que importam:** os limites discursivos do "sexo". São Paulo: n-1 Edições, 2019b.

BUTLER, Judith. **Problemas de gênero:** feminismo e subversão da identidade. 15. ed. Rio de Janeiro: Civilização Brasileira, 2017a.

BUTLER, Judith. **Relatar a si mesmo:** crítica da violência ética. Belo Horizonte: Autêntica Editora, 2017b.

CARDOSO DA SILVA, Jovanna. **Bajubá Odara:** resumo histórico do nascimento do movimento social de travestis e transexuais do Brasil. Picos: Jovanna Cardoso da Silva, 2021.

CARVALHO, Alexandre Filordi de. Creio na insurreição dos corpos: Foucault e um esboço da anarqueologia dos vivos de outros governos. *In:* RAGO, Margareth; GALLO, Sílvio. **Michel Focault e as insurreições:** é inútil revoltar-se? São Paulo: CNPq; Capes; Fapesp; Intermeios, 2017.

CASTEL, Pierri-Henri. Algumas reflexões para estabelecer a cronologia do "fenômeno transexual" (1910-1995). **Revista Brasileira de História**, São Paulo, v. 21, n. 41, 2001. Disponível em: https://www.scielo.br/j/rbh/a/RrL6gCWPxj6tfQmdrNDLTnB/abstract/?lang=pt. Acesso em: 15 fev. 2022.

CASTRO, Edgardo. **Vocabulário de Foucault:** um percurso pelos seus temas, conceitos e autores. 2. ed. Belo Horizonte: Autêntica Editora, 2016.

CAVALCANTI, Céu. Patologizações, autodeterminações e fúrias: uma breve carta de amor. *In:* AMARAL, Marília dos Santos; SANTOS, Daniel K. dos; SOUSA, Ematuir T. de (org.). **Psicologia, travestilidades e transexualidades:** compromissos ético-políticos de despatologização. Florianópolis: Tribo da Ilha, 2019.

CAVICHIOLI, Anderson. **Dandara Katheryn:** a mulher de nome bonito. Salvador: Devires, 2021.

CHAUÍ, Marilena. **Convite** à **filosofia.** São Paulo: Editora Ática, 2003.

CICOUREL, Aaron *et al.* **Desvendando máscaras sociais.** Rio de Janeiro: Livraria Francisco Alves, 1975.

COHEN, Stanley. **Folk Devils and Moral Panics:** The Creation of Mods and Rockers. London: MacGibbon & Kee, 1972.

COLLINS, Patrícia Hill; BILGE, Sirma. **Interseccionalidade.** São Paulo: Boitempo, 2021.

CONNELL, Raewyn; MESSERSCHMIDT, James W. Masculinidade hegemônica: repensando o conceito. **Revista Estudos Feministas**, Florianópolis, v. 21, n. 1, p. 241-282, jan./abr. 2013. Disponível em: https://www.scielo.br/j/ref/a/cPBKdXV63LVw75GrVvH39NC/?lang=pt&format=pdf. Acesso em: 15 out. 2021.

CORNEJO, Giancarlo. A guerra declarada contra o menino afeminado. *In*: MISKOLCI, Richard. **Teoria queer:** um aprendizado pelas diferenças. 3. ed. rev. e ampl. Belo Horizonte: Autêntica Editora; Ufop, 2017. p. 75-82.

CORREA, Crishna Mirella de Andrade. **Subjetividades em trânsito:** nome social, travestilidades e transexualidades em duas Universidades Públicas do Sul do Brasil. 2017. Tese (Doutorado) – Universidade Federal de Santa Catarina, Centro de Filosofia e Ciências Humanas, Programa de Pós-Graduação Interdisciplinar em Ciências Humanas, Florianópolis, 2017.

COSSOLINO, Silmara. "Nhaí, amapô! Não faça a loka e pague meu acué, deixe de equê se não eu puxo teu picumã!". Não entendeu? Conheça o Pajubá. **Reconta aí**, 28 jun. 2019. Disponível em: https://recontaai.com.br/nhai-amapo-nao-faca-a-loka-e-pague-meu-acue- deixe-de-eque-se-nao-eu-puxo-teu-picuma-nao-entendeu-conheca-o-pajuba. Acesso em: 30 jul. 2021.

DE JESUS, Jaqueline Gomes; ALVES, Hailey. Feminismo transgênero e movimentos de mulheres transexuais. **Revista Cronos**, [*S. l.*], v. 11, n. 2, 2012. Disponível em: https://periodicos.ufrn.br/cronos/article/view/2150. Acesso em: 18 dez. 2024.

DIAS, Mônica. A pesquisa tem "mironga": notas etnográficas sobre o fazer etnográfico. *In:* BONETTI, Alinne; FLEISCHER, Soraya *et al.* (org.). **Entre saias justas e jogos de cintura**: gênero e etnografia na antropologia brasileira recente. Porto Alegre: Editora Mulheres, 2006. p. 54-68.

DORLIN, Elsa. **Sexo, gênero e sexualidade:** introdução à teoria feminista. São Paulo: Crocodilo; Ubu Editora, 2021.

DREGER, Alice Domurat. **Hermaphrodites and the medical invention of sex**. Cambridge: Harvard University Press, 2003.

ELIADE, Mircea. **Mefistófeles e o Andrógino.** São Paulo: Martins Fontes, 1999.

FONSECA, Claudia. Pesquisa "Risco Zero": é desejável? É possível? *In*: GROSSI, Miriam Pilar *et al.* (org.). **Trabalho de campo, ética e subjetividade.** Tubarão: Copiart; Tribo da Ilha, 2018. p. 195-212.

FOUCAULT, Michel. **A hermenêutica do sujeito:** curso dado no Collège de France. 3. ed. São Paulo: Editora WMF Martins Fontes, 2010a.

FOUCAULT, Michel. **A verdade e as formas jurídicas.** 4. ed. Rio de Janeiro: Nau, 2013.

FOUCAULT, Michel. **Aulas sobre a vontade de saber:** curso no Collège de France (1970-1971). São Paulo: Editora Martins Fontes, 2014b.

FOUCAULT, Michel. **Ditos e escritos, volume V**: ética, sexualidade, política. 3. ed. Rio de Janeiro: Forense Universitária, 2017a.

FOUCAULT, Michel. **Em defesa da sociedade:** curso no Collège de France. 2. ed. São Paulo: Editora WMF Martins Fontes, 2010b.

FOUCAULT, Michel. **História da loucura na Idade Clássica.** 12. ed. São Paulo: Perspectiva, 2019.

FOUCAULT, Michel. **História da sexualidade 1:** a vontade de saber. 7. ed. Rio de Janeiro: Paz e Terra, 2018a.

FOUCAULT, Michel. **História da sexualidade 2:** o uso dos prazeres. 5. ed. Rio de Janeiro: Paz e Terra, 2018b.

FOUCAULT, Michel. **História da sexualidade 3:** o cuidado de si. 15. ed. Rio de Janeiro: Paz e Terra, 2017c.

FOUCAULT, Michel. **Microfísica do poder.** 7. ed. Rio de Janeiro: Paz e Terra, 2018c.

FOUCAULT, Michel. **O governo de si e dos outros:** curso no Collège de France. São Paulo: Editora WMF Martins Fontes, 2010c.

FOUCAULT, Michel. **O poder psiquiátrico:** curso dado no Collège de France (1973-1974). São Paulo: Martins Fontes, 2006.

FOUCAULT, Michel. **Os anormais:** curso no Collège de France. 2. ed. São Paulo: Editora WMF Martins Fontes, 2010d.

FOUCAULT, Michel. **Resumo dos cursos do *Collège de France* (1970-1982)**. Tradução de Andréa Daher. Rio de Janeiro: Zahar, 1997.

FOUCAULT, Michel. **Subjetividade e verdade:** curso no Collège de France. São Paulo: Editora WMF Martins Fontes, 2016.

FOUCAULT, Michel. **Vigiar e punir:** nascimento da prisão. 42. ed. Petrópolis: Vozes, 2014.

FURLIN, Neiva. Sujeito e agência no pensamento de Judith Butler: contribuições para a teoria social. **Soc. e Cult.**, Goiânia, v. 16, n. 2, p. 395-403, jul./dez. 2013. Disponível em: https://www.revistas.ufg.br/fchf/article/viewFile/32198/17172. Acesso em: 14 out. 2021.

FURLIN, Neiva. É possível uma sociologia do sujeito? Uma abordagem sobre as teorias de Foucault e Touraine. **Sociologias**, Porto Alegre, v. 14, n. 29, mar. 2012. ISSN 1807-0337. Disponível em: https://seer.ufrgs.br/sociologias/article/view/26374. Acesso em: 3 fev. 2022.

GARFINKEL, Harold. **Studies in Ethnomethodology.** Reino Unido: Polity Press, 1967.

GEERTZ, Clifford. **O saber local:** novos ensaios em antropologia interpretativa. 14. ed. Petrópolis: Vozes, 2018.

GEERTZ, Clifford. **A interpretação das culturas.** [reimpr.]. Rio de Janeiro: LTC, 2019.

GIDDENS, Anthony. **As consequências da modernidade.** São Paulo: Editora Unesp, 1991.

GOFFMAN, Erving. **Estigma:** notas sobre a manipulação da identidade deteriorada. 4. ed. Rio de Janeiro: LTC, 2017.

GROSSI, Miriam Pilar *et al.* (org.). **Trabalho de campo, ética e subjetividade.** Tubarão, SC: Copiart; Tribo da Ilha, 2018.

GROSSI, Miriam Pilar. Na busca do "outro" entra-se a "si mesmo": repensando o trabalho de campo a partir da subjetividade do(a) antropólogo(a). *In:* GROSSI, Miriam P. (org.) **Trabalho de campo e subjetividade.** Florianópolis: PPGAS/UFSC, 1992. p. 19-28.

GUASCH, Òscar. **La crisis de la heterosexualidad.** 2. ed. Barcelona: Laertes, 2007.

HARAWAY, Donna. Manifesto ciborgue: ciência, tecnologia e feminismo-socialista no final do século XX. *In:* HOLLANDA, Heloisa Buarque de; LORDE, Audre *et al.* (org.). **Pensamento feminista:** conceitos fundamentais. Rio de Janeiro: Bazar do Tempo, 2019. p. 157-210.

HARAWAY, Donna. Saberes localizados: a questão da ciência para o feminismo e o privilégio da perspectiva parcial. **Cadernos Pagu,** Campinas, n. 5, p. 7-41, 2009. Disponível em: https://periodicos.sbu.unicamp.br/ojs/index.php/cadpagu/article/view/1773. Acesso em: 29 jul. 2021.

HAUSMAN, Bernice. Demanding subjectivity: transsexualism, medicine, and the technologies of gender. **Journal of the History of Sexuality,** [*S. l.*], v. 3, n.

2, p. 270-302, oct. 1992. PMID: 11612877. Disponível em: https://pubmed.ncbi. nlm.nih.gov/11612877/. Acesso em: 15 fev. 2022.

KAPLAN, Howard B. Social Psychological Perspectives on Deviance. *In:* DELAMATER, John. **Handbook of Social Psychology.** New York: Springer, 2006. p. 451-478.

KAPPLER, Claude. **Monstros, demônios e encantamentos no fim da Idade Média.** São Paulo: Martins Fontes, 1994.

KATZ, Jonathan Ned. **A invenção da heterossexualidade.** Rio de Janeiro: Ediouro, 1996.

KESSLER, Suzanne J.; MCKENNA, Wendy. **Gender:** An Ethnomethodological Approach. Chicago/USA: The University of Chicago Press, 1978.

KRISTEVA, Julia. **Powers of horror:** an essay on Abjection. New York/USA: Columbia University Press, 1982. Tradução de Allan D. S. Sena. Disponível em: https://www.academia.edu/18298036/Poderes_do_Horror_de_Julia_Kristeva_Cap%C3%ADtulo_1. Acesso em: 12 jan. 2021.

KULICK, Don. **Travesti:** prostituição, sexo, gênero e cultura no Brasil. Rio de Janeiro: Editora Fiocruz, 2008.

LANZ, Letícia. **O corpo da roupa:** a pessoa transgênera entre a transgressão e a conformidade com as nomas e gênero. 2014. Dissertação (Mestrado em Sociologia) – Setor de Ciências Humanas, Letras e Artes (SCHLA), Universidade Federal do Paraná, Curitiba, 2014.

LAQUEUR, Thomas. **Inventando o sexo:** corpo e gênero dos gregos a Freud. Rio de Janeiro: Relume Dumará, 2001.

LAURETIS, Teresa de. A tecnologia de gênero. *In*: HOLLANDA, Heloisa Buarque de; LORDE, Audre *et al* (org.). **Pensamento feminista:** conceitos fundamentais. Rio de Janeiro: Bazar do Tempo, 2019. p. 121-155.

LE BRETON, David. **Desaparecer de si:** uma tentação contemporânea. Petrópolis: Vozes, 2018.

LEITE JR., Jorge. **Nossos corpos também mudam:** a invenção das categorias "travesti" e "transexual" no discurso científico. São Paulo: Annablume; Fapesp, 2011.

LODY, Raul Geovanni da Motta. Dialeto criado pelas travestis da prostituição para se defenderem dos ataques sofridos tanto da sociedade quanto da polícia.

In: SILVA, Jovanna Cardoso da. **Bajubá Odara:** resumo histórico do nascimento do movimento social de travestis e transexuais do Brasil. Picos: Jovanna Cardoso da Silva, 2021.

LOURO, Guacira Lopes (org.). **O corpo educado:** pedagogias da sexualidade. 4. ed. Belo Horizonte: Autêntica Editora, 2019.

LOURO, Guacira Lopes. **Gênero, sexualidade e educação:** uma perspectiva pós-estruturalista. 16. ed. Petrópolis: Vozes, 2020.

MACHADO, Paula Sandrine. (Des)fazer corpo, (re)fazer teoria: um balanço da produção acadêmica nas ciências humanas e sociais sobre intersexualidade e sua articulação com a produção latino-americana. Dossiê Antropologia, Gênero e Sexualidade no Brasil: Balanço e Perspectivas. **Cadernos Pagu**, Campinas, 42, p. 141-158, jan.-jun. 2014. Disponível em: https://www.scielo.br/j/cpa/a/96b-jsYM6PtYVD6yQDfPKJFS/abstract/?lang=pt. Acesso em: 9 fev. 2021.

MARAÑÓN, Gregorio. **La evolución de la sexualidad y los estados intersexuales.** Madrid: Javier Morata, 1930.

MARTENDAL, Laura. Relatos de minhas experiências na UFSC com relação ao uso do "nome social". *In*: GROSSI, Miriam Pillar; FERNANDES, Felipe Bruno Martins (org.) **A força as "situação" de campo:** ensaios sobre antropologia e teoria queer. Florianópolis: Editora da UFSC, 2018.

MASSA, Jimena Maria. Nomes que importam: lutas pelo reconhecimento das identidades trans na UFSC. *In*: GROSSI, Miriam Pillar; FERNANDES, Felipe Bruno Martins (org.). **A força as "situação" de campo:** ensaios sobre antropologia e teoria *queer*. Florianópolis: Editora da UFSC, 2018.

MBEMBE, Achille. **Necropolítica:** biopoder, soberania, estado de exceção, política da morte. São Paulo: n-1 edições, 2018.

MEINERZ, Nádia Elisa. Um olhar sexual na investigação etnográfica: notas sobre o trabalho de campo e sexualidade. *In:* BONETTI, Alinne; FLEISCHER, Soraya *et al.* (org.). **Entre saias justas e jogos de cintura:** gênero e etnografia na antropologia brasileira recente. Porto Alegre: Editora Mulheres, 2006. p. 92-113.

MELLO, Anahi Guedes de; FERNANDES, Felipe Bruno Martins; GROSSI, Miriam Pillar. Entre pesquisar e militar: engajamento político e construção da teoria feminista no Brasil. *In:* GROSSI, Miriam Pilar *et al.* (org.). **Trabalho de campo, ética e subjetividade.** Tubarão: Copiart; Tribo da Ilha, 2018. p. 159-190.

MEYEROWITZ, Joanne J. **How sex cheanged:** a history of transsexuality in the United States. Cambridge: Harvard University Press, 2004.

MIGUET, Marie. Andróginos. *In:* BRUNEL, Pierre (org.). **Dicionário de mitos literários.** Rio de Janeiro: José Olympio, 2005.

MINAYO, Maria Cecilia de Souza. **O desafio do conhecimento:** pesquisa qualitativa em saúde. 12. ed. São Paulo: Hucitec, 2010.

MONEY, John. **Hermaphroditism:** an Inquiry into the Nature of a Human Paradox. 1952. Tese (Doutorado em Medicina) – Harvard University, Boston, 1952.

NASCIMENTO, Letícia; RIBEIRO, Djamila (coord.). **Transfeminismos.** São Paulo: Jandaíra, 2021.

NICOLA, Ubaldo. **Antologia de filosofia ilustrada:** das origens à Idade Moderna. São Paulo: Editora Globo, 2005.

ORTNER, Sherry. Poder e Projetos: reflexões sobre a agência. *In:* GROSSI, Miriam; ECKERT, Cornélia; FRY, Peter H. (org.). **Conferências e diálogos:** saberes e práticas antropológicas. Blumenau: Nova Letra, Associação Brasileira de Antropologia, 2007. p. 45-80.

OVÍDIO. **Metamorfoses.** São Paulo: Madras, 2003.

PELÚCIO, Larissa. **Abjeção e desejo:** uma etnografia travesti sobre o modelo preventivo de aids. São Paulo: Annablume; Fapesp, 2009.

PEREIRA, Laís Fontenelle. **A cena Clubber e Raver.** Rio de Janeiro: PUC-Rio, 2004. Disponível em: https://www.maxwell.vrac.puc-rio.br/4747/4747_7.PDF. Acesso em: 14 out. 2021.

PISCITELLI, Adriana. Recriando a (categoria) mulher? *In:* ALGRANTI, L. (org.). **A prática feminista e o conceito de gênero.** Textos Didáticos, n. 48. Campinas: IFCH/Unicamp, p. 7-42, 2002.

PLATÃO. **O banquete.** São Paulo: Edipro, 1996.

PRADO, Marco Aurelio Maximo. **Ambulare.** Belo Horizonte: PPGCOM UFMG, 2018.

PRECIADO, Paul B. **Manifesto contrassexual:** práticas subversivas de identidade sexual. São Paulo: n-1 Edições, 2017.

PRECIADO, Paul B. **Testo Junkie:** sexo, drogas e biopolítica na era farmacopornográfica. São Paulo: n-1 Edições, 2018.

PRECIADO, Paul B. **Um apartamento em Urano:** crônicas da travessia. Rio de Janeiro: Zahar, 2020a.

RAGO, Luiza Margareth. **A aventura de contar-se:** feminismos, escrita de si e invenções da subjetividade. Campinas: Editora da Unicamp, 2013. E-book disponível em: http://books.scielo.org/id/z8477. Acesso em: 25 jul. 2021.

REGO, Francisco Cleiton Vieira Silva do; PORTO, Rozeli Maria. Às voltas com a escrita e com o outro: intersubjetividades e diferenças de gênero na antropologia. *In:* GROSSI, Miriam Pilar *et al.* (org.). **Trabalho de campo, ética e subjetividade.** Tubarão: Copiart; Tribo da Ilha, 2018, p. 105-120.

RODRIGUES, Carla. **O luto entre clínica e política:** Judith Butler para além do gênero. Belo Horizonte: Autêntica, 2021.

ROVERE, Maxime (org.). **ARQVEOFEMINISMO:** Mulheres filósofas e filósofas feministas – sécvlos XVII-XVIII. 2. ed. São Paulo: n-1 edições, 2019.

RUBIN, Gayle. **Políticas do sexo.** São Paulo: Ubu Editora, 2017

SAFATLE, Vladimir. Dos problemas de gênero a uma teoria da despossessão necessária: ética, política e reconhecimento em Judith Butler. *In*: BUTLER, Judith. **Relatar a si mesmo:** crítica da violência ética. Belo Horizonte: Autêntica Editora, 2017. p. 173-196.

SAFFIOTI, Heleieth I. B. Primórdios do conceito de gênero. **Cadernos Pagu**, Campinas, v. 12, p. 157-163, 1999. Disponível em: https://periodicos.sbu.unicamp.br/ojs/index.php/cadpagu/article/view/8634812/2731. Acesso em: 25 jan. 2021.

SCHWADE, Elisete. Poder do "sujeito", poder do "objeto": relato de uma experiência de pesquisa em um assentamento de trabalhadores rurais. *In*: GROSSI, M. P. *et al.* **Trabalho de campo, ética e subjetividade.** Florianópolis: Tribo da Ilha: 2018. p. 29-38.

SCHWADE, Elisete; GROSSI, Miriam Pillar. Trabalho de campo e subjetividade: recuperando itinerários de diálogos. *In*: GROSSI, M. P. *et al.* **Trabalho de campo, ética e subjetividade.** Florianópolis: Tribo da Ilha, 2018. p. 9-18.

SCOTT, Joan. Gênero: uma categoria útil de análise histórica. **Educação e Realidade.** Porto Alegre, v. 20, n. 2, jul./dez. 1995, p. 71-99. Disponível em: https://www.seer.ufrgs.br/educacaoerealidade/article/viewFile/71721/40667. Acesso em: 27 out. 2021.

SILVA, Hélio R. S. **Travestis:** entre o espelho e a rua. Rio de Janeiro: Rocco, 2007.

SIMAKAWA, Viviane Vergueiro. **Por inflexões decoloniais de corpos e identidades de gênero inconformes:** uma análise autoetnográfica da cisgeneridade como normatividade. 2015. Dissertação (Mestrado em Cultura e Sociedade) – Instituto de Humanidades, Artes e Ciências Professor Milton Santos, Universidade Federal da Bahia, Salvador, 2015.

SIMÕES, Júlio Assis; FACCHINI, Regina. **Na trilha do arco-íris:** do movimento homossexual ao LGBT. São Paulo: Editora Perseu Abramo, 2009.

SOLEY-BELTRAN, Patrícia. **Transexualidad y la matriz heterossexual:** un estudio critico de Judith Butler. Països Catalans: Edicions Bellaterra, 2009.

SOUSA, Tuanny Soeiro. **O NOME QUE EU (NÃO) SOU**: retificação de nome e sexo de pessoas transexuais e travestis no registro civil. 2015. 166 f. Dissertação (Mestrado em Direito e Instituições do Sistema de Justiça) – Programa de Pós-Graduação em Direito/CCSO, Universidade Federal do Maranhão, São Luís, 2015. Disponível em: https://tedebc.ufma.br/jspui/handle/tede/1944. Acesso em: 16 fev. 2022.

TORNQUIST, Carmen Susana. Vicissitudes da subjetividade: auto-controle, auto-exorcismo e liminaridade na antropologia dos movimentos sociais. *In*: BONETTI, Alinne; FLEISCHER, Soraya *et al.* (org.). **Entre saias justas e jogos de cintura**: gênero e etnografia na antropologia brasileira recente. Porto Alegre: Editora Mulheres, 2006. p. 31-53.

TREVISAN, João Silvério. **Devassos no paraíso:** a homossexualidade no Brasil, da colônia à atualidade. 4. ed. rev. atul. e amp. Rio de Janeiro: Objetiva, 2018.

VERAS, Elias Ferreira. **Travestis:** carne, tinta e papel. 2. ed. Curitiba: Appris, 2019.

VIEIRA, Helena; BAGAGLI, Bia Pagliarini. Transfeminismo. *In*: HOLLANDA, Heloisa Buarque de (org.). **Explosão feminista:** arte, cultura, política e universidade. 2. ed. São Paulo: Companhia das Letras, 2018.

VIEIRA, Priscila Piazentini. Por uma outra política da verdade: as insurreições de Michel Foucault. *In:* RAGO, Margareth; GALLO, Sílvio. **Michel Foucault e as insurreições:** é inútil revoltar-se? São Paulo: CNPq, Capes, Fapesp, Intermeios, 2017.

WEEKS, Jeffrey. **El malestar de la sexualidad:** significados, mitos y sexualidades modernas. Madrid: Talasa, 1993.